인도엔 인도가 없다

鄭仁采

조갑제닷컴

인도의 현황

지리

인구 12억 이상의 인도는 광활한 동시에 겉과 속은 물론 뼈 속까지 다양한 나라다. 29개 주(州)와 7개의 연방 직할령으로 이루어져 있고, 국토의 총 면적은 320만 평방킬로미터에 달한다. 서쪽으로 파키스탄, 북쪽으로 중국과 네팔, 동쪽으로 미얀마와 방글라데시 등 동남아와 국경이 맞닿아 있다. 지리적으로는 북으로 타르 사막과 험준한 히말라야 산맥을 대륙의 지붕으로 삼고 있고, 서쪽으로 아라비아 해, 동쪽으로 벵갈 만, 남쪽으로 인도양을 면하고 있다. 인도의 해안선은 총 7500킬로미터에 이르고, 동서남북 전국을 잇는 철도의 선로 길이만 무려 11만 5000킬로미터를 넘는다.

기후

내륙 지역은 힌두스탄 평야와 데칸 고원이 자리 잡고 있어 다채로운 지리적 환경을 품고 있는데, 건조한 사막 지대, 북부의 고산 툰드라, 남부의 고온 다습한 열대 등 적도와 고산 지대 등의 다양한 기후적 특성을 두루 보여준다. 계절은 세 절기로 나뉘며 4~7월까지를 여름, 6~10월까지를 우기(雨期), 11~3월까지를 겨울로 구분한다.

종교 · 인종 · 언어

기원전 2500년 경 인더스 문명으로 거슬러 올라가는 장대한 역사는 거대한 대륙 속에 특유의 다양성을 꽃 피워 왔다. 다인종, 다문화, 다신교, 다언어 등등 거의 모든 면에서 많을 多를 쓸 수 있는 곳으로 바로 그러한 다양성이 인도라는 국가가 가지는 매력의 근원이자 정체성이다.

역사적으로 아리안의 유입 이래 북인도의 인도-아리안과 남인도의 드라비다 등 다양한 인종이 분포해 왔고, 종교적으로도 힌두교(78%)와 이슬람교(15%)를 비롯해 불교, 기독교, 시크교, 자이나교 등으로 다양하다. 800여 개의 언어와 2000여 개의 지역 방언 이상이 사용되고 있으며 이중 힌디어, 벵갈어, 텔루구어, 마라티어, 타밀어, 우르드어, 구자라트어 등 지정 언어만 22개에 이른다. 인구 78%가 믿는 인도의 주류(主流) 종교인 힌두교에서는 비슈누, 시바, 삭티를 비롯해 수없이 많은 신(神)을 숭배하고 있는데, 인도인들에게 종교는 사상과 철학인 동시에 그 신앙은 일상생활 속에 밀착되어 삶과 인생의 핵심 가치로 역할을 해왔다. 인도는 힌두교의 나라라고 할 수 있지만, 힌두교 자체가 이미 무수한 다양성을 내포하고 있다.

카스트-계급제

종교를 중심으로 정착민의 체계적이고 효율적인 지배를 위해 자리 잡았던 계급제도는 무수한 다양성이 공존하는 인도 사회를 하나로 지탱해온 뿌리 깊은 사회체제이지만, 다른 한편으로는 사회 발전을 저해하는 구습으로 남아 희망적인 미래로 나아가는 인도의 발목을 잡는 족쇄가 되었다. 인도의 계급을 뜻하는 카스트는 오랜 세월을 거치며 전통적 직업과 지위 외에도 사회를 구성하는 직능적 단위로 분화되어 왔고, 현대 사회에도 유효한 인도인들의 인적(人的) 지도로 기능하고 있다. 카스트는 인도의 독립과 동시에 법적으로 철폐되었지만, 인도 사회의 계급은 특정 인종과 종교를 초월해 사회 전반을 아우르는 개념으로 아직 그 영향력을 끼치고 있다.

정치제도

인도는 최초의 통일 왕조인 마우리아에서 시작해 굽타 왕조, 무굴 제국을 거쳐 현재에 이르며 통일 국가의 계보를 이어왔다. 유구한 역사 속에 통일과 분열을 거듭해온 인도는 이민족(異民族)의 영향 속에 다양한 문화를 흡수하며 지금의 다채롭고 풍부한 문화를 형성해왔다. 한편, 영국으로부터 독립한 인도는 의원 내각제를 채택하여 세계 최대의 민주주의 국가로 발전해 왔다. 국회는 상원과 하원의 양원제로 구성되는데 5년마다 직접 선거를 통해 하원 의원을 선출하고 유권자의 수는 약 8억 명에 달한다. 행정부는 중앙정부와 주정부로 나뉘고, 다수당의 대표가 총리를 맡아 중앙정부를 이끌며 실질적인 권한을 행사한다.

산업

국토 절반이 농경지인 인도는 노동 인구의 절반이 농업에 종사하고 있으나, 점차 산업 형태가 변화하며 현재 전체 GDP 중 농업 비중은 14%로 감소하였고, 서비스업(59%)과 제조업(27%)이 성장하며 그 자리를 대신하고 있다. 남아시아의 강국으로 튼튼한 기초 과학 기술과 국방력을 자랑하는 한편, 정부 차원에서 이루어진 정책적인 노력의 결실로 최근 세계적인 IT 인력 및 소프트웨어의 강국으로 부상해왔다. 전 세계가 탐내는 매력적인 내수 시장을 보유했음은 물론, 무궁한 잠재력을 지니고 있어 항상 현재보다 미래가 더욱 기대되는 곳이다.

차 례

chapter 04

인도로 향한 사람들

인도에 멈춰 서서

대학에서 힌디(Hindi)를 전공하게 되며 처음 인도를 접하게 되었다. 그 언어는 마치 그림처럼 보였고, 인도라는 곳도 알면 알수록 낯설었다. 알고 보니 그 그림도 인도어의 전부가 아니었다. 인도에는 참으로 많은 언어가 쓰이고 있었다. 인도라는 곳은… 그 언어만큼이나 복잡했다. '이 모든 것이 하나의 국가라고?' 한 가지만 잘하면 족하다고 생각해 왔는데 갑자기 세상이 낯설어졌다. 남과 다른 길을 개척해보겠다는 소망이 있었지만 처음부터 그 낯설음을 극복하기가 쉽지 않았다. 많이 방황했던 기억이 난다. 하지만 그것을 계기로 두 번에 걸친 긴 여행을 떠나게 되었고, 인도와 나의 소중한 인연도 시작되었다. 옷깃만 스쳐도 인연이라던데 여행 이후 인도는 내 삶의 중요한 일부분이 되었다.

나의 인도 여행은 1998년과 2001년 겨울 두 차례에 걸쳐 이어졌다. 각기 한 달 반에서 두 달에 가까운 시간이 소요되었다. 인도는 한 번의 여행으로 매듭지을 수 있는 곳이 아니었다.

여행은 또 다른 여행을 불렀고, 그것은 또 다른 기회와 인연으로 이어졌다. 첫 번째 여행의 기회는 우연하게 찾아왔다. 수도 델리에서 출발해 시계 방향으로 인도를 한 바퀴 도는 일주 여행을 했다. 핑크시티의 자이푸르, 타지마할의 아그라, 카마수트라로 유명한 카주라호, 갠지스 강의 바라나시, 불교 성지(聖地) 부드가야 등을 거쳐 벵갈만이 보이는 푸리까지 갔고, 거기서 남쪽으로 내려가 마드라스(現 첸나이), 망갈로르를 거쳐 서쪽으로 건너간 뒤 해안선을 따라 뭄바이까지 거슬러 올라갔다.

두 번째 여행은 좀 더 목적의식이 분명했다. 첫 여행의 여운과 아쉬움이 동기부여가 되었다. 나는 델리 대학에서의 단기 어학연수 프로그램에 참여하며 다시 인도로 건너갈 기회를 잡았다. 연수 자체도 의미 있었지만, 나는 조금 다른 이유에서 흥분해 있었다. 델리에 머물며 몇 주의 시간을 초조하게 보냈고, 본격적인 여행이 시작되자 이번에는 라자스탄을 거쳐 서해안을 따라 곧장 남하(南下)했다. 첫 여행도 만만치 않았지만, 두 번째 여행은 그보다 험난했다. 하지만 목표가 있으니 길이 보였다.

세 번째는 여행이 아니었다. 2004년 말, 시장 조사를 위해 홀로 인도 출장길에 올랐다. 이후 인도는 일터가 되었고, 여행이 아닌 삶의 무대로 바뀌었다. 조금 다른 시각에서 인도를 바라보기 시작했다. 인도는 잠재력이 풍부한 시장, 개척해야 할 미래였다. 그간 관심을 두었던 인문학적인 영역보다는 좀 더 현실적인 분야를 탐색해야 했다. 가는 곳마다 브릭스(BRICs)가 화두였고, 인도에 대한 관심도 그만큼 많아졌다. 인도가 주목받으며 사람들은 이런저런 질문을 던지기 시작했다. 인도가 어떤 곳인지 궁금해 하기도 했지만, 결국 질문의 핵심은 '그래서 인도는 가볼만한 곳인가'란 것이었다. 그 질문에 간결하고 명확하게 답하고 싶었지만 말처럼 쉽진 않았다. 인도는 수치나 팩트(fact)가 아닌 데이터 밖의 이야기를 좀 더 나누고 고민해봐야 할 곳이었다.

어쨌든 인도는 마땅히 추구해야할 땅이었다. 점차 많은 사람들이 인도로 향했다. 나의 경우 2012년부터 모(某) 기업의 법인 설립에 참여한 뒤 델리 근교의 노이다에서 주재원 근무를 했다. 여행과 생활은 달랐다. 마치 박현욱 작가의 《아내가 결혼했다》라는 소설처럼 열애 끝에 결혼했는데 아내의 또 다른 모습을 발견한 것과 마찬가지였다. 인도의 또 다른 모습을 경험하게 되었다. 인도인들과 어울려 일하며 한 끼 한 끼 끼니를 해결했다. 생생하고 적나라한 민낯의 인도를 만나는 기회였다.

인도에 닻을 내리고 정박했지만 외국인은 결국 이방인에 불과할지 모른다. 그래도 인도에서 여행하고, 일하고, 생활하며 겪고 느낀 바는 적지 않았고, 부족하나마 그 이야기들을 풀어내려 한다. 겪어온 일들을 가감 없이 쓰겠으나, 막상 어떻게 한 상을 차려낼지는 고민이었다. 한국에서 한상차림이 백반이면 인도에는 탈리(Thali)가 있다. 쟁반 한가득 여러 가지 음식을 담은 정식인데 탈리는 풍성해야겠지만 의외로 빈약할 때도 있다. 인도는 이것저것 한꺼번에 모두 다루기엔 너무 광범위하다. 반면 어느 한 부분만 다룰 경우 전체를 그려내지 못하고, 자칫 인도에 대한 편견을 초래할 수도 있다. 경이로 웠던 순간을 담은 여행기부터 역사, 종교, 철학 등 문화에 대한 이야기, 그리고 생생한 비즈니스와 생활의 체험담 등 선택할 수 있는 인도의 식단은 화려하다. 가능하다면 풍성한 탈리처럼 인도의 풍미를 담아내보고 싶다.

나 또한 인도와 관련해 잠시 멈추어 선 사람에 불과하다. 끊임없이 그곳을 지향하다가 잠시 그간의 여정을 뒤돌아보는 것이다. 내가 무엇을 보고 느껴 왔던지 욕심은 금물이다. 때문에 이 책에서는 자연스런 시간의 흐름에 따라 이야기를 풀어나갈 것이다. 순리에 따르는 것만큼 인도와 어울리는 것은 없다. 두 번의 여행을 기본적인 큰 줄기로 삼아 그 여정을 소개하고, 그곳에 얽힌 이야기들과 더불어 직접 겪은 체험을 덧붙여 생생하고 솔직하게 내가 아는 인도를 그려 내겠다.

탈리도 그렇듯 인도 음식은 항상 커리를 곁들여야 제 맛인데 인도 이야기의 커리란 역시 여행이 아닐까 생각해본다. 아무쪼록 이 글이 인도의 윤곽을 그리는 데 조금이나마 유의미한 도움이 되기를 바라며 인도로 향하는 분들께 제대로 된 한 상 탈리를 대접하는 기회이길 바란다.

2016년

鄭仁采

자이푸르를 수호하듯 굽어보는 자이가르 성(城). 1726년 축조된 방어 요새로 화려한 암베르 城과 함께
라자스탄의 주도(州都) 자이푸르를 상징하는 성채로 1km 아래 암베르 城과는 비밀통로로 연결되어 있다.
무굴 시대에 힌두 왕국의 명맥을 유지했던 흔적이다.

chapter 01

인도 준비운동

본격적인 인도 여행에 앞서 좀 더 쉽게 인도와 가까워질 수 있도록
몇 가지 짚고 넘어가야 할 화두(話頭)를 먼저 꺼내어 본다.

인도를
알려고 하면
오리무중에 빠진다!

인도, 운명에 거스르지 않는 삶

아르주나는 절망 속에 고뇌한다. 몸이 사시나무처럼 떨리고 사지의 힘이
풀린다. 바싹 마른 입은 심지가 닳듯 타들어간다.

"오 크리슈나여! 눈앞에 있는 적들은 나의 스승이자 아버지이고, 숙부이
자 형제인 동시에 아들과 손자 그리고 동무들입니다. 잘못을 바로 잡아야 할
명분이 있다 한들 어찌 동족을 죽일 수 있단 말입니까."

아르주나는 손에 든 활과 화살을 떨어뜨리고 그대로 전차 위에 주저앉고
만다. 이에 크리슈나는 답한다.

"너는 슬퍼할 수 없는 자를 위해 슬퍼하고 있다. 이 싸움은 너의 마땅한
의무다. 만약 네가 이 정당한 싸움을 피한다면 너는 네 의무와 명예를 저버
리는 것이요, 죄를 얻게 될 것이다. 이 싸움에서 네가 죽으면 천당을 얻을 것
이요, 네가 이기면 이 땅의 즐거움을 누릴 것이다. 너의 할 일은 오직 행동에

있을 뿐 결코 그 결과에 있지 않다. 행동의 결과를 너의 동기로 삼지 말고, 결과에 집착하지 말라. 너는 네게 주어진 일을 행하여라."

골육상잔(骨肉相殘)의 비극을 앞둔 전선(戰線)의 필두에서 오간 이 비장한 대화는 인도 대중에게 널리 사랑받는 힌두교 성전(聖典) 〈바가바드 기타(Bhagavad Gita)〉의 내용을 간략한 것이다. 최소 기원전 3세기 이전 성립된 것으로 알려진 〈바가바드 기타〉는 산스크리트어(語)로 '거룩한 자의 노래' 혹은 '신에 대한 송가(頌歌)'라는 뜻으로 풀이되는데 〈라마야나(Ramayana)〉와 더불어 인도의 2대 서사시의 하나로 꼽히는 〈마하바라타(Mahabharata)〉의 일부로 알려져 있다.

먼저, 세상의 모든 것이 〈마하바라타〉에 있고, 〈마하바라타〉에 없는 것은 세상에도 없다[1]고 칭송받는 〈마하바라타〉는 약 5000년이 된 대서사시로 바라타족(族)에 속하는 사촌지간인 쿠루족과 판두족 사이에 벌어진 '왕좌의 게임'을 주제로 한다. 그중 한 부분이 바로 〈바가바드 기타〉이다. 〈바가바드 기타〉는 판두의 왕자 아르주나와 최고신 비슈누의 화신(化身, Avatar)[2]으로 아르주나의 전차를 몰던 크리슈나 사이의 대화를 그 골자로 삼고 있다.

〈바가바드 기타〉야말로 인도 사상의 정수라고 일컬어진다. 보편적인 인도인의 사상과 힌두이즘을 대표하며 인도인들의 삶, 그 자체라고 할 수 있는 종교와 철학의 핵심을 담고 있는 것이다. 사실 경전의 권위로 따지자면 〈베다〉, 〈우파니샤드〉와 같은 계시서가 우위에 있다. 그러나 이러한 경전들은 하층민이 접근할 수 없거나 전문 지식인들만의 전유물이었다. 이에 반해 〈바가바드 기타〉는 비교적 평이하다. 그만큼 평소 서민들에게 널리 암송되며 폭넓은 지지를 받아왔다. 신과 인간 사이의 문답이 오가는 사이에 대양(大洋)과 같은 심오함이 깃들었으니 그 행간에서 지혜와 깨달음을 주며 지대한 영향력을 발휘해 왔다.

〈바가바드 기타〉 속 아르주나와 크리슈나의 모습을 묘사한 조형물.

　인도 이야기를 열며 이렇듯 케케묵은 경전의 먼지부터 털어내는 이유가 있다. 바로 〈마하바라타〉의 이야기, 〈바가바드 기타〉 속 아르주나와 크리슈나의 대화가 인도와 인도인을 이해하기 위한 열쇠이기 때문이다.

　전통적인 종교와 사상이 현재의 사회에 미치는 영향력이라는 측면에서 보면 인도는 '절대적으로 그렇다'에 해당한다. 물론, 지금 이 자리에서 종교와 철학을 깊숙이 이해하는 것은 관심사가 아니다. 그것은 학문이다. 그러나 그것을 조금만이라도 일별(一瞥)해야지만 중심을 가지고 인도를 대할 수 있을 것이다.

　인도를 마주하는 사람들은 그 천태만상(千態萬象)에서 각자의 시각으로 인도를 이해하기 마련이다. 정보의 보고(寶庫) 인터넷이 지금 우리의 세계를 어떻게 만들었는가? 우리는 이해하지 않고 찾으려고 한다. 마찬가지로 인도의 다양성은 인도라는 보물섬을 찾은 우리에게 축복인 동시에 함정이다. 지리적으로만 봐도 그렇다. 서쪽 라자스탄의 사막 지역을 보면 그것은 인도다. 북인도의 이슬람 문화를 마주한다면 그것 또한 인도. 카주라호의 밀교 문화를 접해도 마찬가지고, 부드가야와 티베트의 승려들을 마주치더라도 그렇다. 그것은 남인도의 드라비다 문화권을 접해도 매한가지이며 남인도에 널리 퍼진 교회 건물을 목격해도 그렇다. 모두 다 인도다. 그러면 인도란 대체 어떤 곳일까?

다양성의 난간

재미있는 일화가 있다. 인도를 다녀온 사람들이 술자리에 모였다. 모두들 예외 없이 경이로운 인도의 모습을 앞다투어 이야기한다. 한 사람은 자신의

호수 위의 궁전. 잘 마할, 물의 궁전이란 뜻을 가진 곳으로 자이푸르 시가지와
암베르 성 사이 길목에 위치한 만 사가르 호수 한가운데 세워져 있다.

경험을, 그러면 또 다른 사람은 자신의 경험을 이야기하는 사이에 각자 인도에 대한 나름의 정의를 내린다.

모두 맞는 이야기이긴 한데 문득 우리가 지금 같은 인도를 얘기하고 있는 것인지 헷갈리게 된다. 여행을 다녀도 그 지역마다 다르고, 인도인들과 어울린 경험도 만나는 사람의 인종과 종교 그리고 계급에 따라 다르다. 비즈니스의 경험 또한 그렇다.

다양성은 우리를 눈 뜬 장님으로 만든다. 광활한 영토의 대국이 그러하듯 두 눈을 부릅뜨고 보아도 인도라는 전체가 쉽사리 눈에 들어오지 않는다. 어떤 사람은 한국도 산을 넘고 강을 건너면 다르고 사투리도 쓰니 어딜 가나 실상 마찬가지 아니냐며 반박하기도 한다. 큰 줄기만 이해하면 된다는 것이다.

물론 인도를 명료하게 정의하고 싶은 것은 충분히 이해할만 하고, 존중해야 할 부분이다. 본 것을 토대로 정리하는 법이지 남의 나라를 이해하기 위해 본류가 아닌 지류까지 굽어 살필 여유는 많지 않다. 하지만 인도의 실제적인 모습을 대하기 위해서는 줄기에서 가지를 쳐내기 전에 좀 더 고민을 해봐야 한다.

가령 북부의 인도인을 만났을 때와 남부의 인도인을 만났을 때 성향의 차이는 어떨 것인가, 인도인들이 외국인을 바라보는 관점은 무엇일까? 언어는 어떻게 사용해야 할까, 종교와 계급은 어떻고, 식습관은 어떠할 것인가. 식습관이 나왔으니 술과 고기를 통해 간단한 사례를 이야기하자면 이렇다.

실제로 한국에 출장 온 인도인과 소고기에 소주를 마셨다고 하면 믿을 수 있는 얘기일까, 그런 그가 인도에서는 절대 먹은 사실을 알리지 말아달라고 당부했다면 어떨까, 그런데 인도에서 내게 위스키를 권한 인도인은 누구이며, 술을 마신 뒤 불콰해진 얼굴로 오토바이를 몰던 인도인이 사실 인도에서는 꽤나 존중받는 계급의 일원이었다면 또 어떤가?

내친김에 인도인들이 신성시 여긴다는 소에 대해 좀 더 살펴보면 또 흥미진진하다. 거리를 배회하는 그 많은 소는 어디서 나오는 걸까, 신성한 소는 일을 하는 것일까, 일을 하는 소는 무엇인가, 관리는 어떻게 하는가, 인도에도 도살장이 있는데 그들은 결국 신성한 소도 살생하는 것일까, 소고기를 넣지 않는 패스트푸드는 어떤 고기를 쓸까… 이렇듯 소만 가지고 이야기해도 의문은 꼬리에 꼬리를 물고 이어진다. 하물며 인도를 마땅히 추구해야 할 기회의 땅으로 보고, 처음 인도를 접한 이들의 심경은 어떨까 싶다. 장밋빛 미래를 품고 진지하게 다가가 보지만 이렇게 보니 이렇고, 저렇게 보면 저렇더라며 오리무중에 빠져버린다.

그렇다. 인도는 질문을 줄이는 곳이 아니라 끊임없이 질문을 던져야 하는 곳이다. 마치 〈바가바드 기타〉의 아르주나처럼 말이다. 그 방대함을 한눈에 일목요연하게 정리하기란 불가능하다. 비단 학문적인 영역뿐만이 아니다. 현

아그라와 자이푸르 사이 아바네리에 위치한 찬드 바오리. 주변 농지의 수원(水源)으로 거대한 계단식 우물이다. 찬드는 달, 바오리는 우물이란 뜻인데 보름달이 뜬 날 물이 가득 차면 우물 가득 달빛이 반사되어 비춰진다고 하여 붙여진 이름이다.(사진 위)

요새를 지키는 인도 원숭이. 인도 원숭이는 검은 얼굴에 큰 몸집과 긴 팔다리를 한 것이 특징인데 자이가르 성의 인도 원숭이들은 그곳을 관리하는 사람들보다 그 수가 더 많아 마치 망루를 지키는 병사처럼 성벽 곳곳을 지키고 있다.(사진 아래)

장에서 실전 경험을 쌓아도 그렇다. 무엇을 보았든지 그것을 다라고 말하기에는 석연찮다. 넓은 인도 대륙 위에서 두 다리를 내딛고 중심을 잡을 밑그림이 그려지지 않는 것이다. 하지만 각자 어떠한 목표를 가졌든 인도 속으로 한 발 내딛기 위해서는 결국 그 혼란스러운 다양성의 난간을 넘어서야 한다. 그것이 인도를 대할 때 섣부른 단정을 피하고, 정의를 내리겠다는 고집과 집착을 비우며 의문의 미로 속으로 몸과 마음을 던져야 하는 이유다. 그러기 위해 우리는 그 다양성을 녹여낼 수 있었던 그들의 사상적 발아(發芽)에 주목하는 것이다.

〈바가바드 기타〉는 단순히 전쟁을 망설이는 아르주나의 고뇌를 다룬 이야기가 아니다. 마찬가지로 비슈누의 화신 즉, 아바타르(Avatar)인 크리슈나가 단순히 전쟁을 열망하고 부추기는 것 또한 아니다. 인도의 힌두교에서는 비슈누가 세상을 유지하기 위해 아홉 번에 걸쳐 다양한 모습으로 인간 세계에 등장한 것으로 말한다.

그중 일곱 번째가 대서사시 〈라마야나〉의 라마이고, 여덟 번째가 바로 〈바가바드 기타〉의 크리슈나이다. 결국 이 이야기는 인간의 고뇌를 신이 어루만지고 가야할 길을 인도하는 내용이다. 아르주나의 의문에 크리슈나가 답하면서 그 대화 속에 갈등과 모순이 교차하는 인간의 내면세계에 대한 깊은 통찰을 다루고, 그것이 인도 사람들의 사상적 토대이자 삶의 지침이 되어주는 것이다.

특히 죽이는 것과 죽임을 당하는 것조차 우주의 섭리 속에서 자신에게 주어진 역할이고, 그 역할에 충실하여야 한다는 애기는 무척 흥미로운 대목이다. 전통적으로 계급과 신분이 한정된 삶을 살아갔던 인도인들에게 주어진 역할에 충실하라는 것은 위계와 윤리, 사회 질서 유지에 대한 이야기이기도 하다. 긍정적으로는 삶의 굴곡을 헤쳐 나가는 데 있어 정신적 버팀목이

되는 것이다. 이것은 현대에 이르러서도 여전히 유효하다.

이렇듯 까르마(Karma, 業, 행위)에 충실하여 다음 생을 기약하고 궁극적으로 모크샤(Moksa, 解脫, 해탈)를 추구한다는 것은 불교를 통해 우리에게도 친숙한 힌두교의 사상이기도 하다. 심지어 힌두교에서는 비슈누의 아홉 번째 화신이 불교의 창시자 고타마 붓다라고 얘기한다.

힌두교는 상당히 포용력이 강한 종교다. 때에 따라 변화무쌍하게 나타나는 비슈누가 시사하듯이 힌두이즘이란 타종교 혹은 다른 무언가에 대해 적대적인 배타성을 가지기 보다는 조화롭게 흡수하는 성격이 강하다. 인도에는 무수히 많은 신들이 매우 다양한 의미를 지니며 사람들의 일상 속에 존재한다. 기독교 또한 그들의 관점에서 다르게 보지 않는다. 바로 그런 곳이 인도다. 무엇하나 명확한 것은 없어도 조금씩 어렴풋한 윤곽이 드러나는 것이다.

인크레더블 인디아(Incredible India)

처음 인도라는 나라를 접했을 때의 황망함이란 이루 말할 길이 없었다. 일단 언어적인 측면부터 그렇다. 이 사람이 인도어를 구사한다고 하면 그게 힌디어인지, 텔루구어인지, 타밀어인지 아니면 칸나다어인지, 벵갈어인지 혹은 마라티어인지 무엇인지 알 수 없다. 추산되는 인구만 12억 명에 달하는 인도는 힌두교를 비롯해 이슬람, 시크, 자이나, 불교, 기독교 등 다양한 종교가 공존하고, 대략 800여 개의 언어와 2000여 개의 지역 방언이 사용된다. 인도의 북부에서 남부, 동에서 서로 갈수록 확연히 틀려지는 인종의 모습과 광고판의 문자들은 마치 세계라는 종이에 붙여진 깨알같은 표본을 보는 것만 같다.

북인도의 성지(聖地) 하리드와르에서 入水를 기다리는 사람들.

　계급의 개념도 일반적으로 우리에게 알려진 것과는 사뭇 다르다. 일반적으로 알려진 사성계급(브라만, 크샤트리아, 바이샤, 수드라)과 불가촉천민의 '카스트(Caste)'도 서구 식민지 시대를 통해 단순화된 명칭일 뿐이다. 실제로 인도의 계급이란 고대 사회로부터 이어진 인도 사회의 신분, 직업적 구분을 망라하며 무척 복잡하다.

　한편, 서구 문화가 유입되면서 현재 인도의 모습은 한층 더 복잡해졌다. 인도에서는 현재가 과거를, 새로움이 낡은 것을 억지로 밀어내는 법이 없다. 도로에 나서면 경적 소리가 가득한 정체된 길 위로 수억 원 대의 고급 승용차부터 릭샤[3]와 자전거는 물론 행인과 행상, 부랑자와 거지 그리고 온갖 동물들까지 뒤엉켜 있다. 차를 몰고 나서면 앞 차의 후미등 대신 살랑살랑 꼬리를 흔드는 코끼리를 뒤따르고, 양떼들에게 유턴 차선을 양보하며, 소싸움이 끝날 때까지 '신호대기'하는 진귀한 모습이 곳곳에서 펼쳐진다. 발이 달린

● 인도의 치안 문제와 관련 특히 여성 범죄가 자주 언급되는데, 사실 이는 인도 사회에서의 근본적인 여성 지위와 관련지어 생각해볼 필요가 있다.

고대에는 인도 여성들도 남성과 동등한 지위를 누렸다. 그러나 기원전 500년을 전후해 여성의 인권은 퇴보했다. 중세에는 사티(Sati)와 같은 과부의 순장 풍습은 물론, 적의 침공에 앞서 여성들이 자살을 택하는 조하르(Jauhar)의 풍습도 있었다. 집안의 선택에 따라 어린 나이에 본인의 의지와 상관없이 조혼(早婚)해야 했고, 결혼 이후에는 다우리(Dowry, 결혼 지참금)의 문제로 학대받아야 했다.

현대에 이르러 여성 정치가가 등장하고, 교육을 받은 여성들의 사회 참여가 이루어지며 그 지위가 향상되고 있다고 하지만, 가부장적 문화 속에 종속적인 여성의 지위는 여전하다. 풍습은 악습이 되었고, 여성에 대한 편견과 왜곡된 시각은 사회적 불평등과 파렴치한 범죄로 이어졌다. 가정 학대, 실종 사건, 의문사, 보복 살인, 명예 살인 등의 피해자가 되어 왔고, 금지된 조혼이 여전히 이루어지는가 하면 다우리와 관련된 범죄도 끊임없이 보고되고 있다. 결혼을 거부하거나 이혼을 요구할 경우 테러가 자행되고, 성폭력에도 노출되어 있다. 아직 갈 길이 멀고 뿌리 깊은 의식의 변화가 필요한 부분이다.

모든 것은 인도의 도로 위에서 볼 수 있다.

또한 인도는 반전이 있는 곳이다. 부유한 사람들의 경제력은 상상을 초월할 정도인데 반해 극심한 빈부 격차로 거리에는 노숙자들과 거지들이 즐비하다. 경제적으로 엄청난 잠재력을 지녔지만, 아직 1인당 GDP가 1600달러 수준에 불과하고, 전체 인구 90%가 일일 평균 소비 2달러 미만에 그치는 상황이며 더 나은 삶을 찾아 도시로 유입된 사람들로 거대한 빈민촌이 형성되어 있다.

사회간접자본의 공급이 수요에 미치지 못해 하루에도 수십 번 정전되고, 땔감으로 사용하기 위해 거리 곳곳에 소똥을 반죽해 놓은 반면, 너나 할 것 없이 손에 최신 휴대폰을 들고 다니고, 도시 곳곳에 대형 쇼핑몰이 들어서 있으며 뛰어난 기초 과학 기술을 바탕으로 전국 각지의 IIT(Indian Institutes of Technology)에서 수많은 IT 인력을 양산해내는 동시에 세계 굴지 기업들이 모여들어 주요 거점으로 삼은 곳 또한 인도다.

꽃을 담은 접시 위에 초를 세운 디아.
촛불을 밝히고 소원을 빌며 강물에 띄워 보내는데
초가 꺼지지 않으면 소원이 이루어진다는 속설이 있다.

● 여성을 대상으로한 일련의 범죄가 우리나라에도 알려지며 최근 인도의 이미지가 크게 훼손되었다. 세계 어느 곳보다도 뛰어난 문화유산을 갖춘 인도는 몇몇 필요조건만 충족한다면 세계 최고의 관광국이 될 잠재력을 지녔다. 하지만 치안 문제에서 허점을 드러낸 것은 상당히 실망스러운 일이다. 인도에 대해 가졌던 좋은 이미지들을 배반하는 것이기 때문이다.

인도를 여행한다면 원칙을 정하고 지키는 것이 좋다. 밤에는 활동하지 않고, 가급적 혼자 다니지 않는 것이 바람직하다. 현지인을 따라 잘 모르는 장소나 우범지대에 들어가지 않고, 출처가 불분명한 음식을 받거나, 이유 없이 친절을 베푸는 것은 절대 사양해야 한다. 이는 여행객이 아니더라도 기본적으로 지켜야 할 원칙이다. 만약 이러한 원칙 없이 행동한다면 건장한 남성이라도 안전할 수 없다. 이는 인도인들에게도 해당된다. 그들도 늦은 밤에 귀가할 경우 안절부절못하는 경우가 많고, 인도 여직원의 경우 가족이 회사까지 마중 나오는 경우도 있다. 마땅히 주의할 것을 주의하는 것이다.

인도는 환상적인 여행지다. 인도처럼 온갖 다양함을 한 번에 겪을 수 있는 곳은 없기 때문이다. 다만 현지 환경을 잘 이해하고 너무 방심하거나 스스로를 과신하지 않는 것이 좋은 인도 여행의 전제 조건이다.

오랜 종교적 갈등과 인종적 차별 및 분쟁이 끊임없이 고개를 들고, 태어날 때부터 주홍글씨처럼 새겨진 계급은 낙인처럼 평생을 따라다니며 불평등과 부조리로 대물림되는 것은 물론 비효율적인 관료주의와 부정부패가 만연해 있고, 조혼과 다우리(Dowry, 결혼 지참금 제도) 등 구습으로 대변되는 여성 차별과 경시 풍조 또한 근절되지 않아 인면수심의 사건 사고 소식이 이틀이 멀다하고 매스컴에 오르며 더 나은 미래로 향하려는 인도의 발걸음을 더디게 하지만, 또 다른 한편으로는 세계 '최대'의 민주주의로 불릴 만큼 정치에 대한 국민들의 높은 관심과 개혁에 대한 의지를 바탕으로 엄청난 규모의 선거를 거뜬히 치러내는 곳이다.

이렇듯 양극단을 오가는 모습 속에 인도는 알쏭달쏭해진다. 시간의 흐름이 굴절된 듯한 혼돈 속에 그 다양함이 절묘하게 조화되고, 반전의 두 얼굴을 가진 듯 하나의 모습을 한 인도는 이곳을 마주하는 이에게 신비하고, 아름다우며 치명적인 매력적으로 다가오지만, 양지 아래 그늘이 있듯 또 다른 시각에서 바라보면, 과거와 현재, 그리고 각기 서로 다른 가치관이 공존하며 마치 적과의 위험한 동침처럼 극심한 불협화음을 만들어내기도 한다.

인도는 매력적일까, 위험할까, 아니면 본디 위험한 것이 매력적인 법일까? 아무튼 그러한 모호함조차도 '인도'라는 두 글자 안에 모두 포용되는 이치는 믿기 어려울 정도다. 흔히 인도를 말할 때 인크레더블 인디아(Incredible India)라는 표현을 자주 쓴다. 절묘한 균형과 조화를 이루며 지구상의 모든 다양함을 포괄하는 나라 인도, 인크레더블 인디아는 감탄의 표현이 아니라 경악의 의미일지 모른다.

바라타의 나라

인도의 국가 명칭인 '인디아(India)'의 어원은 인더스 강(Indus River)의 이름에서 비롯되었다. 한편, 인도인들은 힌디어이자 또 하나의 공식 명칭인 '바라트(Bharat)'를 자주 쓰는데 '바라트'는 산스크리트어 '바라타(Bharata)'에서 나온 말이다. '바라타'라니 그러고 보면 어쩐지 익숙한 표현이다. 바로 〈마하바라타〉의 그 '바라타'인 것이다. 이 위대한(maha) 바라타 왕조의 이야기는 신화, 전설, 종교, 철학, 도덕, 법제, 사회 제도를 비롯해 힌두교의 교의인 다르마(Dharma, 法), 까르마, 아트만(Atman, 자아·본질)에서 모크샤, 삼사라(輪廻, 윤회)에 이르기까지 과거와 현재의 인도를 아우르는 모든 것을 담고 있다. 마치 거대한 용광로 속에 모든 것들이 녹여낸 듯한 인도는 '바라타의 나라'라는 것이다.

이노우에 야스시의 《둔황》에서 조행덕은 잠깐 졸았던 것을 계기로 결국 둔황에 이르게 된다. 인도로 가는 길 또한 마찬가지일지 모른다. 이젠 사막을 헤매거나 전쟁에 휘말리며 갖은 고초를 겪지 않아도 인도를 만날 수 있다. 다만 그 또한 눈에 보이지 않는 아득함과 싸워야 하는 길이다. 섣불리 인도를 일반화하기 보다는 잠깐 넋을 놓고 바라보는 것도 나쁘지 않을 것이다. 그렇지 않을 경우 각자의 인도는 있어도 모두의 인도는 아닐 것이다. 크리슈나의 가르침을 받은 아르주나는 말한다.

"나의 각오는 결정되었다. 의혹은 이미 사라졌다."

한 편의 느와르 같은 멋진 대사가 아닐 수 없다. 질문을 거듭해야하는 인도. 우리는 아르주나처럼 과연 반복되는 우문(愚問) 속에 현답(賢答)을 얻을 수 있을 것인가.

계급으로 움직이는 우주

차카들의 침입

인도인의 사상과 함께 인도 이야기라면 반드시 짚고 넘어가야 할 부분은 계급이다. 이와 관련해 먼저 '바라타의 나라'에 살며 겪은 실수담을 꺼내어 본다.

방심하던 사이 난공불락(難攻不落)의 요새라고 자부했던 사무실 안으로 여장 남자의 무리인 차카(chhakka)들이 침투했다. 트로이의 목마처럼 건물을 둘러싼 담장 안으로 잠입한 그들은 순식간에 사무실 앞을 서성이고 있었다. 굵고 우렁찬 목소리로 현지 직원들에게 무언가 쏘아붙이고 있는 그들은 우람한 몸에 인도 여성들의 전통 복장인 사리(Sari), 우리식으로 말하자면 한복을 두르고 있는 여장 남자들이었다.

올 것이 왔다. 돈을 요구하는 것이다. 이 불청객들에 대해서는 익히 잘 알고 있었다. 과거 기차 여행길에 올랐을 때도 그들은 어김없이 나타나 불쾌한 스킨십을 무기로 푼돈을 뜯어내고는 했다. 사실 한 번쯤 겪지 못하면 아쉬울 경험이고, 무릇 여행자라면 그들과 같은 소수들과의 대면을 바라마지 않는다. 하지만 이번은 달랐다. 일종의 조합 형태로 움직이는 이들은 상당히 위협적이다. 회사의 개업일, 경축일, 홀리(Holi)나 디왈리(Diwali)와 같은 인도의 축제기간에는 어김없이 찾아와 자신들의 단체에 기부할 것을 강요하는 것이다. 거부하거나 무시할 수는 없다. 한화로 약 200만 원 수준의 기부금을 요구하기 시작한 그들과 10만 원 안팎에서 해결하려는 직원들 사이에 실랑이가 이어졌다. 대개 그러하듯 이러한 경우 결국 20만 원 안팎에서 해결을 볼 것이었다.

금액으로 보자면 인도에서는 결코 적다고 할 수 없다. 게다가 온 동네를 돌며 이처럼 갈취해갈 것이다. 그래도 한바탕 아수라장이 벌어진 것에 비하면 용두사미(龍頭蛇尾)고, 무난한 수준이었다. 문제는 방식에 있었다. 사실이 싸움은 크게 진 게임이다. 쉽게 앞마당을 점령당했고, 덕분에 앞으로는 똑같은 일이 무수히 반복될 것이기 때문이다. 트로이 목마를 운운한 것은 단지 그리스와 인도 신화 간의 유사성 때문은 아니었다. 일단 상대를 동등한 위치 내지 우위에 놓으면 돌이키기가 어렵다. 원래 이런 일은 건물 밖 경비실에서 해결되었어야 했다. 새로운 회사가 생겼다는 것을 인지한 적(敵)들이 수비(守備)를 돌파해 내부를 본 뒤 어느 정도의 조공(朝貢) 능력을 가졌는지 가늠해버린 셈이다. 역시 그들은 쉽게 물러나지 않았고, 매번 때마다 거두어갈 상납금(上納金)을 확답 받은 뒤에야 물러났다.

이런 의문이 가능할 것이다. 경찰을 부르면 될 일 아니냐는 것이다. 하지만 애초에 건물 수위들이 자리를 피한 것은 그들과 신체 접촉을 피하고 싶기 때문이다. 차카들이 몰려오면 주위의 경찰들도 멀찍이 물러난다. 건물 수위, 경찰, 직원들까지 너나할 것 없이 뒷걸음질 치기 바쁘다. 내 곁에는 '라오콘'이 없는가라는 생각도 들었다. '라오콘'은 트로이에서 홀로 그리스군의 목마를 의심했던 신관(神官)이다. 하지만 이 또한 인도인들이 하층 계급, 불가촉 천민(Untouchable)을 대하는 일면(一面)이다. 충심으로 운명을 어기려 했 던 '라오콘'은 결국 신의 분노를 사고 말았다. 신심(信心) 깊은 인도인들에게 충심이냐 운명이냐를 묻는다면 뻔한 결말이 아닌가.

예고된 일이고, 대처법도 분명했다. 그럼에도 인도인 측근들의 대답이 '예 스(Yes)'였던 데 반해 정작 행동은 '노(No)'였던 이유는 그 행동이 초래할 결 과에 대해 부담이 컸던 탓이다. 신화(神話)에 익숙한 인도인들은 저주(咀呪) 에 민감하다. 접촉은 물론, 차카들의 요구에 불응한 뒤 이어질 그들의 저주 스러운 언사를 피하고 싶어 한다. 조금은 납득이 간다. 상사의 지시에는 긍정 으로 답하지만 그 행동은 부정으로 나타난 것은 순리에 따른 인도인들의 본 능과 다름없다. 답답하고 섭섭하며 다소 의리 없어 보일 수도 있겠지만 역지 사지(易地思之)의 입장에서 이해할 수 있다.

이는 계급적 마인드에 충실한 일화이기도 하다. 계급은 결국 위(上)에는 충성하지만 아래(下)와는 차별성을 둔다. 직원은 다른 직원에게 미루고 그

다른 직원은 또 다른 직원에게 결국은 경비원에게 미루고 경비원은 청소부에게 미루는 식으로 말이다. 그 사이 차카는 그냥 문을 열고 들어왔다. 서로 자신의 지위를 유지하는 사이 아무도 상대하기를 꺼린 것이다. 접촉하기 싫은, 불가촉(Untouchable)이란 이런 의미구나 싶다.

복채에 응하지 않을 경우 차카들은 욕설과 협박은 물론 입에 담기 어려운 저주를 퍼붓는다. 이후로도 주변에서는 문을 굳게 닫고 응하지 않아 돌을 집어 들고 막대기로 두드리며 야단법석을 떠는 차카들과 몇 걸음 뒤에서 수수방관하는 경찰들의 모습을 심심치 않게 목격할 수 있었다. 기물을 파손하는 경우도 있으니 최소한의 예방조치만 취할 뿐 별다른 도리가 없다. 하긴 상납금이라는 부분에서는 인도의 경찰 등 공무원들도 그다지 하소연할 상대는 못된다. 각종 인허가 과정에서 그보다 몇 배의 공물(供物)을 바쳐야하는 것이 관례다. 그래도 차카들의 조합은 기부 영수증이라도 떼어준다. 세금 공제라도 받으라고 말이다.

차카에 얽힌 좌충우돌의 일화(逸話)를 통해 떠올린 것은 인도의 계급이다. 다소 자극적이지만 이는 계급에 대해 곰곰이 생각해보는 나름의 계기가 되었다. 인도인들의 계급에는 일종의 메커니즘이 있고, 거기에는 허용되는 선과 넘지 말아야 할 선이 있다. 그 속에 우리와 같은 외국인은 어디쯤 위치하는 걸까? 그보다 먼저, 인도와 인도인들에게 계급이란 도대체 무엇일까? 그것을 이해하지 않고서는 인도에 근접하는 것이 어려워 보였다.

사실 우리에게도 인도의 카스트는 꽤 익숙하다. 사성계급(브라만, 크샤트리아, 바이샤, 수드라)과 불가촉천민으로 구성된 인도의 계급제도로 실로 간단명료해 보인다. 처음 보는 인도인마다 물어볼 수는 없는 노릇이고, 나는 나름 이런저런 기준으로 상대방의 계급을 추측해보기도 했다. 하지만 카스트에 언급된 계급 구분은 실제 접목할 만큼 구체적이지 못했다. 대략적인 구분일 뿐 카스트의 개념만으로 계급을 이해하는 것은 아리송했다. 예를 들면, 기차에서 같은 등급의 좌석에 마주 앉은 사람들이 계급이 다르다며 누군가를 발길질하며 쫓아내고, 잡역부들이지만 호텔의 짐꾼, 로비의 청소부나 화장실 청소부 간의 신분과 지위도 제각기 달랐다. 계급에 따라 음식을 만드는 사람과 취식하는 사람에 대한 불문율도 있었다. 그렇다면 음식점도 가려서 들어가야 하는 것일까? 그에 비하면 아그라에서 야므나(Yamuna)[4] 강변을 걷다가 만난 도비(Dhobi)들은 그나마 분명하게 구분되는 계급이었다. 도비는 인도의 최하층민 중의 하나로 세탁업에 종사하는 계급이다. 이들을 목격한 것은 '유레카! 이 사람들이 도비 카스트구나'라며 명쾌하게 의문을 푸는 드문 경우였다.

인도 속의 외국인

한편 인도인들은 외국인을 어떠한 지위로 받아들이는지도 무척 흥미로웠다. 계급 사회인 인도에서 그들과 섞여 사는 입장에서 그들 간의 위계는 물론 외국인인 나 자신의 위치도 신경이 쓰였다. 상대가 나를 존중하면 모르지만 때론 그들의 언어를 모르는 것을 틈타 은근히 낮추며 놀림감으로 만드는 경우도 허다했다. 힌디어만 보아도 존칭에 따른 어미변화가 복잡한데 바로 그 언어에 따라 상대가 나를 어떻게 대하는지 대번에 드러난다. 물론 이에 따라 대우도 틀려지는 법이라서 다소 민감해지기 마련이고, 나 역시 상대를 만나면 마치 기 싸움을 하듯이 말을 골라 쓰고, 일일이 상대방의 말을 정정하기를 거듭했다. 마치 마케팅 기법처럼 계급 사회도 적절한 STP, 즉 세분화(Segmentation), 타겟선정(Targeting), 그리고 포지셔닝(Positioning)을 통해 자신의 위치를 찾아나가는 것 같았다. 물론 이는 외국인에 해당되는 이야기일 뿐이다. 인도인들 간에는 서로 이름을 듣는 순간 계급과 신분이 구분된다.

인도에서의 외국인의 위치와 관련, 시대에 따른 변화도 주목할 만하다. 과거 어느 레스토랑에서 내외국인의 좌석을 구분하여 당황했던 경험이 있다. 당시에는 다소 불쾌했지만 돌이켜보면 음식점도 육식과 채식으로 구분되고, 남녀칠세부동석(男女七歲不同席)에 상하계급 간의 음식 공유조차 이루어지지 않았으니 납득할 만하다. 어떤 면에서는 인도인들이 외국인의 지위를 낮게 본다는 원칙적인 설명이 가능하다. 실제로 전통적인 인도 계급에서 외국인을 이렇다 할 특정 계층에 놓기가 어렵기 때문이다. 하지만 그런 부정적 의미보다는 인도인에게 외국인의 지위가 모호했다고 받아들이는 편이 맞을 것 같다.

더 최근의 경험을 떠올려 보면, 이야기는 또 달라진다. 뭄바이(Mumbai)의 호텔 라운지에서 현지 파트너와 만난 적이 있는데 그는 굳이 술과 고기 안주를 주문하더니 정작 자신은 물만 들이켰다. 자신은 채색주의자인데다 술을 마시지 않는다고 했는데 나중에 그 얘기를 전해들은 사람들의 의견이 분분했다. 누군가는 호텔에서의 접대가 부담되니 손님만 대접한 것이라는 재미있는 추측을 했고, 또 다른 누군가는 금욕적인 인도인들의 전형적인 모습을 보여준 예라고 했다. 그러나 경우에 따라서는 소고기를 제외한 육식을 즐기고 술을 마시는 인도인들도 많으니 너무 금욕적인 개념으로 몰아가는 것은 맞지 않을 듯 했다.

다만, 돌이켜 보건데 굳이 상대방만 먹고 마시게 한 것은 무척 특이했다. 덕분에 자리가 무척 어색했다. 그가 남의 시선을 의식했거나, 상대방에 맞게 대응하려는 좋은 의도가 잘못된 정보로 인해 어긋나버린 것일 수도 있다. 해석은 사람마다 다양할 것이다. 어쨌든 당시만 해도 술자리는커녕 함께 식사하는 것조차 낯설다고 생각했는데 그에 비하면 의외의 경험이었다. 일단 합방은 했으나 아직 정조(貞操)를 지키겠다던 매우 조마조마한 시절이라고 할 수 있겠다. 이러한 경험은 외부 문화와의 교류에 따라 인도인들이 어떻게 소통하고 변화했는지 보여주는 소소한 예가 될 것이다.

그렇다면 지금은 어떠한가? 이제는 도심의 공원 곳곳에서 인도 젊은이들이 남녀상열지사(男女相悅之詞)를 읊을 만큼 인도의 모습도 많이 변했다. 외국인과 함께 식사하고 경우에 따라서는 서로 음식도 나누어 먹는다. 원한다면 함께 술 한 잔 나누는 것도 불가능한 일은 아니다. 때로는 가족의 경조사에 스스럼없이 초대하기도 한다.

그러나 유념할 점은 이러한 변화와 무관한 사람들도 여전히 존재한다는 것이다. 그들은 같은 계급 간에만 음식을 공유하고, 엄격한 기준에서 서로의 신분을 구분한다.

특히 내혼(內婚) 및 정혼(定婚)을 통해 계급 사회 속 자신들의 신분과 지위를 유지해온 전통은 내밀한 묵계(默契)와 가깝다. 대도시에 살며 일찍이 해외 문화를 접해온 인도인들의 유연한 변화가 눈에 띄지만 인도 사회의 근본적인 변화를 단정하기에는 매우 어려운 이유다.

갠지스 강 상류 연안에 자리 잡은 북인도의 성지(聖地) 하리드와르의 밤.
어둠을 금빛으로 밝힌 상점들에서는 성수(聖水)를 담아갈 용기 등 다양한 성지 순례 용품을 판매한다.

이름에 새겨진 주홍글씨

다시 계급에 대한 이야기로 돌아가 보면, 단순히 카스트의 개념만으로 인도의 계급을 이해하기란 모호한 부분이 많았다. 더욱이 현대에 이르러 확산된 교육, 재력 및 그에 따른 신분 이동 등 다양한 변화 요인들에 영향 받은 인도의 계급은 단지 카스트라는 그릇으로 담기에는 벅차 보인다. 가령, 과거 최상위 계급에 해당되는 사제 계급, 학자 등 브라만이 사회적으로 여전히 존경을 받는다고 하지만 경제적 성공에 따른 상인 계급 바이샤들 또한 현실적인 의미에서 막강한 파워와 영향력을 가진다. 또한 태생적으로 대물림 받은 낮은 신분에도 불구하고, 교육 등 기회의 확대가 개인의 노력 여하에 따라 신분 이동으로 이어질 수도 있다. 실제로 불가촉천민 출신의 여성이 고위 정치인이 된 사례도 있다. 한편 그러한 변화 속에도 각 계급의 유지와 대물림은 계속되는 것이다. 흔히 인도를 보며 한국의 1960~1970년대를 떠올린다는 말을 하는데 인도도 꽤 바뀌었다고 묻는다면 그 말은 맞다. 하지만 이들도 곧 급격히 변화할 것이라는 말에는 조심스러워진다. 왜일까? 좀 더 깊숙이 인도의 계급을 들여다볼 필요가 있다.

카스트의 개념부터 다시 살펴본다. 엄밀히 말하자면 사실 카스트와 정확히 일치하는 인도어는 없다. 카스트라는 어휘 자체는 원래 식민지 시대 '카스타(casta, 동식물의 종 내지 사람의 부족, 인종, 계급, 종족)'라는 포르투갈어에서 비롯되었고, 기본적으로 인도 사회 제도에 대해 충분히 이해하지 못한 시각에서 비롯된 편의적 명칭이었던 셈이다.

그렇다면 진정한 의미에서 인도 사회의 계급은 무엇인가? 인도인들은 전통적인 사회 제도의 기본 단위를 '바르나(varna, 산스크리트어로 色, 계급을 의미함)'와 '자띠(jati)'로 이해한다. 먼저 '바르나'는 인도 고대 사회의 위

경건한 마음으로 푸자 의식을 행하기 전 이발하는 인도인들.(하리드와르)

계적 구분을 뜻한다. 브라만(Brahman), 크샤트리아(Kshatruya), 바이샤 (Vaishya), 수드라(Shudra)의 4개의 범주로 구성되고, '바르나'의 테두리 밖에 속한 이들을 불가촉천민(Untouchable)으로 부르는데 바로 카스트를 통해 알려진 단일 위계적 계급 구성과 동일하다. 바르나는 전통적인 직업으로 구분되어 브라만이 사제와 학자, 크샤트리아가 정치가와 무사, 바이샤는 상인, 그리고 수드라는 노동계층을 의미한다. 브라만, 크샤트리아, 바이샤와 같은 다른 상위 바르나와 달리 수드라는 종교적으로 완전히 배제되었다.

　사실 이 바르나는 참고적인 계급 구분에 가깝다. 우리가 일반적으로 인식하는 카스트와 마찬가지로 바르나의 듬성듬성한 분류로는 뚜렷한 기능적 집단이나 사회 단위를 대변하기에 무리가 따른다. 실제로 바르나에서의 계급 구성은 지역에 따라 차이를 보인다. 남인도에서는 크샤트리아와 바이샤 계급이 없는 경우도 있다.

한편 '자띠'는 원래 어휘적으로 '출생'을 의미한다. 바르나와 달리 지역적인 체계를 말하는데 자띠는 일상생활에 직접적인 관계를 갖는 실재(實在) 기능 집단이다. 하나의 마을에 20~30종의 자띠가 있고 인도 전체적으로는 2000~3000종에 이른다. 이들 각각의 자띠는 앞서 언급한 바르나와 불가촉천민 어딘가에 소속되지만 보다 세분화된 개념으로 이해된다. 바르나가 전통적 의미의 직업이라면 자띠는 각각의 이름을 가지며 구체적이고 일정한 직업과 연결되는 것이다. 자띠는 대를 이은 직업 세습, 집단 내혼(內婚)의 단위가 되어 지역 안에서 개별적인 정체성을 유지한다.

흔히 카스트는 바르나와 자띠가 혼돈되어 사용되는 것이다. 계급적 의미는 바르나, 실제 사회적 기능 단위로는 자띠를 쓰는 게 일반적이다. 고대 사회에서는 아직 바르나로부터 자띠로 세분화되기 전이었고, 때문에 당시에는 바르나만으로 카스트를 이해할 수 있었다면 기능적 주체 즉, 직업이 세분화된 오늘날에는 자띠가 실질적인 개념의 카스트라고 할 수 있다. 이들은 원칙적으로 다른 카스트의 성원이 만든 음식은 먹지 않는 것을 비롯해 동일 카스트 내 결혼, 서비스의 교환 등을 통해 결속력을 가지고, 각기 신분적 차별성과 위계적 구분을 두는 것이다.

1947년 이후 카스트제도는 법적으로 폐지되었다. 하지만 시대가 변해도 자띠를 지울 수 있는 것은 아니다. 현재도 그 사람의 이름을 보면 어느 지역 출신이고 집안은 어떤 일을 하는 누군지 드러난다. 카스트는 없어도 자띠가 있고, 그것은 인도 사회에서 여전히 유효한 인적 지도인 셈이다. 인도에서 계급은 여전한 위력을 발휘한다. 공적인 영역에서는 카스트의 위계가 약해졌다고 하나 사적인 영역에서는 그로부터 결코 자유로울 수 없다.

흔히 인도의 패밀리 비즈니스를 이야기하는데 이 또한 같은 틀 안에서 이해가 가능하다. 비를라(Birla)그룹과 유통업으로 유명한 마르와리 상인, 타

● 일반적으로 인도인들의 결혼 상대는 집안이 정해주며 대부분의 경우 이를 당연하게 받아들인다. 어느 인도인의 말에 따르면, 자신의 아내는 부모님이 정해주셨는데 결혼 전까지 한 번도 얼굴을 보지 못했다고 한다. 또 다른 인도인은 집안에서 짝을 정해주는 것이 자신에겐 더 좋았다고 말했다. 자신에게 맞는 짝을 스스로 어렵게 찾을 필요가 없었다는 뜻이다. 이는 30~40대 힌두교 남성들의 이야기로 보수적인 관점을 대변한다. 그들의 부모도 정혼을 통해 좋은 가정을 이뤘고, 자신들도 똑같이 따랐다는 것이다. 드문 경우지만 최근에는 예외적인 사례도 있다. 하지만 아직도 정혼이 보편적이고, 집안의 허락을 구하지 못한 결혼은 종종 비극으로까지 치닫는다. 이종교 간의 결혼을 인정하지 못해 명예 살인을 하거나, 전말을 알 수 없는 의궁스러운 범죄도 벌어지는 것이다.

종교, 인종과 계급, 그리고 물질적 이해관계를 바탕으로 한 것이 인도의 정혼이다. 집안과 집안의 결합이고, 평생 모은 재산의 절반을 쏟아 부어 결혼식을 치를 만큼 인도인에게 결혼은 일생일대의 잔치다. 결혼을 통해 집안 간의 이해관계를 충족시키고 결속하여 이득을 도모할 수 있다. 종교와 계급이 존재하는 사회에서 결혼은 가문의 지위를 유지하고 견고하게 하기 위한 수단이기도 하다. 때문에 어릴 적부터 부모끼리 혼사를 약속하는 경우도 있다.

타(TATA)그룹으로 유명한 파르시 상인, 그밖에 펀자비 상인, 바니아 상인 등 재계를 주름잡는 기업을 특정 지역 및 가문과 연계할 수 있는 것은 당연하다. 마찬가지로 정치권도 유력 가문이 대를 이어 영향력을 발휘할 수 있는 것이다. 가난한 짐꾼의 후손이 다시 짐꾼의 삶을 살아가기도 하고, 과자 가게의 아들이 전국구의 과자점을 열어도 결국 과자 가게 집안인 것이다. 이를 통해 변화의 바람 속에서도 뿌리 깊게 자리한 인도의 계급 문화가 어떠한 것인지 엿볼 수 있다.

변화는 끊임없이 계속될 것이고, 예외적인 사례도 찾을 수 있을 것이다. 브라만의 자손이 일개 직원이 되고, 그 반대의 경우도 있을 것이다. 반면 계속하여 계급이라는 태생적 한계 속에 살아가는 이들도 많을 것이다. 여기에 '업(業)'에 따라 전생의 왕이 개미로 환생했다거나 그 반대가 될 수도 있다는 힌두교의 신화를 떠올리면 무척 흥미롭다.

우타르프라데시 주 노이다의 어느 길가에서 만난 공사 현장의 노동자.(사진 위)
델리 인근의 어느 연회장, 인도 상류층 사회의 결혼식 피로연 풍경.(사진 아래)

용감한 자가 신부를 얻는다?

● 요즘 인도를 경험하는 사람들은 이런 의문을 제기한다. 인도는 집안 간 정혼(定婚)의 풍습이 있는 것으로 알았는데 실제로 보니 다르다는 것이다. 시내를 거닐다보면 공원에서 그런 풍습과 관계없이 자유롭게 연애하는 젊은이들도 많이 목격되기 때문이다.

그것은 틀린 말이 아니다. 다양한 문화를 접하며 기존의 보수적인 사고방식에서 벗어나기 시작한 인도의 신세대들은 학교, 직장 혹은 다른 기회를 통해 인종, 종교, 계급이 다른 이성과 사랑을 싹 틔우기도 한다. 하지만 그들은 집안의 완강한 반대에 부딪히고, 이룰 수 없는 사랑에 신음하게 된다. 드문 경우지만 몰래 동거를 하기도 하는데 실제로 결혼에 이르지 못해 감정의 지옥을 맛보기도 한다.

대중문화도 세태를 반영한다. 인도인들의 사랑을 받는 발리우드 영화에서도 이런 소재는 곧잘 등장한다. 발리우드 최강의 콤비 샤룩 칸과 카졸이 호흡을 맞췄던 〈용감한 자가 신부를 얻는다〉와 같은 로맨틱 코미디 영화에서는 이러한 소재를 유쾌하게 그려내기도 했다. 집안의 반대에 부딪힌 주인공 라즈가 용기를 내어 온갖 어려움을 극복하고 운명적인 사랑을 쟁취하며 해피엔딩으로 끝난다는 내용인 것이다. 하지만 현실은 영화만큼 녹록치 않다. 현실은 여전히 용기로만 넘을 수 없는 벽이 존재한다.

전통적인 직업에서 기능별 직업의 세분화까지 어쩌면 인도의 계급은 사라져가는 것이 아니라 더욱 세분화되어 간다는 생각도 든다. 근본적으로는 대체 불가능한 사회 시스템일지도 모른다. 급진적인 변화를 기대하기보다 중요한 것은 기회와 희망이다. 과연 내 이름에 새겨진 주홍글씨가 지워질 날이 올 것인가? 그 의문에 대한 답은 아마 더 많은 시간이 지나봐야 알 수 있을 것이다.

계급 속의 他人

인도는 계급의 기능적 역할을 바탕으로 움직이는 우주다. 계급에 대한 이해가 중요한 까닭이다. 외국인이니까 열외라는 생각은 재고(再考)해 볼 만하다. 평생 마주한 사람의 신분과 지위에 반응하여 온 그들의 문화에서 계급은 본능이다. 우리도 외국인을 대할 때 순간 우리의 기준에서 상대방을 판단하고는 한다. 조금 예외적인 경우일 뿐 내가 위인지, 네가 위인지 혹은 동등한 것인지, 그들은 매우 본능적으로 우리를 가늠할 것이다. 농을 섞어 얘기하면 외국인은 전통적인 의미에서 그 어떤 계급도 아닌 불가촉천민이다. 물론 실제 현실이 그렇다는 뜻은 아니다.

'자띠'의 기능적 역할로 보자면 외국인은 그들의 나라에 방문하고, 돈을 쓰며 투자하는 손님이자 고객이다. 대개의 경우 서비스를 받는 자 또는 특정한 용무로 파견된 관리자의 입장에서 존중받는다. 하지만 이런 부분은 생각할 필요가 있을 것이다. 인종적으로 우리와 유사한 인도 동북부 사람들을 대하는 본토 인도인들의 시선은 매우 차갑다. 동남아에서 건너와 허드렛일을 하는 사람들 또한 마찬가지다. 그들은 인도인의 시각에서 크게 존중받지 못하는 게 사실이다. 나를 향해 따뜻한 미소를 던지는 인도인들이 그들을 향해 섬뜩한 비웃음을 던질 때 오싹한 마음이 들기도 한다. 나는 그들과 무엇이 다를까? 어쩌면 인도에서 계급이라는 것은 이런 차이가 아닐까 싶다. 좀 더 가치를 인정받는 기능을 발휘한다는 것 말이다.

계급은 곧 기능이다. 그렇게 보면 우리도 인도를 마냥 바라만 볼 것이 아니라 실질적인 관계로 다가서기 위한 우리의 기능을 생각해볼 필요도 있겠다. 계급에는 존중받는 자가 있고, 무시당하는 자가 있다. 어쩌면 우리는 인도 사회에서도 의미 있는 기능적인 역할을 담당할 자띠가 되려고 해야 할지도 모른다. 그렇다면 어떤 자띠가 되고 싶은가?

침략은 받아도
정복된 적 없는 영혼

히다스페스 전투

기원전 326년, 인더스 강의 지류 히다스페스(現 젤룸 강)를 사이에 두고 알렉산더는 북인도 파우라바 왕조의 라자(Raja, 왕) 포루스의 대군과 마주했다. 페르시아를 제패한 알렉산더는 아직 포만감을 느끼지 못한 듯 날카로운 이빨을 번뜩였다. 알렉산더의 시선은 이제 인도를 향해 있었다. 그는 이곳을 넘어 인도 동남부까지 넘볼 기세였다. 포루스는 보병 3만, 기병 4000, 전차 300량과 더불어 코끼리 100마리에 이르는 대군을 히다스페스 강 이남에 집결시켰다. 알렉산더는 보병 2만 5000과 기병 5000을 이끌고 진군했다.

포루스는 알렉산더의 병력이 히다스페스江을 도하(渡河)하는 순간을 노리고 있었다. 적을 면전(面前)에 두고 대부대가 일시에 강을 건넌다는 것은 자멸행위였다. 수차례 기회를 엿보던 알렉산더는 밤을 틈타 멀찍이 우회한 지점에서 도하하기로 결심했다. 날이 저물었다. 때마침 불어 닥친 폭풍우는

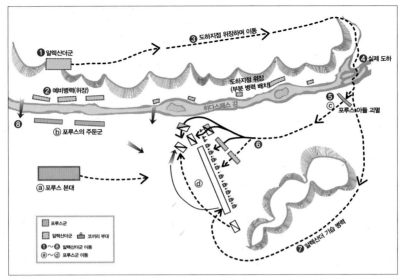

히다스페스 전투 개념도

암중모색(暗中摸索)하던 알렉산더에게 승리의 여신 니케의 손짓처럼 느껴졌을 것이다. 알렉산더는 병력을 나눴다. 포루스 군대가 주둔(駐屯)해 있는 여울목 맞은편에 예비 병력(보병 9000, 기병 2000)을 주둔시킨 뒤 나머지 병력을 이끌고 강을 따라 상류(上流)로 이동했고, 미리 물색해 놓은 지점에서 강을 건너는 데 성공했다.

　뒤늦게 움직임을 포착한 포루스도 급히 자신의 아들에게 기병 2000과 전차 120량을 내주며 이를 저지토록 했지만 그가 도착했을 때는 이미 알렉산더의 군이 전열을 가다듬은 뒤였다. 포루스의 본대(本隊)가 알렉산더의 예비 병력을 견제하며 발이 묶인 사이 알렉산더는 파상공세로 포루스의 아들이 이끄는 병력을 괴멸시켰다. 포루스의 아들은 장렬한 최후를 맞이했다. 눈앞에서 아들을 잃은 포루스는 본대를 움직여 알렉산더에 맞섰다. 코끼리 부대가 선봉에 서고 그 뒤로 3만의 보병이 긴 방진(方陣)을 이뤘다. 그 양쪽에는 전차 부대와 기병(騎兵)을 절반씩 나누어 배치시켰다.

이에 반해 알렉산더는 전선(戰線)을 우회할 기습 병력을 뺀 대부분의 기병을 진영(陣營)의 한쪽에 집중시켰다. 양쪽으로 병력이 분산된 포루스의 전차 부대와 기병을 한쪽부터 집중 공략했다. 이에 대응해 포루스는 남은 전차 부대와 기병을 보냈지만 전선을 우회해 기습적으로 나타난 알렉산더의 기병들이 기다렸다는 듯이 그들을 에워쌌다. 포루스 군의 측면이 무너지는 순간이었다. 아직 코끼리 부대는 남아있었다.

알렉산더는 일찍이 페르시아와의 전투에서도 이들을 대적한 적이 있었다. 코끼리 부대의 위용은 대단했지만 그것도 통제가 될 때의 얘기였다. 약점은 코끼리 몰이꾼들이 방어에 취약하다는 점이었다. 알렉산더의 공격은 몰이꾼들에게 집중되었다. 몰이꾼을 잃은 코끼리는 통제 불능의 상태가 되었고, 피아(彼我) 구분 없이 날뛰기 시작했다. 그 사이 강 건너편에 대기 중이었던 예비 병력이 전장에 도착했다. 이것으로 히다스페스 전투의 승패는 결정되었다.

히다스페스 전투는 알렉산더의 원정 기간 중 가장 치열했던 전투 중 하나로 기록되었다. 이 전투는 페르시아라는 완충 없이 이루어진 동서양의 격돌이었고, 인도로 가는 길목에서 벌어진 필연적인 한판 승부였다. 물론, 알렉산더가 밟은 인도땅은 전체 인도 대륙의 일부에 지나지 않는다. 오랜 원정으로 인해 끝내 발걸음을 돌려야 했던 알렉산더의 꿈도 거기서 멈췄다. 인더스 강을 거슬러 회군(回軍)하던 그는 진한 아쉬움을 달래야 했을 것이다. 알렉산더는 인도의 여러 군소 국가들을 그의 발아래 종속시켜 놓았지만 그가 바빌론에서 숨을 거두자 이 또한 사상누각(沙上樓閣)의 운명을 맞이했다.

알렉산더 본인의 아쉬움과는 달리 그의 원정은 향후 인도에 커다란 영향을 끼쳤다. 종교, 예술, 문학, 건축에 이르기까지 인도 특유의 문화를 형성하는 데 있어 중요한 역할을 했던 것이다. 더욱 주목할 점은 알렉산더의 침략이 군소 국가가 난립하던 인도의 민족적 결속을 다졌고, 통일 국가가 등장하는 계기를 마련했다는 것이다. 그렇게 보면 히다스페스 전투는 '만약'이라는 말이 조심스러울 만큼 인도 역사의 결정적 한 장면이었다. 알렉산더 외에도 인도를 탐한 세력은 끊이지 않았다. 바로 그 침략의 역사가 오늘날 인도의 모습을 이해할 수 있는 단서(端緒)가 된다.

인더스 강을 넘어온 자들

알렉산더의 인도 원정은 정치, 종교, 문화, 예술에 이르기까지 엄청난 파급 효과를 불러왔다. 하지만 기원전 3000년 경 인더스 문명으로 거슬러 올라가는 유구한 역사 속에 알렉산더가 인도를 찾은 첫 손님은 아니었다. 귀빈이든 불청객이든 인도가 복잡다단한 다양성 속에 특유의 조화로운 모습을 가지기까지 몇 번의 중요한 만남이 있었다.

먼저 아리안(Aryans)의 유입을 들 수 있다. 시베리아 등지의 유목민으로 게르만, 앵글로색슨 등 서양인의 선조격인 이들은 기원전 2000년 경부터 모습을 드러낸다. 아리안은 기원전 17~18세기 이동을 시작해 일부는 유럽으로 또 다른 일부는 기원전 13~15세기 사이에 히말라야를 건너 인도에 정착한 것으로 알려진다.

처음에 이들은 인도 북서부의 펀잡(Punjab) 지방에 정착했다가 점차 남하해 갠지스 강 유역으로 활동 무대를 옮겼다. 유목에서 농경문화로 전환되는 시점이었다. 이들은 자연히 드라비다 등 인도의 원주민들과 대립하게 되는데 큰 키에 또렷한 이목구비와 하얀 피부를 가진 아리안들은 우월한 신체, 철

드라비다의 문화권인 남인도 첸나이(舊 마드라스)의 피라미드형 힌두 사원.

기 문화, 싸움에 능한 유목민이라는 점을 바탕으로 청동기에 머물러있던 왜소한 원주민들을 손쉽게 남부로 밀어냈다. 우월성을 내세워 원주민을 종속시킨 것은 카스트로 불리는 계급 문화의 시발점이 되었다고 할 수 있다.

한편 시간이 흘러 아리안과 원주민의 교류는 오늘날 인도인의 인종적 특성을 형성하는 원인이 되었다. 예를 들어 지역적으로 북인도 사람들이나 상류층처럼 서구적인 외모와 체형을 가진 인도인들에게서 아리안의 흔적을 엿볼 수 있다. 반대로 남인도 지역이나 하층민일수록 원주민에 가깝다는 점은 절대적인 기준은 아니더라도 어느 정도 수긍이 가는 대목이다.

아리안은 기원전 7세기에 이르러 서서히 도시 국가의 형태를 이루기 시작했다. 당시 고대 국가는 부족 연맹의 성격을 가지고 있었다. 일부 왕이 있는 국가도 있었으나 대부분 부족장들의 의회가 국가 운영의 주체였다. 수많은 군소 도시 국가들이 난립했던 시기로 북부의 코살라(Kosala), 중부의 마가다(Magadha), 남부의 비데하(Videha)가 대표적이었다. 기원전 4세기까지 이들 도시 국가의 세력 다툼이 이어졌고, 알렉산더의 원정 시에는 마가다와 난다(Nanda)가 가장 강성한 세력을 유지했다. 사실 알렉산더보다 먼저 인도에 침범한 것은 페르시아였다. 다리우스의 전성기 페르시아는 인더스 강 유역과 펀잡 지역 일부를 점유하기도 했다. 다만 알렉산더의 원정이 보다 본격적이고, 적극적인 아프로디테의 구애(求愛)와도 같았다. 어찌 당황스럽지 않았겠는가.

알렉산더가 물러나자 난다를 멸한 마우리아 왕조의 찬드라 굽타(기원전 324~297년경)는 기원전 4세기 말 알렉산더가 종속시켰던 인도 서북부를 수복하고, 서쪽의 아프가니스탄에서 동쪽의 벵갈 만에 이르는 북인도 최초의 통일 왕조를 세웠다. 왕위에 오르기 전 찬드라 굽타는 알렉산더 대왕을 마주한 적이 있다고 하는데, 이를 계기로 통일 국가에 대한 이상을 품게 되었을 수도 있다. 바야흐로 인도 최초 강대국의 등장이었다.

찬드라 굽타의 손자인 아소카 왕(기원전 273~232년경)에 이르러 마우리아 왕조의 치세는 절정에 달하는데 북으로는 카슈미르와 네팔, 남으로는 타밀을 제외한 거의 모든 지역까지 영토를 확장했다. 한편 아소카 왕은 칼링가 정복(기원전 261년)을 계기로 정복 전쟁에 대한 회의를 느끼고 불법에 귀의했다. 불교 확산은 물론 모든 종교에 관용적인 정책을 폈고, 이종교 간의 공존을 유도하는 등 평화로운 황금기를 구가했다. 정복이 아닌 법제를 통한 통치를 꿈꿨던 것이다. 하지만 평화 다음이 문제였다. 군사력과 납세 등에 있어서 왕의 권한은 여전히 컸지만 당시 광대한 영토에 비해 국가 조직이 엉성했고, 지역별로 다른 언어와 문자를 사용함은 물론 각기 다른 종류의 화폐가 유통되는 등 중앙 집권 체제의 정비가 완전히 이루어지지 못했다. 결국 인도 최초의 통일 왕조인 마우리아는 쇠퇴의 길에 접어들게 되었다.

인도는 이후 굽타 왕조(4~6세기)가 등장하기까지 다시 분열되었다. 기원 전후 수 세기 동안 서북부를 중심으로 이민족의 침입도 지속되었으며 외래 문화의 유입은 더 활발해졌다. 하지만 이는 해당 지역에 한정되었고, 인도 전체에 영향을 미치는 수준은 아니었다.

이후 북인도를 장악한 굽타 왕조는 인도의 문화 부흥 시대를 열었다. 예술, 문학, 종교, 철학은 물론 수학과 천문학의 발전도 이어졌다. 굽타 왕조의 세력과 정치적 영향력도 마우리아 왕조처럼 강성했지만 남인도에 이르는 통일 국가를 건설하지는 못했다. 특히 이 시대에는 4세기 말부터 훈족(Hun)의 침입이 거셌다. 굽타 왕조는 인도 아(亞)대륙의 우산이 되어 훈족을 격퇴해 냈지만 이는 결국 굽타 왕조의 세력 약화로 이어졌다. 이 시기에 훈족과 중앙아시아 등지에서 유입된 사람들은 북인도뿐 아니라 서인도와 남인도까지 이동해 자리 잡았다.

영토와 정신의 지배 사이

굽타 왕조의 멸망 이후 많은 군소 왕국이 난립하며 명멸해갔지만 이후 4세기 동안 이렇다 할 이방인들의 침입은 없었다. 내부의 세력 다툼에 고심하는 사이 외부 세계와의 접촉도 뜸했다. 하지만 11세기에 이르러 중세로 접어든 인도는 과거 그 어느 때보다도 강력한 세력과 마주하게 되었다. 바로 이슬람이다. 아프가니스탄 가즈니(Ghazni) 왕조의 마흐무드(Mahmud)는 황량한 중앙아시아에서 벗어나 인도 편잡 지방의 비옥한 땅에 군침을 흘렸다. 마흐무드는 무려 열다섯 차례 이상 인도를 침략했는데 그는 인도 북부를 유린하며 정복 전쟁의 화신(化身)으로도 불렸다.

북인도 자이푸르의 핑크시티로 들어가는 길, 상가네리 게이트.
이곳을 지나 조하리 바자르 따라 직진하면 길 좌측으로
핑크시티의 대표적인 명소인 하와 마할(바람의 궁전)과
씨티 팰리스 등이 보인다.

하지만 이는 정복이라기보다는 약탈에 가까웠다. 수만 명의 인도인들을 도륙하는 한편 일방적인 재물의 착취와 약탈에만 초점을 맞췄다. 우수한 중앙아시아산 말을 탄 기병들의 기동력을 이용한 그는 수확기에 맞춰 어김없이 침략을 감행해 재물을 착취한 뒤 가즈니로 돌아갔다. 그러나 북인도의 힌두세력들은 무기력했고, 이러한 침탈 속에도 결속력을 발휘하지 못해 지리멸렬했다. 특히 종교적 박해는 극에 달했다. 마흐무드의 침략은 주로 인도의 사원 도시인 마투라, 타네사르, 카나우즈, 솜나르 등에 집중되었는데 사원의 재물을 착취했음은 물론, 철저하게 힌두교 사원들을 파괴했다. 이러한 상황은 마흐무드의 사망(1030년)으로 비로소 잦아들게 되지만 이를 계기로 터키와 아랍 등 이슬람 세력이 인도를 장악하기 시작했다. 이후 13세기부터 16세기 무굴 제국이 등장하기까지 노예 왕조, 할지(Khalji) 왕조, 투글루크 왕조, 투르크와 아프가니스탄 세력이 번갈아 델리를 중심으로 한 북인도 지역을 장악하고, 스스로를 술탄(Sultan)이라 칭하며 델리 술탄 시대(Delhi Sultanate)를 열었다.

지금 북인도에서 찾아볼 수 있는 이슬람 유적들은 바로 이 시기부터 폐허가 된 힌두 유적 위에 세워지기 시작했다. 델리의 꾸뜨브 미나르(Qutb

이슬람의 인도 지배를 상징하는 델리의 꾸뚜브 미나르.

Minar)[5]가 다름 아닌 궁정 노예 출신으로 노예 왕조(1206~1290)[6]를 이룬 꾸뚜브딘 아이바크(Qutb-un-din-Aibak)가 짓도록 한 건축물이다. 그는 마흐무드 사후 가즈니 왕조를 타도했던 구르(Ghur) 왕조의 무하마드(Muhammad)를 섬겼는데 인도 정복 전쟁 중 주군이 사망하자 스스로 술탄임을 선언하며 인도 내에 본격적인 이슬람 국가를 세웠다. 꾸뚜브 미나르는 바로 이슬람 세력의 인도 강점을 상징하는 조형물이 아닐 수 없다.

16세기부터는 무굴 제국이 인도의 주인이 되었다. 바베르(Baber, 1483~1530년)와 후마윤(Humayun, 1508~1556년)이 제국의 초석을 다졌고, 후마윤의 아들 아크바르(Akbar, 1542~1605년) 대에 이르러 대제국의 용모를 갖추었다. 이후 자한기르(Jahangir, 1605~1627년), 타지마할에 얽힌 고사(古事)로 인해 낭만 황제로 기억되는 샤 자한(Shah Jahan, 1628~1658년), 반대로 욕심 많고 무자비한 아들로 기억되는 아우랑제브(Aurangzeb, 1618~

● 타지마할에 얽힌 이야기는 매우 흥미롭다. 이슬람 건축의 걸작으로 그 자체로 인도를 상징하는 건축물이지만, 절절한 이야기가 곁들여져 더욱 매력적이다.

무굴 제국의 황제 샤 자한의 총애를 받던 왕비 뭄타즈 마할은 모두 14명의 자식을 낳은 뒤 불과 39세의 나이에 사망하고 만다. 뭄타즈 마할을 너무나도 아낀 나머지 자신의 험난한 원정 행렬에 동행하게 했던 것이 문제였다. 뭄타즈 마할의 죽음을 안타까워 한 그는 왕비의 무덤을 만들기 위해 세계 각지의 기술자를 불러왔고, 전국의 인부와 대리석을 끌어 모아 무려 22년간에 걸쳐 타지마할을 완성했다. 수많은 사람들이 피와 땀을 바쳤고, 이보다 더 아름다운 건축물을 만들지 못하도록 완공 후에는 인부들의 손목을 자르기까지 했다.

당시 황제의 사랑과 아름다움에 대한 대가는 너무나도 컸다. 전설에 의하면 타지마할 뒤를 흐르는 야무나 강을 사이에 두고 같은 모양의 흑색 타지마할도 존재했다고 하는데, 이는 근거가 부족한 이야기로 아마 타지마할의 그림자였을 것이라는 추측이다.

훗날 자신의 아들 아우랑제브에게 폐위당한 샤 자한은 멀리 아그라 성에 감금된 채 타지마할만을 바라보며 지냈다.

1707년) 등을 거쳐 19세기에 쇠퇴하기까지 무굴 제국의 시대가 이어졌다.

잠시 한 눈을 팔아 샤 자한과 아우랑제브에 관한 이야기를 하자면, 수많은 왕비 중 한 명인 뭄타즈 마할을 잃은 슬픔에 대역사(大役事)를 감행한 아버지는 무척 감성적이었다. 형제들과의 오랜 내전 끝에 급기야 아버지를 유폐(幽閉)하고 마흔의 나이에야 대권을 이어받은 아우랑제브 역시 권력에 집착했던 것이 사실이다. 하지만 샤 자한의 낭만 시대 또한 정복 전쟁으로 시작되었고, 특히 타지마할의 축조(築造)는 엄청난 대가와 희생 그리고 국부(國富)를 소모한 결과였다. 반면 아들 아우랑제브는 힌두 사원을 파괴하고, 힌두교를 무력으로 탄압하며 살상을 서슴지 않는 등 압제(壓制)를 펼쳤지만 치세 후반부에는 매우 금욕적인 종교인으로 변모했다고 한다. 재미있는 점은 아우랑제브가 뭄타즈 마할의 셋째 아들이었다는 점이다. 총애했던 왕비의 아들은 아버지를 멀리 타지마할이 내다보이는 아그라 성에 가뒀다.

북인도의 이슬람 문화는 무굴 제국에 이르러 완전히 꽃피웠다. 지금의 북

인도 파키스탄의 분리 독립

● 제2차 세계대전 이후 인도의 독립은 거스를 수 없는 흐름이었다. 1946년 영국은 인도 독립안을 발표하기에 이른다. 하지만 이후 인도는 힌두교와 이슬람교 간의 갈등이 첨화되며 걷잡을 수 없는 혼란 국면에 접어들고 만다.

오랜 세월 이어져 온 이슬람의 인도 지배에 따른 두 종교의 오랜 갈등이 폭발한 것이었고, 이러한 갈등을 악용해왔던 영국 식민지 정책의 부작용이기도 했다. 인구의 23% 이상을 차지하던 인도의 무슬림은 독립 기회에 반드시 분리된 회교 국가인 파키스탄의 건설을 관철시키려 했고, 그 과정에서 충돌이 일어나며 대규모 유혈 사태가 발생했다.

당시 무슬림이 다수였던 캘커타(現 콜카타)는 회교 국가 참여에 반대하며 2만 명의 사상자와 15만 명의 난민이 발생하는 초유의 사태가 일어났고, 전국적으로 확대되어 1500만 명의 유민이 발생했다.

결국 인도와 파키스탄은 분리 독립하기에 이르렀고, 이 문제를 맡은 영국의 마지막 총독 마운트 배튼은 양측의 동의 하에 562개에 달했던 인도 내 토후국(번왕국)들에 지리적 인접성과 종교 분포에 따라 자발적으로 인도와 파키스탄을 선택하도록 했다.

인도를 보면 바로 그 영욕(榮辱)의 역사를 마주하게 되는 것이다. 왜 인도의 남과 북이 그토록 다를 수 있는가에 대한 의문을 해소해준다. 그렇다고 북인도를 보면서 '이것은 진정한 인도의 모습이 아니다'라고 말한다면 그 또한 그릇된 시각일지 모른다. 어찌 살갗을 맞대지 않고 역사가 일어날 수 있는가? 외부와의 끊임없는 밀당(밀고 당기기) 속에 북인도의 모습이, 그 천연적 방패 아래 남인도의 모습이 남아있는 것이다.

델리의 꾸뚜브 미나르, 후마윤의 묘, 랄 낄라(赤城), 푸라나 낄라(古城), 아그라의 타지마할, 아그라 성 등은 이슬람의 흔적이다. 그렇다면 북인도는 완전히 무슬림화 되었단 얘긴가? 그렇지 않다. 인도인들의 이슬람교 개종은 더뎠고, 중독성 강한 이슬람의 전파도 인도인들의 삶을 근본적으로 변화시키지 못했다. 이슬람은 페르시아, 그리스, 훈족에 이르기까지 인도를 넘봤던 그 어떤 세력들보다도 막강했지만 무슬림은 기본적으로 인도 사회에서 소수였다.

지배자가 누구든 촌락 단위에서는 뿌리 깊은 힌두교의 관습이 그대로 이

델리 인근 무슬림 주거지의 닭 잡는 사람.

어졌다. 이권(利權)을 대가로 일부 하층민이 무슬림으로 개종했다고 해서 그들이 근본적인 사회 시스템을 바꾸는 것은 불가능했다. 설령 농노(農奴)가 농지를 대가로 개종하더라도 신분상의 급변화는 없었다. 무슬림 단체 또한 원래 힌두교에서 개종한 사람들로 구성되었고, 계급, 종교, 정치, 경제, 생활 등이 모두 유기적으로 얽힌 인도에서 그들은 대부분의 힌두교도들과 근본적으로 차이가 없는 삶의 패턴을 유지했다.

아! 그렇다면 지도층들은 무엇을 했을까? 그들은 두 종교가 섞일까봐 거리를 두었다. 사제는 서로의 사원을 멀찍이 두었고, 일반인들과의 접촉도 꺼렸다. 무굴의 시대가 지나자 이슬람이 남긴 찬란한 문화유산과 함께 인도의 종교 목록에 이슬람교가 하나 더 추가되었다. 하지만 불과 기름의 관계, 힌두와 무슬림의 갈등은 계속되었다. 분리 독립 과정, 카슈미르 분쟁 등 굵직한 문제뿐만이 아니다. 현재 인도에서 무슬림은 전체 인구 중 15% 정도를 차지한다.

● 최근 발리우드는 인도뿐 아니라, 동남아, 중동, 유럽, 북미 등의 다양한 지역으로 수출되고 있다. 사실 인도 영화는 그 특유의 표현 방식으로 관객에 따라 호불호(好不好)가 갈리지만, 그만큼 유사 문화권에서는 절대적인 지지와 사랑을 받고 있다.

발리우드에는 많은 스타들이 존재한다. 그중에서도 가장 큰 영향력을 발휘하는 배우로 3명을 꼽을 수 있는데 바로 샤룩 칸, 아미르 칸, 살만 칸의 3대 칸이다. 발리우드를 대표하는 이들의 대중적인 영향력 또한 매우 크다.

먼저 〈내 이름은 칸〉으로 유명한 샤룩 칸은 로맨틱 코미디와 액션 등 장르에서 큰 성공을 거두며 불패의 신화를 이어가고 있는 최고의 스타다. 다음으로 〈세 얼간이〉로 잘 알려진 아미르 칸은 대중성과 작품성을 오가며 발군의 연기력을 발휘하는 배우로 직접 TV 시사 프로그램을 제작할 만큼 재능이 많다. 마지막으로 발리우드의 짐승남 살만 칸은 헐크 같은 몸매로 주로 액션 영화에서 인기를 얻은 배우지만 〈카슈미르의 소녀〉 등 작품성 있는 영화를 흥행시키며 다양한 매력을 발산하고 있다. 이미 50대에 접어들었지만 그들의 인기는 여전히 식을 줄 모른다. 역대 흥행 10위권 영화 중 이들의 영화가 여덟 편이고, 매번 자신의 흥행 기록을 스스로 갈아치우는 중이다. 많은 인도인들이 3대 칸을 우상으로 삼고, 그들의 사소한 모습까지 따라한다.

기본적으로 무슬림 주거지는 힌두(전체 인구의 78%)와 분리되어 있지만 잊을 만하면 한 번씩 충돌해 유혈사태가 일어나고 사상자가 발생한다. 한편, 갈등은 갈등이고 그들도 인도인이다. 인도 사회에 녹아든 그들의 모습은 곳곳에서 찾아볼 수 있다. 야시장을 거닐다 만나는 닭 잡는 사람들도 무슬림이고, 인도 영화 산업인 발리우드(Bollywood)를 견인하는 3대 칸(khan)과 같은 인물들도 무슬림이다.

지금 우리가 만나는 인도

아리안이 정착한 뒤 원주민과 융화되며 인종과 계급 등 인도 사회의 골격이 갖추어졌다. 알렉산더의 진군은 그리스 문화의 전파는 물론 동서양 문화가 소통하는 계기가 되었고, 향후 인도 문화 전반에 지대한 영향을 끼쳤다. 이러한 영향을 바탕으로 최초의 통일 국가인 마우리아 왕조가 등장했다. 이후 간헐적인 외침과 함께 군소국가의 난립, 굽타 왕조의 시대 및 훈족의 유입 등을 거친 뒤 인도는 또 하나의 막강한 문화와 충돌하게 된다. 이슬람은 인도를 장악하고, 기념적인 건축물을 쌓아올렸다. 대제국을 건설한 그들은 한 시대를 풍미했지만 그들 못지않게 뿌리 깊은 힌두교의 전통과 사상까지 지배하지는 못했다.

또 누가 젖과 꿀이 흐르는 인도땅을 넘보았는가? 식민지 시대로 접어들고 지금의 인도가 그 모습을 갖추었다. 맷집이 참 좋다는 생각이 든다. 끊임없이 외부의 침입이 이루어진 인도의 역사를 두고 이렇게 단순하게 풀이하기는 조심스럽다. 하지만 히다스페스 전투도 그렇고 어디 한번 속 시원하게 이겨본 적이 드물다. 그런 면에서는 지난 1962년, 영토분쟁과 남아시아 패권국의 자존심을 내걸었던 인중전쟁(印中戰爭)도 떠오른다. 당시 인도는 중국에게 일방적으로 패퇴했다. 재미있는 점은 분명히 지고 점령당한 기억들만 가득한데 지나고 보면 인도는 여전히 인도다.

마주 앉은 여러 명의 인도인들을 보고 있으면 개중에는 아리안 계통의 인도인도 있고, 원주민의 피가 흐르는 이들도 있다. 펀잡이 고향인 사람이 있고, 타밀에서 올라온 사람이 있는가하면 멀리 동북부에서 온 사람들도 있다. 키가 크고 피부색이 하얀 사람이 있고, 왜소하고 피부색이 까만 사람들이 있는가 하면 한국인과 생김새가 흡사한 이들도 있다. 모두 인도인이고, 역사를 돌이켜보면 이러한 인종적 다양함은 당연한 결과물이다.

종교적으로도 그렇다. 흔한 광경은 아니지만 힌두교도, 시크교도, 무슬림 그리고 기독교도가 함께 어울려 식사하며 이야기를 나누는 경우도 있다. 예술 작품으로 치자면 참으로 진귀한 컬렉션이 아닐 수 없다. 어떻게 보면 부자연스럽고 질서 정연하지 못한 느낌도 든다. 각기 다른 자리에서 이야기해 보면 인종과 계급, 그리고 종교가 달라 서로 신뢰하지 않고 견제하는 모습도 보게 된다. 하지만 그럼에도 언제 그랬냐는 듯이 함께 자리한 모습이 마치 레오나르도 다 빈치의 '최후의 만찬'같다. 이 절묘한 조화는 다름 아닌 길고 험난했던 침략의 역사를 함축하고 있다. 막강한 외세와 직면해도 눈앞의 전투는 질지언정 전쟁에서는 지지 않는다. 이것이 바로 인도의 저력이다.

여행 이야기를 꺼내기에 앞서 몇 가지 키워드를 통해 인도를 살펴보았다. 인도의 모든 면을 다루었다고 할 순 없으나, 인도에 관심을 가지면 궁금해지고 한번쯤 생각해보게 되는 상징적인 키워드들이라고 할 수 있다. 사람마다 다양한 시각에서 인도를 바라보기 마련이지만 그에 앞서 인도라는 세계의 기본적인 공감대를 위해서 준비운동처럼 짚고 넘어가면 좋을 내용이기도 했다.

사상적 배경과 더불어 그들의 종교와 계급 문화를 이해하고, 역사를 통해 어떻게 지금의 인도가 형성되었는지 확인해보는 것은 인도를 이해하는 데 있어 좋은 단서가 되어줄 것이다.

---

1. What is here may be found elsewhere, what is not here is nowhere at all.
2. 화신(化身, incarnation)은 형상을 가지고 신이 인간 세상에 나타나는 것을 의미하는데 힌두교에서는 아바타르(Avatar)로도 불린다. 힌두교 경전에서는 신이 인격화, 의인화되어 나타나는데 신의 대리자로 출현한다.
3. 택시와 유사한 인도의 보편적인 대중교통 및 운송 수단. 인력거, 자전거 릭샤, 삼륜 오토바이로 개조한 오토릭샤, 소형 버스나 짐을 운송하는 템포 등 다양한 형태가 있다.
4. 히말라야 산맥 부근에서 發源하여 인도 북부 갠지스강(또는 강가)까지 1370킬로미터에 이르는 갠지스강의 최대 지류로 델리, 아그라 등을 통과하는 중요한 水源이다.
5. 여기서 미나르(Minar)는 탑을 의미한다.
6. 노예왕조는 힌디어로 '굴람 칸단' 혹은 '맘루크' 왕조로도 불린다.

뭄바이(舊 봄베이) 아폴로 부두의 인도문.
1911년 영국 국왕 조지 5세의 인도 방문을 기념해 세워진 뭄바이의 상징적인 건축물이다.

chapter **02**

여행으로 인도에 다가서다

무엇이든 처음이 있는 법이다. 멀리 돌아가긴 했지만
나는 비로소 인도를 알 수 있는 기회를 잡았다.

북인도 여행,
황금 삼각지부터
'性'스러운 카주라호까지

흥미로운 제안

  인도를 이해한다는 측면에서는 나는 그 시작부터 멀리 돌아가는 우(愚)를 범했다. 인도의 전망이 밝다는 생각으로 전공을 택했지만, 처음에는 흔치 않은 새로운 언어를 배우게 되었다는 생각뿐이었다. 구체적으로 내가 어떤 곳에 발을 들인 것인지 인식하지 못했던 것이다. 돌이켜보면 우선 인도라는 나라 자체에 목적과 관심을 두어야 언어를 비롯한 다른 구체적인 분야에 가까워질 수 있었겠다는 생각도 든다. 인도가 어떤 곳인지 관심을 쏟지 않았고, 무엇에 쓰고자 힌디를 배우는지 명확한 동기가 없었으므로 언어가 입에 붙을 리 만무했다. 나는 형편없는 학생이었다. 어영부영 첫해를 보냈고, 마찬가지로 두 번째 해도 속절없이 지나가는 듯 했다.

  어느덧 가을이었다. 인도를 알게 된 지 2년이 다 되어 가지만 마음속은 혼돈 그 자체였다. 바야흐로 IMF 시대로 접어들었고, 취업이란 말이 무겁게 들리기 시작했다. 주변에서는 특수한 언어를 전공할 경우 학점 관리만 신경 쓰고 전혀 다른 분야의 취업 준비에 몰두한다는 얘기도 들렸다. 그럴 경우 언어를 언어가 아닌 그림처럼 여긴다고도 했다. 플랜B가 필요했고, 모두가 비슷한 입장이었다. 나는 그해부터 제2전공으로 중국어를 이수하기 시작했다. 그나마 아직 군복무를 앞두고 있어 이런저런 고민도 잠시 집행유예 판결을 받은 상태였다.

그러던 어느 날 전혀 생각하지 못했던 일이 일어났다. 지금도 돌이켜 보면 참으로 갑작스러운 일이 아닐 수 없다. 수업 사이에 복도 층계참에 앉아 잠시 휴식을 취하고 있는데 누군가 등 뒤에서 말을 걸어왔다. 같은 과 동기들이었다. 평소 왕래가 잦은 친구들은 아니었는데 그들은 어쩐 일인지 매우 흥미로운 제안을 해왔다.

"혹시 인도 여행 가지 않을래?"

겨울 방학이 되면 두 달 가량 인도 여행을 떠나자는 뜻밖의 제안이었다. 특히 그 무렵은 학기를 마치면 곧 군대를 가야겠거니 생각하던 때였으므로 아직 인도 여행은 꿈에도 상상해보지 않은 계획이었다. 다른 곳이라면 아무래도 어렵겠다는 답을 했겠지만, 인도라니…

얼마 뒤 여권과 함께 오사카와 방콕을 경유해 델리로 향하는 항공권이 마련되었고, 뒤이어 비자도 발급받았다. 그해 겨울, 13킬로그램의 배낭과 50만원의 체류비가 든 복대를 맨 나는 인도행 비행기에 올라탔다. 인도 여행은 그렇게 현실이 되었다. 해외여행은 그때가 처음이었고, 이후 계속된 나의 해외 생활도 그때부터 시작되었다. 무엇이든 처음이 있는 법이다.

멀리 돌아가긴 했지만 나는 비로소 인도를 알 수 있는 기회를 잡았다. 인도를 알게 된다면 무엇을 위해 언어를 배우고, 앞으로 그것을 통해 무엇을 할 지 생각해볼 수 있을 것이었다. 어쩌면 실제 모습을 보고 인도에 흠뻑 빠져들게 될지도 모를 일이었다. 물론 반대의 가능성도 있었다. 어쨌든 여행은 그런 모든 것을 내가 직접 보고 판단해볼 수 있는 기회였다. 형편없는 학생이 비로소 인도를 알게 되는 것이다. 이제 여행 이야기를 시작해 보겠다.

카마수트라

여자는 왼발을 오른발 위에 올려놓았다. 여자가 남자에게서 사랑의 향락을 요구할 때 취하는 몸짓이었다. 오랜 시간 사문(沙門)의 삶을 살아오던 싯다르타는 순간 피가 솟구치며 몸이 후끈 달아오르는 것을 느꼈다.

왼발을 오른발 위에 놓는다? 이것은 고대 인도의 성애(性愛) 문헌인 카마수트라에 묘사된 바가 아닌가.

카마수트라하면 그 교의보다는 과거 동명(同名)의 영화 한 편과 더불어 음란하고 색정 가득한 무언가를 떠올리기 마련이다. 반면 이 또한 구도(求道)의 길이었다는 사실에 반신반의한 마음으로 고개를 갸웃하게 된다. 무릇 힌두교는 욕망으로부터 벗어나 고행과 사색 그리고 침잠을 통해 깨달음에 이르는 것이 아니었던가? 인도에서는 맨발에 거적때기 하나를 몸에 걸친 채 구도의 길을 나선 수행자들을 심심치 않게 마주하게 된다. 그들 중에는 때로 실오라기 하나 걸치지 않은 벌거벗은 몸으로 탁발하는 이들도 있다. 인도인들은 그들을 존경해 마지않으며 기꺼이 탁발에 응한다. 그들이 이처럼 버리고 내려놓는 것은 세속으로부터의 결별을 의미할 것이다.

그런데 카마수트라는 제아무리 밀교(密敎)의 바이블이라는 점을 감안하여도 너무나 원색적이고 욕망에 충실하며 세속적인 모습이다. 거듭 이야기하건데 인도가 워낙 천태만상(千態萬象)을 망라한 곳이므로 막연하게 '그럴 수

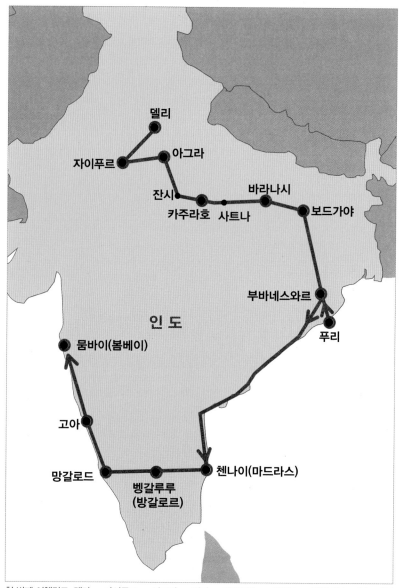

첫 번째 여행경로. 델리 → 자이푸르 → 아그라 → 잔시 → 카주라호 → 사트나 → 바라나시 → 보드가야
→ 부바네스와르 → 푸리 → 부바네스와르 → 첸나이 → 방갈로르 → 망갈로르 → 고아 → 뭄바이

도 있겠다'며 납득해버릴 수도 있다. 하지만 보통 알려진 사실보다 숨겨진 비밀에 더 큰 매력을 느끼듯이 인도의 정통 힌두교와 달리 밀교란 대체 무엇인지 자못 궁금해진다.

이에 대해 헤르만 헤세는 《싯다르타》에서 어렴풋한 단서를 제시해주었다. 지혜란 지식과 달리 가르침을 받는 것이 아니라 스스로 겪고 행함으로써 이치를 깨닫는다는 것이다. 겪고 행동하면서 우왕좌왕하기 바쁜 내게 참으로 위안이 되는 말이 아닐 수 없는데 싯다르타는 카말라를 만나 유희를 즐기고, 장사꾼으로 부(富)와 재물을 모으며, 자신의 아이를 통해 사랑과 집착을 경험해보면서 비로소 진정한 깨달음을 얻게 된다. 그리고 난 뒤에 그는 고타마 붓다(석가모니)의 가르침을 따라 떠나간 친구 고빈다와 재회하게 된다.

비록 이 이야기는 불교를 소재로 다룬 것이고 힌두교 및 밀교에 대한 의문과는 직접적인 관계가 없다. 무엇보다도 무소유(無所有)가 아닌 소유(所有)라니 서구적 관점에서 바라본 불교의 해석이 아니던가. 그러나 카말라와의 유희, 행(行)하고 소유해보면서 깨달음을 얻는다는 것은 어쩐지 성적 유희를 통해 해탈에 이르는 카마수트라와도 묘하게 닮았다. 조금은 수긍이 갔다. 하지만 아직은 그 실체가 명확히 눈에 들어오지는 않는다. 그래서 나도 行으로 깨달음을 구해보고자 북인도의 작은 도시 카주라호(Khajuraho)로 향했다. 카주라호에서는 그 모습을 찾아볼 수 있을 것이었다.

여행의 첫 고비

사실 카주라호로 향할 즈음에는 북인도 여행에 조금은 지쳐있었다. 인도라는 상상 극장의 관문 델리(Delhi)에 도착해 찬란한 이슬람 유적지를 돌아볼 때만 해도 그 압도적인 모습에 매료되어 넋이 나가 있었다. 마치 만물상이 갑자기 나타나 눈앞에 턱하고 보따리를 풀어놓은 것 같았다. 이것저것 할 것 없이 공항에 내려서부터 시작된 정신없는 광경은 충격을 넘어 광기로 느껴질 수도 있었다. 다행히도 내게는 그 모든 광경이 알알이 눈부시게 다가왔다. 누군가는 이렇게 말한다. '인도는 발을 내딛는 순간 극명하게 호불호가 갈리는 곳이다'라고 말이다. 시각과 후각을 예민하게 자극하는 곳이기 때문이다. 정신없이 눈앞의 필름이 돌아가는 사이 그 형용할 수 없이 진귀한 사람들의 체취를 맡았을 때 두 가지 반응이 나오기 마련이다. 경악의 '맙소사!' 혹은 감탄의 '아니 이럴 수가!'가 바로 그것이다.

물론 현재의 인도는 달라졌다. 1990년대만 해도 갑작스런 정전(停電)으로 안내 모니터들이 모두 일시에 꺼지고, 시골 버스 터미널 같이 허름했던 공항의 모습은 이제 온데간데없이 사라졌다. 건물 구석이나 길거리 곳곳에 씹는담배를 뱉어놓던 모습도 줄어들었다. 최근에는 아예 델리 시내에서 씹는담배를 파는 행위 자체가 불법이 되었다. 기차역이 깨끗이 단장되고, 델리 일대를 가로지르는 전철도 생겼다. 하지만 올드 델리나 구석구석의 거리, 그리고 도심에서 벗어난 지역에는 과거의 모습이 여전하다. 여름철 50도를 육박하는 날씨 속에 땀내와 향초의 야릇한 내음이 섞여 진동하고, 길거리는 소똥이 가득하다.

한편 도시가 발달하며 환경이 악화된 면도 있다. 건설 붐이 일어 먼지가 가득하고, 600만 대(델리)로 증가한 차량은 도로에 꽉 들어차 시꺼먼 매연을 뿜어낸다. 델리 우변(右邊)과 우타르프라데시 주의 경계를 남북으로 흐르던 야므나 강은 오염으로 하얀 거품이 둥둥 떠다닌다. 그야말로 과거와 현재의 향취(香臭)가 범벅이 된 모습이 지금의 델리다. 도시 위로 나지막이 덮인 스모그는 흡사 유서 깊은 도시를 신비롭게 감싼 안개처럼 보이기도 하는데 결국 시간은 흘러도 또 다시 '맙소사!' 혹은 '아니 이럴 수가!'를 내뱉을 수밖에 없게 된다.

발을 내딛는 순간 누군가에게 인도는 도저히 다시 올 곳이 못될 수도 있다. 그러나 만약 그 모습을 경이롭게 받아들인다면 인도는 한 번의 여행만으로는 부족한 곳이다. 첫 번째 여행에서 인도의 매력에 빠지면 두 번째 그 진면목을 경험하게 되고 세 번째에 일종의 깨달음까지 얻게 된다고도 했다. 인도 여행 자체가 고행과 구도의 길인 셈이다. 우스갯소리를 더하자면 인도에 왜 그토록 많은 구도자들이 있는지 이해된다. 체취? 매연? 우선 나 스스로 내려놓고 좀 지저분해지면 냄새가 좀 나도 오히려 인도인들과 이질감이 없어질 뿐이다. 인도도 물이 귀한 나라다. 호텔이 아닌 저렴하고 조그만 숙박시설에 들어가면 온수(溫水)를 바구니로 받아주는 경우가 많았다. 어느덧 주섬주섬 걸레에 물을 적셔 미물(微物)에 불과한 몸뚱이를 닦고 있는 나 자신을 발견하게 되는 것이다.

델리만 해도 가볼 곳이 오죽 많은가. 유적지로는 델리 남쪽의 꾸뚜브 미나르(Qutb Minar)[1]부터 시작해 올드 델리로 거슬러 올라가며 후마윤의 묘[2], 뿌라나 낄라(古城)[3], 자마 마스지드(Jama Masjid)[4], 랄 낄라(赤城)[5]까지 둘러봐야 한다. 또한 뉴델리에는 제1차 세계대전 당시 영국군으로 참전한 인도 군인들의 위령비로 세워진 인디아 게이트가 있고, 그 주변으로 대통령궁, 의회 건물 등 정부 청사들이 밀집해 있다. 석양이 비칠 무렵 19세기 바하올라가 창시한 바하이교의 사원인 로터스 템플의 모습을 보는 것도 장관이다.

한편 정치의 중심지인 만큼 델리는 인도 현대사에 의미 깊은 인물들을 되새겨 보기에도 좋은 곳이다. 마하트마 간디가 화장(火葬)되어 기념비가 세워진 라즈 가트와 그의 행적을 쫓아 간디 박물관을 가보는 것도 좋다. 아울러 지금은 도서관이 되어 출입에 제한이 있지만 네루가 머물던 수상 관저와 인도 독립과 관련된 역사를 되짚어 볼 수 있는 네루 박물관을 찾아보는 것도 의미 있다. 그 뿐만이 아니다. 거리를 화려하게 수놓은 서민들의 삶과 진정한 인도의 모습을 느끼려면 반드시 찬드니 쵸크(Chandni Chowk)[6]의 어마어마한 시장 골목을 들어가 봐야 한다.

이밖에도 델리에는 녹초지가 잘 조성된 도시답게 가볼만 한 공원이 많고, 개중에는 막대기를 들고 원숭이들을 쫓으며 수풀이 우거진 산책로를 걷는 사이 잘 알려지지는 않았지만 숨겨진 보석과 같은 장소들을 만날 수 있다. 이렇듯 델리만 해도 촘촘히 알맹이가 꽉 찬 열매같다. 게다가 델리, 델리에서 남서쪽으로 300km 떨어진 라자스탄 주의 초입(初入) 자이푸르, 동남쪽으로 230km 떨어진 우타르프라데시 주의 아그라를 묶어 황금 삼각지(Golden Triangle)로 부르는데 이곳들은 인도 여행의 출발점이자 북인도 여행의 필수 코스라고 여겨진다. 사실 굵직한 동선으로 이 세 도시만 돌아보아도 일주일이라는 시간은 너무 빠듯하다.

그런데 열중해서 황금 삼각지를 유람하다보니 좀 다른 문제가 생겼다. 델리에서 자이푸르, 자이푸르에서 아그라를 거치며 엇비슷한 유적지들을 반복하여 방문하다보니 제아무리 압도적인 위용을 자랑하는 곳이라도 다소 무덤덤해졌다. 북미의 대자연도 며칠이고 반복되니 심드렁해지고, 유럽의 아름다운 성당과 아기자기한 건물들도 계속 보다보면 둔감해지는 법이었다. 특별한 감흥을 일으키는 곳도 많았지만, 중복된다고 느껴지는 면도 있었다. 아무래도 이슬람 유적지가 많았고, 이것이 인도의 전모(全貌)는 아니라는 생각에 슬슬 조바심이 났다. 게다가 잦은 연착으로 매일 지각하는 학생을 포기해 버리는 스승의 심정이 되고 마는 기차 여행이 거듭되고, 도시에서는 사람과 동물에 치이며 길거리를 헤매는 사이 체력 뿐 아니라 심적으로도 다소

인도를 대표하는 건축물인 아그라의 타지마할.

지치게 되었다. 여행의 첫 고비였다. 도시에서 벗어나 보다 새롭고 다양한 인도의 모습을 보고 싶어졌다.

　사실 북인도는 과거 힌두 왕조를 굴복시키고 자리 잡은 이슬람 왕조의 찬란한 유적이 많이 남아 있는 곳이다. 델리와 더불어 아그라만 해도 그러한 역사의 흔적을 그대로 담고 있었는데 지금 찾아볼 수 있는 유적지의 상당수는 이슬람 건축물이다. 물론 그 또한 인도의 한 모습이고 중요한 역사적 의의를 지닌다. 인도가 힌두교의 나라라고 해서 힌두의 흔적만이 인도의 참모습이라고 하는 것만큼 어리석은 관점은 없다. 인도는 그 이전에 다양성의 나라이고, 종교적으로도 힌두와 이슬람 이상의 다양함이 공존하는 곳이다. 앞서 침략의 역사에서 살펴보았듯이 끊임없는 충돌과 융합의 과정 속에 지금 인도의 모습이 갖추어졌고, 마치 토끼와 거북이의 긴 경주처럼 역사의 긴 흐름 속에 한순간 굴복 당했던 것보다 질긴 생명력으로 오래도록

타지마할의 모델이 된 델리의 '후마윤의 묘'.

다양함을 축적하고 포용해온 것이 인도의 오늘날을 대변한다. 사실 눈앞에 스치는 어느 하나도 간과할 수 없고 그것이야말로 인도 자체의 매력이며 소중한 유산이다.

다만, 반복되는 풍경에 무덤덤해진다는 것은 조금 다른 감정이었다. 가령, 아그라의 타지마할은 인도를 상징하는 세계적인 건축물이지만, 기본적으로 델리에 있는 후마윤의 묘를 원형으로 지어진 만큼 그 둘은 모습이 매우 흡사하다. '1+1'은 훌륭한 하나보다 좋을 수 없다. 때문에 타지마할의 감동을 배가(倍加)하기 위해 의도적으로 후마윤의 묘를 건너뛰는 여행자도 있다. 그래도 타지마할은 하루 종일 옥상에 느긋이 앉아 빛에 따라 변모하는 모습을 바라보노라면 시간 가는 것이 아깝지 않을 정도이니 그 가치는 남다르다. 하지만 아무리 멋지고 웅장하더라도 델리의 성곽(城郭)을 본 것에 이어 연달아 아그라 성을 마주하면 모두 비슷비슷한 모습에 그곳이 담고 있는 깊은

자이푸르의 암베르 성. 쉬스마할(거울 궁전) 등 화려한 궁전과 정원으로 꾸며진 곳으로 라지푸트와 무굴이 혼합된 라자스탄 특유의 건축 양식을 보여준다.

역사에도 감흥이 덜했던 것이 솔직한 심정이었다.

자이푸르는 이야기가 좀 다르다. 끝까지 무굴 제국에 대항한 라지푸트(Rajput)족이 세운 이 도시는 델리, 아그라와는 차이가 있었다. 모든 건물이 분홍색으로 빛나는 핑크시티(Pink City), 하와 마할(바람의 궁전). 시티 팰리스(City Palace) 등 흥미로운 도시 경관 외에도 라자스탄 만의 독특한 매력을 발산하는 곳이 많았다. 특히 언덕 위에 지어져 화려한 정원과 회랑을 꽃처럼 품은 암베르 성(Amber Fort)은 아름답고 화려했으며, 그보다 높은 곳에서 암베르 성과 자이푸르를 비호하듯이 굽어보는 자이가르 성(Jaigarh Fort)은 천해의 요새로써 그 위에서 내려다보는 도시의 전경과 일출은 백미였다.

라지푸트 족의 역사와 더불어 붉은 사암으로 지어진 라자스탄의 건축물은 익히 델리나 아그라에서 볼 수 없었던 또 다른 인도의 모습이었다. 하지만 이러한 자이푸르 역시 흡족하게 인도를 보았다고 여기기에는 무언가 아

라지푸트 족의 기원

● 라지푸트의 역사는 5세기 경 중앙아시아에서 유입되어 인도 서북부에 정착한 아리안계를 위시한 이민족에서 출발했다. 하지만 일부 원주민들도 라지푸트의 지위를 얻게 되는 등 인종적으로 복잡하고 문화적으로도 토착적 기질과 더불어 외래적 기질이 섞여 있다. 라지푸트는 왕의 자손이라는 뜻이지만 실제로 그들이 왕족은 아니고, 무사적 기질이 강한 이들이 중용(重用)되어 세력을 얻은 것으로 본다.

　인도화된 왕조를 세웠고, 인도 전통 문화를 따랐지만 세력 다툼을 통해 항상 힘이 분산되었고, 여러 왕국들이 난립했다. 이슬람 세력이 침입할 당시에도 독립을 유지했고, 무굴 제국 시대에 이르러서는 대립과 탄압 속에서도 황제의 신임을 얻은 라지푸트들도 있었다. 식민지 시대에도 라지푸트 중 영국과 대립하는 세력이 있었던 반면 영국에 협력하며 기득권을 보장받은 세력도 있다. 독립 이후 이들을 중심으로 라자스탄 주가 생겨났고, 일부는 구자라트 주와 마디아프라데시 주에 편입되었다. 1950년 이후 현재는 중앙 정부에 권력이 이양되고 특권 및 기득권이 대폭 줄어들었으나 여전히 경제적 지배층을 이루고 있다.

쉬움이 남았다. 특히 화려하면서도 웅장한 자이푸르의 성과 요새는 이슬람 세력에 맞선 상징으로 북인도의 이슬람을 상징하는 유적지들과는 명백히 선을 그어야 함에도 다른 한편으로는 그 화려함과 부유함이 어쩐지 피정복민이 아닌 정복자와 지배자의 그것과 유사한 느낌을 주었다.

　이는 근거가 없는 얘기가 아니다. 실제 역사 속에서도 그 맥락을 찾아볼 수 있다. 무굴 제국의 아크바르(Akbar, 1542~1605)는 라지푸트 족의 여인을 아내로 맞아들였고, 둘 사이에서 태어난 인물이 바로 왕위를 이어받은 자한기르(Jahangir, 1605~1627년)였다. 이런 사실을 볼 때 무굴 제국이 라지푸트 세력을 탄압하고 라지푸트는 이에 대항해 인도인들의 자부심을 지켜낸 것은 사실이지만, 적절한 유화책을 겸한 무굴 제국은 당근과 채찍을 동시에 활용했고, 혼사로 묶었을 만큼 서로 이해관계를 유지했던 셈이다. 그럴 만한 것이 북인도에 커다란 발자취를 남기며 맹위를 떨친 이슬람 세력이지만 그보다 훨씬 이전부터 그곳에 세력을 유지하며 복잡다단한 역사의 파

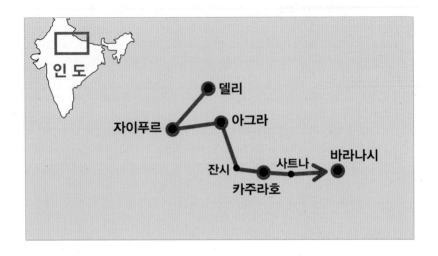

도를 항해하여 왔던 것이 라지푸트 족이었다. 아무리 막강한 힘을 가졌어도 뿌리 깊은 나무를 송두리째 뽑아낸다는 것은 힘든 일이었다.

황금 삼각지

인도 역사에서 라지푸트에 대한 평가는 엇갈린다. 그 이유는 라지푸트가 각기 분산된 세력으로 하나의 통일된 세력을 이뤘던 것이 아니기 때문이다. 일부는 전설적인 용맹성을 발휘했지만, 일부는 타협하기도 했다. 대립과 공존이 뒤엉켜 있는 모양새였다. 그런 까닭에 인도의 역사를 이해하려면 라지푸트들을 살펴보라는 이야기가 있다. 상황과 정세의 변화에 따라 각각의 분산된 세력은 역사의 작용과 반작용으로부터 자유로울 수 없었다. 험난한 시기 힌두의 전통을 지켜낸 것이 그들이지만, 자이푸르의 모습에서 라자스탄과 라지푸트를 넘어 '이것이 바로 인도다'라는 공통분모를 찾아내기란 어려웠다.

이 또한 인도가 가진 수많은 모습 중 하나였고, 어쩌면 인도의 실체란 눈에 보이지 않는 것일지 모르겠다는 생각을 처음으로 가지게 되었다. 다종교, 다신교, 다언어, 다민족, 다문화… 실로 다양함의 점입가경이 아닐 수 없었고, 인도라는 곳의 큰 그림이 그려지지 않았다.

황금 삼각지는 일반적으로 북인도에서 가장 먼저 접하게 되는 관문이다. 그런데 시작부터 이민족들과 끊임없이 부대끼고 뒤섞여 만들어진 모습이 눈앞에 펼쳐졌던 것이다. 첫인상이 충격적이지 않을 수 없다. 델리와 아그라에서는 이슬람의 흔적을, 자이푸르에서는 라자스탄과 라지푸트의 모습을 보았다. 황금 삼각지를 보았다면 이제 갈 길을 분명히 해야 했다. 더 북쪽으로 가볼 수도 있고, 라자스탄으로 더 깊숙이 들어갈 수도 있었다. 하지만 나는 마치 알렉산더의 꿈처럼 더 멀리 인도의 동남부까지 전진하고 싶었고, 어서 빨리 인도라는 큰 그림을 그려보고 싶어서 안달이 났다. 무엇보다 대륙이 어떤 곳인가 느껴보고 싶었다. 가도 가도 나오지 않는 바다, 지평선까지 주름 없이 탁 트인 평원이 곧 눈앞에 모습을 드러낼 것이었다.

그러므로 델리, 자이푸르, 아그라를 차례로 거친 뒤 동쪽을 향해 갠지스(강가) 강이 있는 힌두교의 성지(聖地) 바라나시(베나레스)로 눈을 돌린 것은 어쩌면 당연한 수순이었다. 인도인이라면 누구나 일생에 단 한 번만이라도 바라나시에 가는 것이 꿈이라고 말한다. 산 자들 뿐 아니라 죽은 자들의 소원도 마찬가지여서 바라나시로 먼 순례길을 떠나는 것이다. 그래서 바라나시의 갠지스 강 한편에서는 기도를 드리고 목욕재계하며, 또 다른 한편의 화장터에서는 죽은 자의 영혼을 떠내려 보내는 것이다.

상처 입은 맨 발이 부르트도록 걸어가는 순례자의 고행에는 필시 종교적으로 상서로운 의미가 있다. 시바신을 따르는 신실한 힌두교도들은 매년 7~8월 사이에 성스러운 갠지스 강물을 길어오기 위해 100km를 넘는 거리를 맨 발로 걷는 고행을 마다하지 않는다. 이 시기에 길을 가다 보면 심지어 이런 고행을 대신해주는 이들의 행렬도 만나게 된다. 누군가는 "그러면 중간에 아무 물이나 담아오면 되지 않겠냐"며 짓궂은 농담을 주고받기도 한다. 실제로 인도 사람들에게 그런 농을 던지니 "어쩔 수 없지요"라는 답이 돌아왔다. 그런데 강물을 담을 각자의 물바구니를 어깨에 짊어지고 힘겹고 느리지만 끈질긴 걸음으로 점진하는 그들의 모습을 실제로 보면 좀 다른 생각을 가지게 될 것이다. 단지 진기한 풍경이 아니라 숙연해지는 면이 있다. 바라나시, 인도에 대한 나의 호기심 어린 시선은 이제 동쪽으로 향했다.

카주라호의 힌두 사원을 찾아서

바라나시를 향하는 길, 아니 바라나시를 넘어 동쪽의 벵갈 만을 보고 더 나아가 남진(南津)하여 인도양에 이르기 위해서는 아직 가야할 길이 멀었다. 그리고 같은 우타르프라데시 주의 도시들이지만 아그라에서 바라나시까지는 직선거리로만 600km가 넘었다. 델리, 자이푸르, 아그라의 황금 삼각지를 넘어 이윽고 본격적인 여행이 시작되려는 순간이었다. 바라나시에서 가야까지 265km, 거기서 다시 벵갈 만을 바라보는 오리사 주의 푸리까지는 800km, 도합 1660km에 달하는 대장정이었다.

인도의 상하좌우를 관통하기 위해서는 주로 북부에서 발차(發車)하여 사지의 핏줄처럼 뻗은 기찻길을 이용해야 했다. 거리도 만만치 않지만 실제 인도의 기차를 타보면 1660km라는 거리는 영겁의 세월만큼이나 길다는 것을 느끼게 된다. 게다가 기나긴 여정을 이어가다 보면 중도(中途)에 이런저런 손짓에 미혹(迷惑)되는 경우도 적지 않았다.

카주라호의 힌두 사원에 새겨진 섬세한 조각들.(사진 위)
카주라호의 남쪽 힌두 사원. 시바(머리), 비슈누(상반신), 브라흐마(하반신)의 힌두교 3대神을 하나의
신상으로 모아놓았다.(사진 아래)

다양한 길이 눈앞에 펼쳐져 있었고, 포기하고 싶은 순간도 있었으며 우연히 지나치는 사람들과 의외의 선택을 해야 하는 경우도 생겼다. 그래서 누군가는 도중에 목적지를 바꾸어 바라나시에서 히말라야를 향해 네팔로 향했고, 누군가는 더 이상의 여정을 포기한 채 콜카타(캘커타)의 '죽음을 기다리는 집'과 같은 곳에서 봉사하기 위해 오래도록 머물며 원래 계획과는 전혀 다른 여행을 하기도 했다. 무엇을 하든지 포기하지 않고 각자 의미 있는 시간을 보낸다면 어쨌거나 좋은 여행이지만, 사실 인도에서 계획한 대로 여행을 한다는 것은 쉽지 않은 일이었다. 인도를 여행하는 사람들은 마치 싯다르타와도 같았다. 나 또한 순간순간 이끌거나, 이끌리고 싶은 순간이 있었다. 다만 나는 시계 방향으로 인도를 크게 한 바퀴 돌겠다는 애초의 욕망이 그 어떤 유혹보다 강렬했다.

바라나시로 가는 길목에는 카주라호라는 작은 도시가 있었다. 카마수트라로 널리 알려진 곳이지만 사실 이곳은 북인도에서 흔치 않게 옛 힌두교 사원이 잘 보존되어 있는 곳이었다. 이미 다뤘듯이 북인도의 힌두교 사원들은 이슬람의 침략과 함께 거의 초토화되다시피 했다. 아프가니스탄 왕조 가즈니의 마흐무드 때부터 사원에 대한 약탈과 파괴가 시작되었고, 무굴 제국 때에도 공존 속에 힌두교에 대한 탄압은 지속되었다. 그럼에도 힌두교 사원을 볼 수 있는 곳이라니 흥분되지 않을 수 없었다.

사실 델리 인근 지역에서도 몇몇 현대식 힌두 사원을 가보았지만 기대했던 모습은 아니었다. 어쩐지 시대가 지날수록 건축 기술이 퇴화한 것은 아닐까 싶을 정도였다. 간혹 골목 사이의 작은 신전을 마주치며 그 갈증을 달래왔는데 차라리 시멘트 덩어리의 큰 사원들보다는 생활 깊숙이 자리 잡은 작고 소소한 사원들이 마음에 들었던 것이다. 긴 세월의 흔적이 고스란히 남은 힌두 사원이란 과연 어떤 모습일까 궁금했다. 그 갈증은 시간이 지날수록 심

인도의 사원 건축

● 건축은 인도에서 빼놓을 수 없는 여행 테마다. 인도의 건축물은 상당수 종교 유적지이기도 한데, 사원만 찾아가더라도 의미 있는 기행이 될 것이다. 종교에 따라 사원 건축의 차이를 구분해보면, 먼저 힌두교 사원은 종교 법도 및 천문학과 점성술의 전통에 근거해 부지를 정하고, 그 중앙에 장식 없는(자궁을 상징) 내당(內堂)을 위치시킨 뒤 그 위로 본전(本殿)을 올린 것이다. 이 본전을 북인도에서는 시카라, 남인도에서는 비마나라고 부르는데 시카라는 첨탑 끝이 원판이고, 비마나는 계단형에 끝이 원판 대신 돔 모양이다. 한편 이슬람교 사원은 만국 공통으로 중앙에 큰 홀과 메카의 방향을 가리키는 미흐라브가 있으며 벽은 코란으로 장식되어 있다. 인도의 이슬람 건축물은 아치형 회랑과 돔 등 기본 바탕 위에 지역적 특성까지 가미되어 독특하고 고유한 형태를 지닌다. 다음으로 남인도 드라비다인의 사원은 매우 화려한데 고푸람이라고 하여 피라미드 모양인 것이 특징이다. 또한 봉분으로부터 발전한 불교의 사리탑, 삼각형 모양의 깃발이 특징적인 시크교 사원, 힌두교와 유사하지만 내당이 화려한 자이나교 사원 등도 각기 다른 특징을 지녔다. 현대에 세워진 사원 건축 중에서도 바하이교의 로터스 템플(1986년), 힌두교의 스와미나라얀 악샤르담(2005년) 등은 웅장하여 매우 인상적이다.

해졌고, 마침 카주라호에서 비로소 그 의문을 풀어줄 절호의 기회를 얻었다. 델리에서 카주라호까지는 약 600km로 델리, 자이푸르를 거쳐 아그라에서 출발할 경우 400km 정도의 거리였다. 카주라호까지 직행하는 기차편은 없고, 잔시(Jhansi)라는 소도시를 경유해야 했다. 아그라에서 잔시까지 서너 시간 기차를 탄 뒤 다시 버스로 갈아타고 대여섯 시간을 더 가야 카주라호가 나왔다.

인도의 버스는 끊임없이 덜썩거리며 비포장의 자갈길 위를 달렸는데 마치 롤러코스터와도 같았다. 만약 인도를 여행하며 계속 버스만 이용해야 하는 상황이라면 무척이나 피곤할 것 같다는 생각이 들었다. 하지만 바라나시가 절정이라면 카주라호는 그 절정에 오르기 시작하는 지점이었다. 필히 가봐야 했다. 그리고 솔직히 카마수트라라고 하면 자신도 모르게 '응?'하며 은근한 반응을 보이게 되지 않는가. 그 세속적인 호기심에 어려운 길도 마다하지 않게 되는 것이다.

여행으로 인도에 다가서다 **087**

카주라호의 힌두 사원이 잘 보존된 이유는 바로 그 불편한 지리적 요건 때문이기도 했다. 10세기에서 11세기 사이에 찬델라(Chandela) 왕조[7]에 의해 지어진 것으로 알려진 카주라호의 사원들은 어떤 까닭인지 몰라도 큰 도시와 인구로부터 떨어진 곳에 위치했다. 동(東)과 서(西) 그리고 남(南)으로 군집한 사원들이 모습을 갖추기 위해서는 필시 주변에 많은 노동력을 필요로 했을 텐데 그 또한 의문을 자아낼 만한 일이었다. 하지만 이렇게 고립된 위치로 인해 카주라호의 힌두 사원들은 이슬람 세력의 침략과 파괴 그리고 약탈을 버텨낼 수 있었다. 북으로부터 아프가니스탄의 침략자들이 들어오자 찬델라 왕조는 카주라호를 버리고 자신들의 성 안으로 숨어들었다. 이후 이곳 사람들마저 더 이상 사원들을 찾지 않게 되었고, 긴 시간 동안 무성한 숲 속에 감춰져 있었다가 다시 세상에 모습을 드러내기 시작한 것은 19세기 이후였다.

카주라호의 사원들은 자전거 한 대를 빌려 느긋하게 돌아보기에 좋았다. 구름 한 점 없는 하늘과 작열하는 태양, 그리고 사방으로 탁 트인 대지 속에 카주라호의 사원들이 있었다. 멀리 모습을 드러낸 사원의 풍모는 자연의 캔버스 위에 그려진 한 폭의 그림 같았다. 카주라호는 거부할 수 없는 매력을 품은 듯 빨려 들어갈 수밖에 없는 힘을 가지고 있었다.

가까이 다가가 사원의 실체가 드러나자 그 위험한 힘의 원천을 이해할 수 있었다. 먼저 사원의 외벽를 둘러싼 오묘한 조각들이 눈에 들어왔다. 성(性)에 관한 온갖 직설적 묘사를 담은 조각들은 음탕했지만 또 정교하기 그지없었다. 이제껏 북인도에서 보았던 어떠한 조각품보다도 섬세하고 예술적이었다. 비록 여행이 아니었다면 평소 눈 뜨고 바라보기에도 민망할 모습들이지만 그런 것을 따질 새 없이 순식간에 빠져들어 하나하나의 조각을 주의 깊게 살펴봤다. 절묘하게 음(陰)과 양(陽)이 뒤섞여 경악스러울 정도로 다채로운 자세를 취하고 있는 사원의 조각들은 이 또한 고행(苦行)의 과정이라는 것을 이해하고 받아들이기에 무척 어렵게 만들었다. 이것이 바로 인도의 밀교인 탄트리즘(Tantrism)이었던 것이다.

밀교라니, 그 구체적인 교의를 알기도 전에 카마수트라에 대한 선입견과 더불어 음성적인 것으로 받아들여질 수 있다. 주지육림(酒池肉林)도 아니고, 사실 주(酒), 육(肉), 성(性) 등 탄트리즘에서 다루어지는 부분들은 정통 힌두교와 연관 짓기 어려운 면이 많다. 카주라호 사원들의 에로틱한 이미지들은 바로 탄트라적 이미지로 추측된다. 이러한 컬트적인 밀교의 면모는 기본적으로 요가(Yoga)를 통한 영혼적 수행과 보가(Bhoga)를 통한 육체적 수행을 열반(Nirvana, 涅槃)에 이르는 동일 선상에 두었던 것이다.

하지만 카주라호의 사원 모두가 에로틱한 모습을 하고 있는 것은 아니다. 사원을 둘러싼 충격적인 성애 조각들은 미투나(Mithuna)라고 하는데 좀 더 시야를 넓혀 바라보면 이러한 미투나 외에도 다양한 모습이 조각되어 있다는 것을 알 수 있다. 사원을 두른 조각들 중에는 압사라(Apsara)[8], 수라순다리(Surasundari)[9] 등 천상의 요정들과 더불어 나이카(Nayika)[10], 살라반지카(Salabhanjika)[11] 등과 같은 여인상도 있으며 사르둘라(Sardula)와 같이 사자와 다른 동물 혹은 인간이 조합된 신화적 동물의 조각도 찾아볼 수 있다. 굳이 에로티시즘이 아니더라도 하나 같이 진귀하고 이루 말 할 수 없는 아름다움을 담고 있는 조각들이다.

이 섬세한 조각들은 단지 장식적인 역할 외에 번개로부터 사원을 보호하는 피뢰침의 역할도 했다고 하니 너무 편향된 시각으로만 이곳을 바라볼 필요는 없다는 생각이 들었다.

처음에는 조금 멋쩍어 움츠려 들었지만 점차 떳떳해지는 기분이었다. 사원에 새겨진 많은 조각 중 일부, 매우 자연스러운 삶의 표현처럼 카마수트라의 모습도 포함되어 있었다. 이러한 카마수트라의 조각들이 실제 과거 청년기의 브라만들을 위한 성애 지침서의 역할을 했는지, 아니면 농경 사회에서 다산(多産)의 필요성을 상징적으로 표현한 일종의 기원(冀願)이었는지는 알 수 없다. 다만, 오랜 세월을 견뎌온 고목처럼 외딴 곳에 남아있는 카주라호의 사원은 단순한 밀교 사원 이상의 느낌으로 다가왔다. 보는 순간 이곳이 바로 지금껏 갈망해왔던 힌두교 사원의 진면목이라는 것을 알 수 있었다.

자전거를 달려 동서(東西)의 사원을 탐미한 뒤, 마지막 남쪽 사원에 이르러 그러한 생각에 확신을 가지게 되었다. 그 안에는 '이것이 바로 힌두교'라는 것을 되새기게 만드는 신상이 모셔져 있었다. 이러한 모습의 신상은 유일무이하다고 했는데 머리는 시바(Shiva), 상반신은 비슈누(Vishnu), 하반신은 브라흐마(Brahma)로 힌두교의 3대신을 하나의 신상에 모아놓았다. 각각의 신을 따로 모신 것은 익히 많이 보았지만 이처럼 힌두교의 3대신이 모여 삼위일체(三位一體)를 이룬 경우는 드물었다. 창조와 탄생(브라흐마), 유지(비슈누) 그리고 파괴(시바)에 이르기까지 우주를 지탱하는 일련의 흐름을

하나의 신상에 상징적으로 표현한 것이다.

　흡족한 마음으로 사원을 돌아본 뒤 자전거를 돌려 시내로 돌아왔다. 카주라호의 거리에는 어른과 아이를 불문하고 카마수트라의 그림책과 엽서, 열쇠고리 등 기념품을 파는 상인들이 서성이고 있었다. 이곳은 한국 사람들도 자주 찾아 거리에는 한국어 간판이 걸린 식당이 눈에 띄었다. 식당 주변에는 어떤 아이가 그림책을 들고 와 손님들에게 호객행위를 하고 있었다. 살짝 얼굴을 붉히며 그림책과 기념품을 챙겨 넣는 여행객들은 각자 고향으로 돌아가 어떤 심정으로 그것을 꺼내볼까 궁금했다. 생각해보니 이렇듯 외설물을 길거리에서 대놓고 파는 곳도 드물 것 같았다. 나도 호기심에 그림책을 집어 들고 이리저리 넘겨보았다. '아, 이것이 카마수트라…' 그 또한 평소라면 상상하기 힘든 행동이니 여행의 소소한 재미라면 재미였다. 로마에 가면 로마의 법을 따르는 법이다. 이곳은 다름 아닌 밀교와 카마수트라 흔적이 남아 있는 곳 아니었던가.

　하지만 이러한 분위기만으로 카주라호를 외설적으로 바라본다는 것은 아쉬운 일일 것이다. 실제 마주했던 사원의 모습은 외설과는 차이가 있었다. 도리어 신비롭고 숙연했다. 또한 사원에서 고개를 돌려 주위를 바라보면 바로

국토 절반이 농경지

● 인도는 국토의 절반이 농경지로 경지 면적은 세계 3위에 해당한다. 농업은 전체 GDP의 약 14%의 비중을 차지하고, 노동 인구의 절반이 농업에 종사하고 있다. 인도의 몬순은 농업 생산량에 큰 영향을 끼치는데, 지역별 강우(降雨) 시기에 따라 작물의 파종과 수확 시기는 차이가 있다. 쌀, 사탕수수, 옥수수, 목화 등은 5〜7월 파종하여 9〜11월 수확하고, 밀, 감자, 콩 등은 10〜11월 파종하여 2〜5월 수확한다. 경지 면적은 넓으나, 생산성은 낮고 농가의 70%가 영세농(2헥타르 이하)이다. 쌀, 밀, 참깨, 목화, 사탕수수, 옥수수가 주요 작물이고, 쌀, 밀, 땅콩, 황마, 사탕수수, 잎담배 등은 세계 1〜5위의 생산량에 속한다. 차, 담배, 생고무, 향료 등 플랜테이션 작물은 인도의 주요 수출품목이고, 식량의 자급 수준을 넘어선 쌀과 밀도 수출하고 있다. 아삼과 데칸 고원 지방에서는 차와 커피가 대규모 재배되고, 펀잡, 하르야나, 우타르프라데시 주 등에서는 개량 품종의 도입과 농업 기계화 및 기업화를 통해 쌀과 밀이 지속적으로 증산되는 추세지만, 동북부 등의 지역은 아직도 낙후한 농업 방식이 유지되고 있다.

지금 광활한 인도 한 가운데 서있다는 것을 되새기게 만들었다. 이렇게 생각해볼 수도 있다.

이 넓은 땅, 농경 사회에서 성(性)과 생명은 현실적인 필요이자 기쁨이며 축복이었을 것이다. 인도에서 취식(取食)이 금기시 되는 소(牛) 역시 농경 사회에서 음식으로 취할 수 없을 만큼 소중한 존재였다. 정통 힌두교는 사회적 기틀 속에 그러한 욕망을 조절하고 절제하는 법을 추구했을 것이지만, 이곳의 밀교는 충분히 사정이 달랐을 수 있다.

순간 홀려버린 것일까? 바라나시행 기차에 오르기 위해 버스를 타고 사트나(Satna)로 향하는 길이었다. 카주라호의 사원에서 점차 멀어지며 온 몸의 힘이 빠져나가는 기분이 들었다. 혹시 어떤 강렬한 음기(淫氣) 때문이었을지도 모른다. 하루 전부터 간헐적인 복통이 있었는데 어쩐 일인지 급속도로 피로해졌다.

하지만 황금 삼각지에서 카주라호를 거치며 또 다른 인도를 보았음에 매우 만족스러운 기분이 들었다. 그렇다면 이제 행(行)으로 깨달음을 얻게 된 것일까? 물론 아니다. 아직 갈 길이 멀었다. 덜컹이는 버스의 진동을 온몸으로 고스란히 받으면서도 나는 다음 목적지인 바라나시에 대한 기대감에 사로잡혔다. 그곳이 얼마나 특별한 도시인지는 수없이 들어왔다. 몹시 설렜고 하루 빨리 가보고 싶었다. 하지만 사트나에 도착한 나는 그보다 먼저 펄펄 끓는 고열과 복통에 발목이 잡히고 말았다. 한동안 자리에서 일어나지 못했는데 나중에서야 사흘이나 지났음을 알게 되었다.

여행은 계속되어야 한다

제정신이 아니므로 어떠한 기록도 남기지 못했다. 그 당시의 기억은 무척 희미하다. 버스에서 내렸는데 움직이기 어려울 정도의 통증이 느껴졌다. 통증의 간격은 잦아졌는데 조금 쉬며 견뎌보았지만 나아질 기색이 없었다. 원래 가능한 짧게 사트나를 지나칠 생각이었지만 계획은 틀어졌다. 결국 어렵사리 릭샤를 타고 병원을 찾았다. 지금은 한국도 마찬가지지만 당시 인도는 이미 의약분업(醫藥分業)이 철저했다. 의사는 진찰을 하더니 처방전을 써주었고, 병원 바로 길 건너의 약국에서 약을 얻을 수 있었다. 병원의 시설은 휑했고, 약국도 마치 길거리 노점상 같았지만 인도는 생각보다 의료 체계가 잘 갖춰져 있었고 의료비도 저렴한 곳이었다.

하지만 처방이 너무 가벼웠던 모양이다. 아무래도 의사소통의 문제도 있었을 것이고, 처방받은 약이 전혀 효과가 없었다. 나는 침대를 뒹굴며 고통을 호소했다. 한국 같으면 빨리 주사를 맞고 해결하겠지만, 인도에서는 주사를 맞고 싶지 않았다. 지금 돌이켜보면 사실 그런 생각이 다소 과잉 반응일 수 있지만, 그만큼 조심하고 주의를 기울였던 때였다. 혹시 모를 위생상의 문제가 있을 수 있다며 누군가 충고했던 것으로 기억하는데 당시 처음으로 인도의 환경을 경험하는 입장에서 충분히 일리 있는 말로 느껴졌다. 문제는 효험이 없는 약으로 지탱한다는 것은 통증을 있는 그대로 견뎌내며 자연히 나아지길 기다리는 것이나 다를 바 없었다.

정말 음기(淫氣) 때문이었을까? 그런 근거는 없다. 다만 추측할 수 있는 원인은 있었다. 카주라호의 식당에서 먹었던 음식이 문제가 되었을 가능성이 높았다. 더운 날씨에 부패하기 쉬운 음식을 먹거나, 피로하고 허기진 상태에서 갑작스레 자극적인 음식을 먹었던 것도 사실이다. 위생상의 문제인데 여행을 시작했던 때보다는 확실히 음식에 대한 경계가 풀어져 있었다. 여행자의 입장에서 북인도는 다소 먹거리가 부족했고, 음식을 가릴 처지가 아니었다.

차도가 없다면 결단을 내려야 했다. 제정신은 아니지만 일행들마저 발목이 잡혀 여행을 못하는 것은 신경 쓰였다. 조금은 통증이 덜해졌지만 계속 누워서 웅크리고 있어야 했고, 조금만 움직여도 다시 통증이 느껴졌다. 무엇보다 음식을 먹기가 어려웠다. 어쩔 수 없이 왕진 의사를 불러 주사를 맞았고, 다음날에도 차도가 없을 경우 여행을 중단하기로 마음먹었다. 어떻게든 바라나시까지 이동해 그곳에서 항공편을 알아보기로 했다. 이제 겨우 시작일 뿐인데 이대로 여행이 끝나는 걸까? 하지만 이런 상태에서 그런 것은 문제가 되지 않았다. 땀으로 눅눅해진 침낭 속에 무기력한 모습이 부끄러웠고, 화가 치밀어 올랐다. '포기'라는 낱말이 머릿속을 스쳐지나갔다.

그날 밤 꿈을 꾸었다. 정확한 내용은 기억나지 않지만 사트나에 도착한 나는 어떤 이유로 릭샤왈라[12]와 싸움이 붙었고, 지치고 짜증스러워진 내가 히스테릭하게 보일 정도로 큰 소리를 질러 분노를 표출했다. 그 소리를 들은 주위의 인도인들이 마치 불구경이 난 듯 모여들기 시작했고, 무슨 일이냐며 간섭하는 사내들, 재밌다는 듯 웃으며 주위를 맴도는 아이들, 그리고 경계의 눈빛으로 바라보는 사람들이 모두 내 주위를 에워쌌다. 순간 아뿔싸 하는 생각이 들었고, 고개를 돌려 일행들을 찾아보았지만 보이지 않았다. 깜짝 놀라 잠에서 깨어났다. 마른 목에 침을 삼키고 있는데 문 밖에서 약간의 소리가 새어 들어왔다. 일행들 간에 말다툼이 있는 것 같았다. 아마 원인은 나였을 것이다. 하지만 나는 자책감에 빠져들 사이가 없었다. 여행을 그만두더라도 일단 바라나시까지 움직일 수 있기를 바랐다. 포기하는 나약함도 싫지만, 책임감 없이 실패하고 싶지는 않았다. 나는 눈을 감고 '제발' 이라고 되뇌었다.

다음날, 나는 바라나시로 이동하기 시작했다. 용케도 움직일 수 있었는데 거짓말처럼 깨끗하게 회복된 것은 아니지만 의지가 강했다. 그런데 이동을 하다 보니 통증도 점차 사라지고, 조금씩이지만 식사도 할 수 있게 되었다. 간밤에 맞은 주사 덕분인지는 모르겠으나 며칠 동안 시름시름 앓았던 것에 비하면 반전에 가까운 일이었다. '포기'라는 말을 함부로 입에 담을 것은 아니었다. 어리광을 부린 것은 아닌데 바라나시까지 가는 사이 내 상태는 거짓말처럼 좋아졌다. 아마 내 운명은 여행을 계속하는 것이었던 모양이다.

바라나시,
인도에 대한 낭만적 관찰을
경계하다

인도 여행의 환상 깨기

이것은 여행이 아닌 최근에 겪었던 일이다. 인도 우타르프라데시 주 노이다(Noida)[13]의 어느 상점가 골목, 뙤약볕 아래 발밑으로 푹 꺼진 인도(人道)와 오물(汚物)을 살피며 걸으랴, 앞뒤 좌우로 쏟아지는 인파(人波)와 릭샤 그리고 어슬렁거리는 짐승들을 피하랴 정신이 하나도 없었다. 순간 지나가던 한 인도인이 의도적으로 어깨를 내밀어 툭 치더니 이내 뒤돌아서 눈을 무섭게 부라렸다. 대수롭지 않게 갈 길을 향하던 내 얼굴에는 웃음기가 싹 가셨다. 일부러 싸움을 거는 것이었다. 이제 그는 아예 방향을 틀더니 고함을 지르며 이쪽으로 성큼성큼 다가오기 시작했다. 그 표정에는 살의가 가득했고 일말의 타협이나 너그러움 따위는 없었다.

종교가 일상에 스며든 평온한 나라, 선하고 해맑은 영혼이 깃든 인도가 우리의 로망이라면 현실 속 인도의 모습은 조금 다를 수 있다. 특히 가장 많은 인구가 밀집해 있고, 갠지스 강이 도도하게 흘러 '영혼의 도시'라고 불리는 바라나시가 위치한 우타르프라데시 주야말로 아이러니하게도 인도에서 가장 범죄율이 높고 안전하지 못한 곳이다. 그렇다고 이곳에 대한 호의적인 시선을 억지로 거둘 필요는 없다. 외지인이 가지는 인도에 대한 로망이 모두 환상만은 아니다. 인도인들은 여전히 종교에 충실한 삶을 살아가기에 그 본성은 때묻지 않은 경우가 많다. 때로 무책임하고, 잘못을 저지르며 기만하려고 들지만 결국 훤히 들여다보이는 그들의 속임수에 실소(失笑)를 머금으며 다시 너그러운 표정을 짓게 되는 곳이 인도다. 현지에 살다보면 다소 힘든 부분도 있지만 순수하고 담백한 사람들을 만날 수 있다. 다만, 지나친 로망은 금물이다. 이곳이 속세의 무대임을 망각한다면 큰코다칠 수도 있다.

두 가지 언어를 전공한 것을 계기로 나는 인도와 중국을 모두 경험해왔다. 운이 좋은 편이지만 결코 만만한 길은 아니었다. 때문에 반대의 경우도 그렇고, 인도를 이야기하면 꼭 중국과 비교하게 된다. 게다가 주위의 사람들이 곧잘 물어오는 질문도 있다.

"중국이 좋습니까? 인도가 좋습니까?"

사실 아버지가 더 좋냐 어머니가 더 좋냐는 질문이나 다름없어 대답하기가 곤란하지만 나름대로 인도와 중국을 오가며 어쭙잖게 가진 생각은 이렇다. 사는 환경은 인도보다 중국이 훨씬 낫지만 그래도 사람들은 인도인들이 조금 더 수월하다는 것이다. 어느 하나 쉽고 만만한 곳은 아니다. 다만, 순수함과 용의주도함의 차이랄까. 그밖에도 인도와 중국이 서로 비교되어야 할 부분은 많다. 하지만 여기서 우리가 간과하지 말아야 할 것은 인도 역시 악인(惡人)은 있다는 것이다. 오히려 악(惡)에 바친 소수의 행동이 때로 이성적이지 못한 방향으로 걷잡을 수 없이 변질되는 곳이 인도였다. 단지 종교, 인종, 계급 간에 벌어지는 갈등이 전부가 아니다. 훗날 인도에 살면서 이곳을 조금 더 깊이 이해하기 위해 한동안 주요 일간지의 기사들을 스크랩했었는데 몇 달이 지나 그만 포기하고 말았다. 하루가 멀다 하고 사건 사고 소식이 들려왔다. 사람 사는 세상이 원래 그러한데 인도에 대해서만 너무 순진했다는 생각도 들었다.

나날이 물질적 가치가 커져가는 이 시대에 일부 인도인들도 다분히 공격적으로 변했고, 거칠어졌다. 요즘 우리도 달관 세대냐 혹은 분노 세대냐를 두고 이야기하는데 세계 어느 곳보다 빈부 격차가 심한 곳을 사는 인도인들도 그저 종교에 의지해 마음의 평온을 찾을 수만은 없다. 종교와 계급에 충실하다는 것, 즉 까르마(karma, 業)를 중시하고 자신의 본분을 받아들인다는 것도 어떤 의미에서는 유통 기한이 끝나가는 해묵은 묵계(默契)일지도 모른다. 여행을 다니던 시절이 아니라 훗날 인도에 주재하고 인도 직원들과 소통하며 느낀 바인데 물가가 올라 울상을 지으며 성토하는 그들의 모습은 인도가 아닌 다른 곳과 결코 다르지 않았다.

사진을 찍자 온화한 표정으로 포즈를 취해주는 구루.

종교를 믿는다고 모두가 현실에 초탈한 구루(Guru)[14]가 될 수 없듯이 현대 사회에서는 정신적 가치만으로 실질적인 배고픔과 욕망을 채워주기에는 무리가 있어 보였다. 10루피를 쥐어주니 구루가 함께 사진을 찍으며 포즈를 취해주는 것이 보다 현실적인 인도의 모습이었다. 물질적 빈곤 속에서 자신의 본분을 이해한다는 것, 그렇기에 그들은 행복할 것이라는 믿음은 밖에서 보는 사람들이 만들어낸 환상일 수 있다. 그것은 어쩌면 우리가 믿고 싶은 인도일뿐이거나 실제 인도의 일부에 지나지 않는 모습이다. 그럼에도 이국적이고 신비로운 모습 속에 인도는 마치 정신이 물질 위에 설 수 있다는 믿음이 현실 속에 구현된 듯 여겨지고 있다.

실제로 다양한 매체를 통해 접하는 인도는 그런 영(靈)적인 부분이 너무 부각된 면이 있다. 수많은 책과 영화 혹은 다큐멘터리 등에서 그려지는 인도의 모습이 그렇다. 바로 인도의 신비로움 또는 그곳에서 얻은 정신적인 감화

(感化)에 포커스를 맞추는 것이다. 현실에 염증을 느낀 영국의 록밴드 비틀 즈가 인도에서 영감을 얻었다거나, 히피(Hippie) 시절 인도를 다녀온 고(故) 스티브 잡스의 일화도 비슷한 얘기다. 같은 동양권에 속한 우리도 대개 인도 를 경험하면 유사한 관점으로 바라보게 된다. 인도를 소개하는 이야기들에 는 나를 찾기 위해 인도로 간다는 소재가 너무 많다.

물론 그러한 관점이 신기류나 완전한 허상만은 아니다. 또한 관심을 환기 시키는 데에 그러한 신비주의(神秘主義)만큼 요긴한 것도 없다. 다만 이런 의문이 든다. 신비는 신비에서 그친다. 그리고 그 신비감이 무너지고 적나라 한 모습이 드러나면 더욱 실망하게 된다. 그렇기에 배낭여행의 천국이었던 인도가 입에 담지 못할 성폭행 사건 등 추문(醜聞)으로 그 이후부터 순식 간에 여행 위험 지역으로 여겨지게 되지 않았을까 생각해본다. 환상적인 여 행지와 여행자의 각별한 주의가 필요한 곳, 그 극단적인 반전은 사실 우리가 여태껏 신비를 넘어선 인도를 바라보지 않았기 때문일 것이다. 알고 보면 인 도 역시 다양한 종류의 사람들이 살아가는 곳이고, 불합리함 또한 존재하는 곳이다. 예나 지금이나 마땅히 주의를 기울이며 여행을 해야 할 곳이다. 그럼 에도 꼭 한번은 가봐야 할 멋진 곳이다. 좀 더 균형감 있게 인도를 바라보아 야 할 것이다.

그뿐만이 아니다. 실제로 인도에서 일을 도모할 때 정신적인 감화만으로 해결되는 일은 없다. 인도 여행의 환상을 거두고 마치 영업 비밀을 누설하는 것 같아 선량한 대다수의 인도인들에게 미안한 소리지만, 솔직히 인도에 대 해 낭만 일변도의 시각은 조금 아쉽다. 미망(迷妄)에서 빠져나와 미망(彌望) 하듯이 좀 더 현실에 주목해야 할 필요성이 있다. 그래야 비로소 인도의 실 체에 가까워질 수 있을 것이고, 결국 인도의 입장에서도 그것은 유익할 것이 다. 사실 나를 찾는 것은 꼭 인도가 아니어도 되니까 말이다.

바라나시 갠지스 강변을 따라 길게 이어진 가트 주변의 풍경. 가트는 강이나 호수로 이어지는 계단이다.

바라나시

다시 여행 이야기로 돌아가 본다. 좀 더 균형 잡힌 시각에서 인도를 봐야 한다고 했지만, 실상 나 역시도 첫 여행에서는 인도의 신비함에 빠져든 것이 사실이었다. 더욱이 이제는 인도에서 가장 영(靈)적인 도시를 갈 차례였다. 사트나(Satna)에서 기차로 예닐곱 시간을 달려 바라나시(Varanasi)[15]에 도착하자마자 곧바로 갠지스(강가) 강으로 향했다. 지난 며칠간 발목을 잡았던 복통은 바라나시에 다다르며 견딜 만한 수준으로 회복되어 있었다.

"계속 갈 수 있겠어?"

일행의 질문에 나는 단호하게 고개를 끄덕였다. 돌이켜 보건데 만약 그때 여행을 포기했더라면 아마 다시는 인도로 향하지 않았을지 모른다. 이 글은 물론, 지금과 같은 인도와의 인연도 확신하기 어렵다. 최초의 관계와 성취는 그만큼 중요한 법인데 돌이켜보면 카주라호에서 바라나시까지 두고두고 떠올릴 그 여정은 내게 일종의 시험 무대였던 셈이다. '버티자', '끝까지 가보자'는 오기가 되살아났다. 그럴수록 점점 더 깊숙이 인도에 다가가는 셈이었다.

늦은 오후, 빈틈없이 가득 찬 인파를 헤치며 가트(Ghat)[16]에 도달하자 영험(靈驗)한 기운이 감돌았다. 뿌연 안개 속에 모습을 드러낸 갠지스의 모습에 '마침내'라는 감탄사가 자연스럽게 흘러나왔다. 힌두교의 성지(聖地) 바라나시는 살아있기에 가봐야 하고 죽었으니 돌아가야 할 장소, 즉 생(生)과 사(死)가 마주치는 곳이다. 순례자들이 가득하고, 가트로 향하는 길을 따라 장례 행렬이 끊임없이 이어지고 있었다. 이곳의 공식적인 상주인구는 120만 명 정도인데 느낌상으로는 1200만 명도 훨씬 넘는 대도시 같았다.

산 자는 축복받기 위해 오고, 죽은 자는 떠나기 위해 온다고 하니 모든 힌두교도들이 일생에 한 번이라도 오기를 꿈꾸는 곳이 바라나시다. 인도인들에게는 종교의 수도이자 정신의 고향이나 마찬가지다. 힌두교만이 아니다. 이곳은 자이나교와 불교에 있어서도 유서 깊은 도시다. 특히 불교의 입장에서는 고타마 붓다(석가모니)가 첫 강론을 행한 불교의 성지 사르나트(Sarnath)[17]가 인접해 있는 곳이다. 또한 바라나시는 학문과 예술이 융성했다. 수많은 인도 철학자들과 예술가들이 이 영혼의 고도(古都)를 거쳐 갔다.

한편 신성(神性)에 있어 바라나시는 파괴의 신 시바(Shiva)[18]의 도시다. 파괴에서 재생, 죽음에서 또 다른 생으로 이어지니 그야말로 윤회의 실체가 눈앞에 펼쳐지는 것이 바라나시다. 실로 다채로운 수식어를 지닌 바라나시만큼 철학과 예술을 논하기에 적합한 곳이 있을까 싶다. 강으로 향하는 길에 장례 행렬과 마주쳤는데 그들은 힌디어로 '람의 이름은 진리다'라는 말을 외치며 지나갔다. 람은 라마야나에 등장하는 주인공으로 일찍이 '바가바드 기타'에 등장한 크리슈나가 그러했듯이 비슈누 신의 화신(化身)이다. 즉, 람

● 인도의 독실한 힌두교 신자들은 일 년에 한번 야트라(Yatra)라는 순례 여행을 떠난다. 그들은 야트라를 통해 신에게 소망을 비는 한편, 가족의 장례를 치를 경우 그곳에서 화장하여 남은 재를 성스러운 강물에 뿌린다. 인도에는 수많은 성지가 있는데 대부분 갠지스(또는 강가) 강이 있는 바라나시를 최종 목적지로 여기고, 죽음이 가까워진 많은 사람들이 이곳 바라나시에 몰려든다. 바라나시는 파괴와 변형의 상징인 시바 신의 도시이고, 이곳에서의 죽음이 윤회의 사슬을 끊을 수 있다고 믿기 때문이다. 인도의 7대 성지로는 바라나시와 더불어 히말라야로부터 갠지스 강물이 흘러드는 곳인 하리드와르, 라마야나에 등장하는 람(또는 라마)의 출생지로 알려진 아요디아, 고대 크리슈나의 왕국으로 여겨지는 드와르카, 크리슈나의 출생지로 알려진 마투라, 시바 사원이 있는 칸치푸람, 12년마다 종교 축제인 쿰브 멜라가 열리는 우자인이 꼽힌다.

의 이름이 진리라는 외침은 죽음이 또 다른 생으로 이어질 것이라는 믿음을 표현한 것이다. 일찍이 인간의 역동적인 삶을 보여주는 도시는 많지만 죽음까지 역동적인 곳은 없을 것이다. 이런 광경 속에서 눈이 돌아가며 도취되지 않았다면 거짓이다.

우타르프라데시에 위치한 바라나시의 역사는 기원전 11~12세기로 거슬러 올라간다. 세계에서 가장 유서 깊은 도시 가운데 하나로 이미 기원전 1800년 경부터 주민이 정착했을 것으로 추정된다. 특히 바라나시는 종교 도시로 발전해 갔는데 한때 수천에 달하는 힌두 사원이 들어서기도 했다. 하지만 이슬람의 침략으로 인해 13세기부터 15세기까지 이곳의 힌두 사원들은 철저하게 약탈 당하고 파괴되었다. 때문에 바라나시의 힌두 유적은 거의 대부분이 소멸되었으며 도시는 전성기를 뒤로한 채 급격히 쇠퇴했다.

그렇게 300년에 걸친 억압을 견뎌낸 뒤 16세기 무굴 제국에 이르러서야 바라나시는 비로소 중흥기를 맞이했다. 특히 아크바르(Akbar, 1542~1605) 대에 이르러 유화 정책과 더불어 힌두 사원을 새로이 건립하고 기간 시설을 확충하는 등 도시는 부활을 알렸다. 아우랑제브(Aurangzeb, 1618~1707

년) 대에 또 다시 극심한 탄압을 받아 힌두 사원이 허물어지고 그 자리에 이슬람 사원이 들어서는 등 일시적 후퇴기를 맞아야 했지만 아우랑제브 사후에는 지방 힌두 왕(Raja)들의 지배 하에 들어가 현재의 모습을 갖추기 시작했다. 사원은 무자비하게 파괴되어도 갠지스 강물은 도도하게 흘렀던 것이다.

바라나시의 첫인상에 넋이 나간 사이 어느덧 해가 저물고 말았다. 인도 전역에서 온갖 사람들이 흘러든 바라나시의 밤은 영험(靈驗)하기보다는 음산하다. 더 어두워지기 전에 숙소부터 잡아야 하므로 서둘러야 했다. 하지만 그게 말처럼 쉽지 않았다. 다시 이곳을 둘러볼 기회는 많았다. 당장 내일이라도 다시 오면 된다. 하지만 한편에선 강물에 몸을 담은 채 기도(푸자)하고, 다른 한편의 화장터에선 죽음의 연기를 모락모락 피워내며 시체가 떠내려가니 그 기묘한 광경에서 눈을 떼기가 쉽지 않았다. 사람의 육신이 타들어가는 냄새를 맡은 것은 처음이었다. 미망(迷妄)에서 벗어나야 한다고 했지만 순간 내 마음은 이 도시에 홀리고 말았다.

주위는 순식간에 어두워졌다. 네온사인과 가로등 같은 인공적인 불빛이 드문 인도의 밤은 금세 까마득해진다. 인도에서 불의의 사고를 당한 경우 이곳의 어둠이 얼마나 위험한지 간과한 경우가 많다. 바라나시는 실종률이 가장 높은 곳이고, 뒷골목은 미로처럼 복잡하게 얽혀있다. 골목 어귀에서 형형색색 화려하게 발광하는 장신구 가게를 지나자 이내 좁고 어두운 통로가 나타났다. 두 사람이 나란히 걸으니 자꾸 어깨가 부딪혔다. 미리 염두에 두었던 숙소가 있어 중간 중간 물어가며 길을 찾는데 갑자기 막다른 길이 나타났다. 눈앞에는 커다란 신상이 가로막고 있었던 것이다.

'아뿔사!' 더 이상 갈 곳이 없어 보였다. 종교의 도시 바라나시는 학문과 예술의 도시이기도 했다. 바로 눈앞에는 학문과 예술을 상징하는 여신 사라스와티(Saraswati)의 신상(神像)이 길 한가득 막고 서 있었다. 물어보니 분명 이리로 가라고 했었다. 하기야 언제 인도인들이 가르쳐주는 길을 믿었던가! 인도를 여행하며 항상 미스터리했던 것 중 하나가 길을 물어볼 때마다 제각기 다른 방향을 가리키는 인도인들이었다. 낭패였다. 시간은 계속 흐르고, 한 몸 웅크릴 둥지는 눈에 들어오지 않았다. 가트에서 너무 오랜 시간을 보냈다. 고백하자면 깊숙한 골목으로 들어온 순간부터 나는 줄곧 호주머니 속에서 만능칼을 매만지고 있었다. 혹시 모를 일이었다. 다소 과민한 반응일지도 모르지만 그만큼 경계심이 발동했던 것이다.

신상에 표현된 힌두교 신들의 형상은 대개 여러 개의 팔을 가진 경우가 많았다. 아직 그 모습이 익숙하지 않을 경우 조금 기괴하게 느껴질 수도 있다. 밝을 때와 달리 어두울 때는 더욱 그렇다. 눈앞의 사라스와티 역시 네 개의 팔을 지니고 있었다. 두 팔로 시타(Sitar)[19]를 들고 나머지 두 팔에는 각기 베다(Veda)[20]와 묵주를 쥐고 있었다. 다급한 상황에서도 그 모습이 눈길을 끌었다. 그나마 칼리(Kali)[21]가 아닌 것은 다행이었다. 칼리 여신은 새까만 피부에 네 개의 팔을 가졌다. 한 손엔 피가 흥건한 칼과 다른 한 손엔 잘린 목을 든 채 시바(Shiva)를 밟고 서 있는데 잘린 목을 엮어 만든 목걸이

바라나시 골목길을 막아선 사라스와티 여신의 신상. 사라스와티 여신은 창조의 신 브라흐마의 배우자로 학문과 예술을 관장한다.(사진 위)
아그라의 길거리에서 발견한 칼리 여신의 신상. 시바의 배우자로 파괴의 여신이다.(사진 아래)

를 걸고 있다. 낮에 보아도 흠칫 놀랄 만큼 섬뜩하게 느껴지는 것이 칼리 여신의 신상이다.

반면 사라스와티는 감히 눈을 맞출 만했다. 사라스와티는 브라흐마 (Brahma)[22]의 아내다. 브라흐마의 일부로 탄생했으나 그 아름다움에 반한 나머지 브라흐마가 아내로 맞이하려 했다. 재밌게도 사라스와티는 브라흐마의 구애를 피해 다녔고, 브라흐마는 사라스와티가 멀리 도망가지 못하도록 앞뒤 좌우에 머리를 달고 항상 지켜보았다고 한다. 결코 신을 희화할 수는 없지만 그 신성(神聖)에 비해 상당히 인간적인 일화가 아닐 수 없다. 창조의 신을 집착하게 만든 것을 보니 실로 대단한 여신이 아닐 수 없다. 아니나 다를까 신상 앞에는 몇몇 어른들과 함께 동네 아이들이 흥겹게 춤추며 즐거워하고 있었다. 우연찮게도 그 무렵이 매년 초 돌아오는 사라스와티 축제일 (Saraswati Puja)과 가까웠던 것이다.

바라나시의 미로와 같은 뒷골목에 위치한 숙소(옴 게스트하우스)의 내부.

가트에 이어 또 다시 마주한 진귀한 풍경이었다. 하지만 심적인 여유가 없었다. 아무리 보아도 더 나아갈 길이 보이지 않았다. 축제 분위기를 즐기는 인도인을 붙잡고 다시금 숙소의 방향을 물었다. 마침 숙소의 이름은 옴(Om) 게스트 하우스였다. 언제부턴가 인도에서 답답한 상황이 생기면 '오옴'하며 마음을 다스려왔기에 자연스레 끌린 이름이었다. 그런데 그 인도인들도 같은 방향을 가리키며 이미 신상이 막아 선 길 너머로 가보라고 하는 것이었다. 어떻게 가냐고 물으니 신상 아래를 눈짓했다. 알고 보니 이 신상은 원래 이곳에 있는 것이 아니라 얼마 후면 갠지스 강으로 옮겨져 강 한 가운데에서 침수 의식이 거행될 것이었다. 마음이 조금 진정되었다. 복종하듯 몸을 웅크려 여신의 치마폭을 지나가니 다시 길이 나왔다. 어둠이 눈에 익숙해져갈 무렵 비로소 숙소를 발견할 수 있었다. 하루가 폭풍처럼 지나간 느낌이었다.

갠지스 강은 자석처럼 사람의 마음을 끌었다. 이튿날, 아침부터 가트로 향

갠지스 강이 흐르는 인도 최대의 성지 바라나시의 길게 이어진 가트를 거닐다 마주친 연 날리는 소년.

했고, 점심을 먹은 뒤에도 다시 가트로 향하기를 반복했다. 바라나시의 가트는 매우 길었다. 다른 할 일 없이 하염없이 갠지스 강을 바라보았지만 그것만으로도 충분했다. 하지만 선뜻 밤길을 나설 엄두는 내지 못했다. 온통 신경이 곤두섰고, 일찌감치 숙소로 돌아왔다. 대부분의 여행객들이 마찬가지였다. 옴 게스트 하우스 답게 숙소의 투숙객들은 한가로이 숙소에서 마련한 요가(Yoga) 수업을 듣기도 했다. 요가는 본래 운동이 아닌 수행일텐데 돈을 주며 도를 닦는다는 점이 재밌었다.

다음날부터 중심부인 다사수와메드(Dasaswamedh)에서 우측의 라나(Rana) 가트로 향했다. 갈 수 있는 한 멀리 걷는 사이 바라나시의 아이들이 연(鳶)을 날리는 광경이 눈에 들어왔다. 끊어질 듯 말 듯 강바람 속에 연을 날리는데 마치 그 모습이 생과 사를 잇는 인연(緣)처럼 느껴져 한참을 바라보았다. 어느덧 감상적인 기분에 빠져든 것이었다. 그나마 외국인에게 한몫

바라나시의 가트를 거닐다가 목격한 링가(남근像).

잡으려는 뱃사공들의 호객행위 덕에 놓을 뻔한 정신줄을 되찾았다. 사실 이쪽 방향으로 걸어올 생각은 아니었다. 이곳은 화장터와는 반대 방향이었다. 결국은 화장터가 있는 마니카르니카(Manikarnika) 가트로 가야할 것이었다. 나는 조금 뜸을 들이고 있었던 셈이다. 결국 갠지스에 온 것은 생(生)의 이유도 있지만 사(死)에 대한 호기심이 더 강했기 때문일지도 모른다. 인도사람들은 어떻게 요단강을 건너는 것일까.

마음의 준비가 되자 발길을 돌려 다시 다사수와메드로 향했다. 왔던 길을 되돌아가는 사이 곳곳에서 링가(남근像)와 요니(여근像)를 보았다. 링가와 요니에 대한 숭배는 시바의 도시에서 익숙한 모습이었다. 만 마디르(Man Madir), 미르(Meer), 라리타(Lalita) 가트를 거슬러 올라가며 갠지스 강물에 멱을 감는 인도인들도 눈여겨보았다. 이윽고 멀리 화장터에서 시신이 타들어가는 연기가 보였다. 멀리 강물을 따라 그 남은 흔적이 떠내려가는데, 또 다

건물 옥상 발코니에서 바라본 바라나시 시가지의 풍경.

른 가트의 인도인들은 머리끝까지 강물 속에 몸을 담그며 성스러운 의식을 행하고 있었다. 입수(入水)로 치자면 최고 난이도로 보였다. 그런 갠지스 강 위로 새들은 빙빙 하염없이 하늘을 맴돌고 있었다.

화장터에서의 業

마침내 화장터가 있는 마니카르니카 가트에 이르렀을 때는 또다시 해가 저물고 있었다. 잠시 망설였지만 조금이라도 화장터를 둘러본 뒤 숙소로 물러나기로 했다. 화장터로 다가가자 시신 두 구의 화장이 이루어지고 있었고, 붉은 화염 속에서 회색과 검정색으로 피어나는 연기는 마치 길쭉한 아지랑이처럼 흔들리며 하늘로 올라가고 있었다. 화장 의례는 복잡하지 않았다. 시신을 운구해오면 강으로 옮긴 뒤 시신을 천으로 감싼 채 강물에 담갔다가 꺼냈다. 그리고 화장터로 옮겨 시신에 치장해놓은 물건들을 강물 속으로 던져 넣은 뒤 쌓아놓은 장작 위에 시신을 올렸다. 의식이 거행되고 시신은 몇 시간에 걸쳐 서서히 태워졌다. 남은 재는 강물에 뿌렸다. 궁핍해 장작이 모자라거나 젖은 장작을 쓰면 시체는 다 타지 못한 채 강 길을 나섰다. 시신을 태운 뗏목은 때로 강기슭에서 멈춰 섰고, 그 주변으로 짐승들이 모여들었다. 바라나시에서 길거리의 개들을 피해야할 이유는 그 때문이었다.

처음에는 화장터를 똑바로 쳐다보지 못했다. 하지만 시간이 갈수록 화염 속에 사그라져가는 시신의 윤곽에 익숙해졌고, 진동하는 냄새에도 눈과 코 그리고 입을 막지 않게 되었다. 좀 더 물러난 거리지만 화장터가 훤히 들여다보이는 가트 위쪽으로 자리를 옮겼다. 무언가 홀린 기분이 들었다. 타인의 죽음 앞에서 방정맞은 행동이었다. 순간 호주머니 속의 카메라를 꺼내 화장터의 풍경을 담고 싶어졌다. 도의적 책임 뿐 아니라 원래 화장터에서는 법적으로 촬영이 금지되어 있었다. 그런 내용의 경고문이 건물 벽에 붙어 있었다.

그런데 정작 문제는 법이 아니었다. 셔터를 누르는 순간 한 인도인이 자리를 박차고 일어나더니 나를 향해 다가왔다. 장례를 치르는 사람들과는 꽤 거리가 있었기 때문에 가족은 아닌 것 같았다. 바라나시의 인도인들 중에는 외국인이 사진을 찍는 순간을 노렸다가 돈을 뜯어내는 무리들도 있었다. 경찰한테 신고할까, 나한테 돈을 줄래 하는 식이었다. 비록 타오르는 시신에 직접 초점을 맞춘 게 아니었지만 화장터 풍경을 담으려 했던 행동만으로도 빌미가 되기에 충분했다. 그 인도인은 계속해서 나를 주시하고 있었던 것이다. 심상치 않는 분위기를 직감한 나는 서둘러 카메라에서 필름통을 꺼내 바닥에 내팽겨 쳤다. 그나마 현명한 처신이었다. 다가오는 그를 향해 텅 빈 카메라를 보인 뒤 급히 자리를 옮겼다.

그는 갑자기 크게 울먹이며 주변의 인도인들을 부추겼다. 그런데 어쩐 일인지 주변 사람들의 호응은 없었다. 아마도 그가 노리는 것이 무엇인지 알았기 때문일 것이다. 그나마 운이 좋은 셈이지만 잘못과 책임이 없어진 것은 아니었다. 이러다 문제가 커지면 곤란했다. 그는 집요하게 나를 쫓아왔다. 팔을 낚아채려는 그의 손길을 뿌리치다시피 하고 나는 급히 가트를 떠나 뒷골목으로 들어갔다. 문득 머릿속에 사라스와티의 신상이 간절히 떠올랐다. 거의 전력질주를 하듯이 골목을 가로지는 사이 어느덧 주변이 어두워져 있음을 깨달았다. 이젠 굳이 어둠 때문이 아니더라도 다시 화장터로 가는 것은 안 될 일이었다.

긴장 속에 집중했는지 얼마간 달리자 본능적으로 숙소 방향으로 가고 있었다. 여신의 모습이 눈에 들어왔던 것이다. 여신의 발 아래로 들어가서야 비로소 안도의 한숨을 내쉴 수 있었다. 누군가 추격해오지는 않았을까 거친 숨을 진정시키며 어둠 속에 일렁이는 골목을 한참동안 돌아보았다. 삶도 그렇듯이 여행도 다닐수록 겸손해져야 한다는 말이 떠올랐다. 무엇이든지 익숙해졌을 때 실수하고 잘못을 저지른다. 하필이면 바라나시에서 말이다. 운이 좋았다. 하지만 화장터에서 겪은 일은 시간이 지나도 머릿속에 맴돌았다. 바라나시에서 남긴 업(業)인 셈이다.

힌두교의 죽음 의례

힌두교도들은 죽음을 신성시한다. 윤회(輪廻)를 믿기에 그들에게 생과 사는 단절된 것이 아니다. 그러므로 죽음과 관련된 의례 또한 무척 신성시된다. 화장(火葬)이란 일종의 정화(淨化)와 통과 의례로 역할하는 것이다. 하지만 그것으로도 모든 의례가 끝나는 것은 아니다. 육신은 소멸되었지만 사자(死者)가 조상(祖上)이 되기까지 슈라다제(Sraddha祭)[23]를 마쳐야 한다. 이는 어딘지 우리에게도 이해가 되는 부분인데 슈라다제가 끝나기 전까지 죽은 사람은 쁘레따(Preta)[24]의 상태에 머문다는 것이다. 일종의 구천(九天)을 헤매는 존재인 셈인데 쁘레따는 오직 슈라다제를 통해서 조상(祖上)의 반열에 오르게 되고 그 뒤에야 비로소 살아남은 자와 죽은 자가 모두 안정된 상태가 된다는 얘기다.

슈라다제는 크게 세 단계에 걸쳐 이루어진다. 첫째는 나바 슈라다스(Nava sraddhas)로 시신의 화장으로부터 시작해 10일 동안 경단인 삔다(Pinda)[25]를 바치는 것이다. 주검을 다루기에 '부정(不淨)한 슈라다제'라고도 하는데 이때 삔다는 쁘레따가 사후 세계를 여행할 미세한 신체를 구성하는 의미라고 한다. 다음으로 11일째부터 1년까지 이어지는 두 번째 슈라다제인 나바 미스라 슈라다스(Nava misra sraddhas)가 있는데 이는 '반쯤 부정한(또는 혼합) 슈라다제'로 특정 의식을 통해 죽은 자가 쁘레따의 상태에서 벗어나 여행할 힘을 얻게 하는 목적이라고 한다. 마지막으로 빠르반나 슈라다스(Parvana sraddhas)가 남았는데 이는 12일째부터 시작해서 1년까지 이어지는 '순수한 슈라다제'로 사자(死者)가 조상(祖上)으로 옮겨가는 단계다. 인도는 세제(稅制)만 복잡한 게 아니다. 빠르반나 슈라다스(순수한 슈라다제)에서는 12일 째 의식이 가장 중요한데 죽은 자와 삼대 조상들에게 바친 삔다를 섞으면서 비로소 사자(死者)가 조상의 반열에 오르는 것이다.

또 한 가지 재미있는 점은 이렇게 반열에 오른 조상들은 신격화되어 위계를 가진다는 것이다. 그러니까 아버지는 지계(地界), 조부는 공계(空界), 증조부는 천계(天界), 그리고 먼 조상은 초월계(超越界)에 각기 위치하는 것이다. 각 계의 조상들은 우주의 영역에서 산 자와 신들 사이의 중개자로 활동하며 가네샤(Ganesa)[26]의 지휘를 받는 신군(神軍)이 되고, 친족들의 이익에 관여한다고 한다. 인도인들은 자신들의 조상마저 일종의 중간계에 위치시켜 숭배하며 신격화한다니 무척 흥미진진한 얘기다. 이미 그렇게 다양한 신들을 모시면서도 말이다. 나는 하마터면 그 의식을 방해할 뻔한 셈이다.

환상과 현실 사이의 인도

인도 여행에 대한 이야기에서 바라나시는 결코 빠질 수 없는 단골 메뉴다. 이곳을 경험하며 누군가 그 영험한 분위기에 흠뻑 빠져들었다고 한다면 그 말은 충분히 공감할 만한 얘기다. 나 역시 예외는 아니었다. 강렬함을 넘어 충격적이었고, 이제껏 그 어느 곳에서도 느껴보지 못한 감각이 반응했던 곳이다. 하지만 그 모습에 도취되기만 한다면 아쉽다. 신비하고 경이롭지만 그 이전에 그것은 인도인들의 삶이자 현실 그 자체였다. 인도에 대한 환상과 현실 사이, 신비의 장막을 한 꺼풀 걷어낼 수 있다면 좀 더 새로운 관점에서 인도를 바라볼 수 있지 않을까 생각해 보게 되었다.

화장터 사건 이후, 정신이 번쩍 들었다. 그리고 인도를 쫓던 내 눈도 조금 다른 곳을 향하게 되었다. 바라나시는 누군가에게 영혼을 자극하는 신비로운 도시로 기억되겠지만 내게는 처음으로 그 신비의 장막이 열렸던 곳이다. 더 이상 낭만적이고 신비로운 인도의 모습만 쫓을 순 없었다. 인도에는 종교에 귀의하고 때 묻지 않았으며 순종적인 사람들이 있는 반면, 그와 상반된 사람들도 있었다. 현실을 초월한 듯한 경이로움과 더불어 지극히 현실적인 갈등과 모순도 공존했고, 정신적인 세계 만큼이나 물질에 집착했다. 인도에 대한 낭만적인 시각만으로는 간과하기 쉬운 부분들이다. 신비와 낭만이 매력적이긴 하다. 또한 그렇지 않은 인도의 모습은 불편하게 느껴질 수도 있다. 하지만 어떤 의미에서는 그런 모습도 인도다운 것이다. 지나가는 객(客) 보다 가깝게 인도로 다가가려면 동전의 양면을 모두 보아야 한다.

최근의 경험으로 되돌아와 노이다에서 싸움을 걸었던 그 독살스러운 인도인과는 어떻게 되었을까? 결론부터 말하자면 나는 직접 상대하지 않았다. 그는 혼자 있는 외국인을 타겟으로 기회를 노렸을 것이다. 아무리 불쾌하고 화가 나더라도 직접 상대하기 시작하면 매우 곤란한 입장에 처할 것이 분명했다. 나는 그가 보란 듯 곁에 있던 인도인을 불러세웠다. 일행이 있다는 것을 보여주는 것이다. 여행을 통해 몸에 익힌 대처법이었다. 어떡하든 내게 시비를 걸어보려던 그는 그대로 물러섰다. 인도에 매료되는 것 만큼이나 현실에 맞설 수 있는 요령이 필요했던 일화다.

보드가야,
아소카왕과 불교 유적

3등석 기차칸

불교의 발상지 보드가야(Bodhgaya)로 향했다. 동인도로 향하며 비하르 (Bihar)의 보드가야는 이슬람, 힌두에 이어 불교를 엿볼 수 있는 기회였다. 바라나시를 출발해 가야(Gaya)까지 기차로 이동한 후, 다시 보드가야까지 짧은 거리(11km)를 더 들어갔다. 바라나시에서 가야까지는 기차로 불과 세 시간 거리였다. 북인도를 동진(東進)하며 경험한 기차 여행 중 가장 짧았다. 그런데 가깝다는 점이 오히려 화근이었다. 기분을 내 3등석에 타보기로 했던 것이다. 이제까지는 줄곧 2등석의 침대칸[27]을 이용했다. 요금도 합리적이 지만 위아래 3층으로 침대를 펼 수 있어 장거리 여행에 적합했고, 좌석이 지 정되어 비교적 편하고 안전하다는 장점이 있기 때문에 여행객들이 애용하는 좌석이기도 했다. 그런데 보드가야行은 괜한 호기심이 발동했다.

처음으로 타본 3등석 기차칸은 거의 곡예 수준이었다. 3등석은 앉더라도 어차피 딱딱한 철망 의자뿐이라 입석(立席)은 개의치 않았지만 문제는 열차 안에 발 디딜 틈조차 없다는 점이었다.

몇몇 인도인들은 객석 사이의 난간을 딛고 서 위태롭게 균형을 유지하며 천장에 매달리다시피 했다. 선 채로 자세를 못 잡아 휘청이던 나는 급기야 배낭을 밟고 올라가 닥치는 대로 손에 잡히는 것을 더듬으며 겨우 버텼다. 말 그대로 지푸라기라도 잡는 심정이었다. 그럼에도 밟고 올라선 배낭은 뭉개지지 않았다. 콩나물시루 같은 사람들 사이에 꽉 끼인 것이다. 인도의 버스보다도 스펙터클했고 괜히 사서 고생한 셈이지만 또 언제 이런 경험을 해보나 싶었다.

가야에 도착하자 땀이 흥건할 정도로 기진맥진해져서 다짜고짜 릭샤에 올라탔다. 원래 인도에서 릭샤를 탈 때는 먼저 요금을 정해놓고 가야 한다. 미터기가 무용지물이고 도착하면 딴 소리를 하기 때문이다. 비단 외국인에게만 해당되는 일도 아니다. 경우에 따라 현지인들도 미리 가격을 확인하고 흥정하기는 마찬가지다.

그런데 나는 지친 나머지 릭샤를 곧바로 출발시킨 것이다. 이럴 경우에도 방법은 있다. 목적지에 다다르면 딱 한 마디 위엄 있게 반말투(힌디어)로 "멈춰"라고 한 뒤 릭샤가 멈추자마자 생각해둔 요금을 내고 내려버리는 것이다. 대답도 말고, 눈도 마주칠 필요 없다. 확실히 계급 사회를 응용한 것인데 예상할 수 있듯이 쉽지만은 않다. 과거 은사로부터 어깨 너머로 배운 방법인데 이것이야말로 릭샤계의 진정한 고수다. 그런 묘수를 떠올리며 가는 사이, 찌푸렸던 얼굴이 갑자기 활짝 펴지는 광경이 눈에 들어왔다. 젊은 티베트 승려들이 서로 수돗물을 끼얹으며 장난을 치고 있는 것이었다.

이 무더운 날에 승려들의 몸을 감싼 붉은 법복이 오히려 가볍고 시원하게 느껴졌다. 줄곧 심산(心酸)하고 무거웠던 마음이 일순간에 풀어져 버렸다.

평소 종교는 엄숙하다고 생각했는데 일상이 신앙으로 가득찬 인도에서는 종교란 무릇 편안한 것으로 느껴졌다.

보드가야의 메신저들

숙소를 정하고 밖을 내다보니 유독 원숭이들이 많이 눈에 들어왔다. 그런 풍경을 가만히 보자니 현장(玄奘) 그러니까 삼장법사(三藏法師)와 대당서역기(大唐西域記)가 떠오르고, 서유기(西遊記)와 더불어 손오공(孫悟空)이 연상되었다. 손오공이란 혹시 이 원숭이들에게서 비롯된 캐릭터일지도 모르겠다는 유쾌한 상상에 빠져들었다.

실제로 힌두교의 신들 중에는 하누만(Hanuman)이 있다. 라마야나(Ramayana)[28]에 등장하는 하누만은 숲 속의 원숭이 종족 바라나족(Vanaras)의 왕으로 극 중에 재주꾼으로 맹활약하며 인도인들의 사랑을 한 몸에 받아 왔다. 라마야나에서 하누만은 람의 사자(使者)가 되어 그의 아내 시따에게 소식을 전하는데 이 때문에 하누만은 인도 문학에서 중요한 모티브가 되기도 했다. 깔리다사(Kalidasa)[29]의 걸작 메가두따(Meghaduta)[30]에서도 떨어진 아내에게 소식을 전하며 하누만의 영감을 받아 구름(雲)을 메신저로 표현하기도 했다. 사원은 물론 집안과 자동차 등 곳곳에 있는 하누만의 신상을 보면 인도인들이 얼마나 그를 친숙하게 여기는지 알 수 있다. 보드가야에서 지붕 이곳저곳 뛰어넘는 손오공들은 마치 사람들에게 어떤 메시지를 전달하고 있는 것 같았다.

불교의 메신저는 아소카 왕이다. 보드가야의 마하보디 사원(대보리사) 또한 그가 남긴 찬란한 유산의 일부다. 아소카에 의해 인도 밖으로 전파된 불

부드가야의 마하보디 사원(대보리사).(사진 위)
마하보디 사원 경내에 밝혀진 촛불.(사진 아래)

교는 전 세계적인 종교로 성장했다. 하지만 사실 지금의 인도에서는 티베트 승려들을 제외하면 불교 신자를 거의 찾아볼 수 없다.

불교의 원류라고 할 수 있는 힌두교는 사상적인 뿌리는 같지만, 평등을 바탕으로 한 불교의 대중성과는 큰 차이를 보인다. 각기 다양한 신을 모시는 힌두교는 만민(萬民)의 구제가 아닌 개인의 수양에 보다 초점이 맞춰져 있다. 불교의 대중성에 위협을 느낀 사제 등 특권층은 불교를 견제할 수밖에 없었다. 지배층이 독보적이었던 지위를 유지하려는 움직임은 당연한 일이다. 결국 불교는 인도에서 쇠퇴하기에 이르렀다. 불교는 인도에 없고 불교의 찬란한 유적만이 이곳에 남은 셈이다.

보드가야 역시 이슬람의 침략으로 오랜 세월의 풍파를 견뎌내야 했다. 하지만 그럼에도 굳건히 자리를 지킨 모습은 내가 믿는 종교와 다르다고 배척하며 파괴하는 것과는 차원이 다른 인도의 포용력을 느끼게 만든다. 그 위대한 상징의 하나가 보드가야다. 기원전 3세기, 아소카는 고타마 붓다(석가모니)가 깨달음을 얻은 장소를 기리며 마하보디 사원을 세웠다. 그런데 인도 역사상 가장 위대한 왕인 아소카는 왜 불교를 지지하게 되었을까? 어떻게 이토록 신비로운 유적을 남길 수 있었을까?

칼링가 전투

이 전쟁에 관해 나는 이와 같이 들었다.(如是我聞)[31]

"내가 무슨 짓을 한 걸까. 이것이 승리라면, 패배는 무엇인가? 승리인가, 패배인가? 정의인가, 불의인가? 이것이 용맹함이라면, 무고한 아녀자와 아이들을 죽이는 것도 용맹이란 말인가? 내가 한 일은 제국을 번성시키는 일인가, 아니면 또 다른 이들의 번영을 빼앗고 파괴하기 위한 일인가? 누군가는 남편을 잃고, 아버지를 잃었다. 또 누군가는 자식을 잃었다. 이 흩어진 주검들의 잔해란 무엇이란 말인가? 이것은 승리의 징표인가 패배의 낙인인 것일까? 시체로 몰려드는 독수리와 까마귀들은 죽음과 악마의 전령(傳令)이나 다름없지 않은가."

전투가 끝난 하루 뒤, 정복자는 이제 막 손에 넣은 도시를 둘러보았다. 일방적인 승전이었다. 군사들은 환호했고, 마침내 눈엣가시였던 세력을 축출해 냈다. 이로써 거의 모든 인도땅이 그의 발 아래 놓인 것이다.

하지만 전후의 처참한 폐허를 둘러본 정복자는 새 전리품에 스스로 의문을 표했다. 가옥들은 모두 불탔고, 살육의 향연이 쓸고 지나간 자리에는 피가 흥건했으며, 조각난 시체들이 사방으로 흩어져 나뒹굴었다. 10만 명에 달하는 적군과 시민들을 무자비하게 몰살했고, 15만 명을 생포했다. 이는 기원전 261년, 피비린내 났던 칼링가(Kalinga)[32] 전투의 결말이다.

앞서 마치 셰익스피어의 비극처럼 고뇌하는 대사를 내뱉은 주인공은 다름 아닌 마우리아 왕조의 전성기를 누린 정복자, 佛王으로 널리 알려진 아소카 왕(Ashoka, 기원전 273~232년)이다. 재위 8년 째 아소카 왕은 마우리아 왕조의 권위를 무시하고 통치를 거부하던 칼링가를 초토화시켰다. 역사에서는 칼링가 정복을 전후로 정복과 살육에 대한 회의감을 갖게 된 아소카 왕이 다르마(Dharma, 法)에 따라 제국을 통치하기 시작했고, 불교의 포교에 힘썼다고 기록한다.

아소카, 마우리아의 황금기

불교 전파에 있어 아소카 왕의 역할은 크다. 언어와 화폐가 통일되지 않은 광대한 영토를 유지하기에 당시의 국가 조직과 중앙 집권 체제는 설익었고, 마우리아 왕조(기원전 322~185년)는 아소카 왕 사후(死後) 불과 반 세기가 지난 뒤 곧 쇠퇴하고 말았다. 하지만 기원전 250년 경부터 이루어진 불교의 확산은 인도 국내는 물론, 스리랑카와 중앙아시아로 전파되며 불교가 세계로 뻗어나가는 계기가 되었다. 이는 정복의 역사보다 길이 남을 아소카의 업적임에 분명하다. 그는 마우리아 왕조의 황금기를 구가했고, 신화적인 전륜성왕(轉輪聖王)[33]으로 불리기에 부족함이 없다.

조금 다른 시각에서 보면 아소카라는 인물은 상당히 흥미롭다. 아소카의 평화 시대가 시작된 것은 피가 낭자했던 정복 전쟁과 영토 확장 이후였다. 북쪽으로는 카슈미르와 네팔 지역, 서쪽으로는 아프가니스탄 동부, 남으로는 키스트나(Kistna) 강 유역까지 넓혔는데 남인도 타밀 지역을 빼면 현재 인도의 영토와 비교해 큰 차이가 없다. 정복할 만큼 정복했고, 영토는 차지할 만큼 차지했던 셈이다. 오히려 정복 이후 영토의 관리가 문제였다. 당시 초보 통일 왕조의 미숙했던 국가 운영으로 대륙을 가득 채운 광활한 영토는 감당하기 어려웠고, 반란과 진압이 끊임없이 반복되었다. 결국 마우리아 왕조는 오래도록 천수(天壽)를 누리지는 못했다.

그렇게 보면 아소카 왕이 칼링가 정벌 이후 더 이상의 영토 확장보다 통치에 주력했던 것이 이해된다. 무자비한 살육을 후회하면서 어떤 극적인 깨달음을 얻기도 했겠지만 정복에 대한 미련은 없었을 것이다. 그 어느 때보다도 넓은 영토였다. 이제 자신이 확장한 영토는 다스리고 통치해야 할 대상이었고, 더 이상 피를 보는 것도 무의미했다. 아소카 시대의 마우리아 왕조는 군사력과 납세 등에 있어서 왕의 권한이 강력했지만 광대한 영토에 비해 국가 조직이 엉성했다. 지역별로 다른 언어와 문자를 사용함은 물론 각기 다른 종류의 화폐가 유통되는 등 중앙 집권 체제의 정비가 완전하지 못했다. 그런 상황에서 종교를 통해 제국을 하나로 묶으려던 그의 통치 방향은 매우 시의적절했다고 볼 수 있다. 그는 기본적으로 모든 종교에 대한 관용적인 정책을 펼쳤다. 특히 당시 불법(佛法)은 국가의 기강을 잡는 데 용이했다. 마애(磨崖) 비문에 적힌 내용은 이를 잘 뒷받침해 준다.

"부모에게는 마땅히 유순해야 한다. 윗사람에게도 마찬가지다. 살아 있는 생명에게 자비심을 보여야 한다. 진실을 말해야 한다. 이들 법의 공덕을 빠짐없이 행하지 않으면 안 된다. 동시에 제자는 스승을 존경해야 한다. 친척에게도 적절한 예를 표해야 한다.(소마애 법칙)"

다분히 교화(教化)의 목적이 있었던 것이다. 이는 정복과 살육으로 얼어붙은 민심을 진정시키는데 용의했고, 피정복민의 불만은 물론 피에는 피로 돌아올 수 있는 악순환을 끊는 고도의 한 수였을 것이다. 지금도 종교라는 코먼센스(Common sense)를 통해 잘 통제되는 대국 인도를 주목해볼 필요가 있다. 종교가 정치적 수단은 아니지만 거대한 국가를 하나로 묶는데 역할한 것이다. 현대에 이르러 그 유명한 인디라 간디[34]의 연설에서도 그녀는 힌두를 상징하는 하얀색 사리[35]를 입고 자신의 정통성을 어필하는 데 성공했다.

사실 그 유명한 칼링가 전투의 회의(懷疑)는 다소 과장스러운 느낌이 든

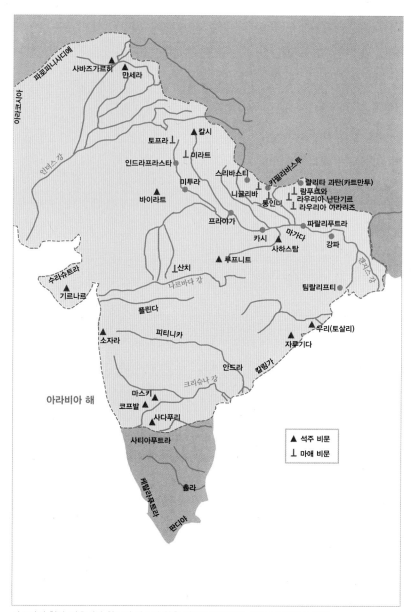

아소카의 칙령. 마우리아 왕조의 아소카 왕은 전국 방방곳곳에 석주와 비문을 남겼다.

다. 신화에는 필연적으로 과장이 섞이기 마련이고, 정복을 거듭하며 바로 하루 전날까지도 초토화를 지시한 왕이 갑작스레 치를 떨며 후회했다는 것은 지나치게 극적이다. 어쩌면 아소카는 훗날 그렇게 기억되고 싶었을 것이다. 신화라는 측면에서 매우 멋진 각본이 아닐 수 없다. 하지만 정복자를 떠나 세상의 어떤 위대한 지도자가 바로 내일 후회할 짓을 할까. 아소카 왕은 정복자다. 그는 전국 방방곡곡에 탑(塔)과 석주(石柱) 그리고 비문(碑文)을 남겼는데 이것이야말로 정복자의 진정한 트로피가 아니었겠는가.

그의 석주 비문과 마애(磨崖) 비문은 아직도 많이 남아 있는데 전국적으로 발견된 스무 여개에 가까운 비문은 판독이 가능한 인도의 사료(史料) 중 가장 오래된 것이다. 이들 비문은 불법의 정신을 교시하는 용도(마애 비문) 외에도 아소카 왕이 이룩한 마우리아 왕조의 광대한 영토(석주 비문)를 증명해주는 역사적 근거다. 특히 석주 상단을 장식하는 사자상(獅子像)은 現 인도의 상징이기도 한데 아소카 왕이 이룩한 대제국으로부터 인도의 국가적 기원과 정체성을 찾는다는 것은 나라의 입장에서 지극히 당연한 일이다.

한편, 비문(碑文)으로 전해지는 역사적 기록에 대해서는 대륙의 스케일을 감안하지 않을 수 없다. 칼링가 전투 만해도 비문에 따르면 아소카 측의 희생자는 1만 명이었던 것에 반해 칼링가 왕국은 병사와 민간인을 포함해 10만 명이 죽었다고 기록되어 있다. 그러나 칼링가 왕국이 필사적으로 저항하며 처절하고 치열했던 전투였던 점을 감안하면 아소카 군이 십분의 일 밖에 피해를 보지 않았다는 점은 믿기 힘들고, 당시 시대적 정황상 10만이라는 숫자가 통상적으로 많다는 의미를 부여한 것으로 보기도 한다. 승자의 위업을 부각하기 위해 다소 과장이 더해졌다는 것이다. 끝자리 하나 더 붙이는 것은 칼링가 전투에서만 찾아볼 수 있는 일도 아니다. 역사는 승자 독식이고,

역시 자신의 업적을 오래도록 기리기 위해서는 비문과 같은 기록을 잘 남겨야 하는 것이다.

정복자와 聖王

아소카가 잔혹한 정복자가 아닌 신화적인 왕으로 칭송받는 이유는 무수한 피를 본 뒤 내린 처방 때문이었다. 대제국을 건설한 뒤, 무력에 근거한 공포 정치가 아닌 종교를 통해 선정을 베풀었다는 것은 시작보다 좋은 마무리로 귀결되었던 셈이다. 물론 처음부터 비범한 인물이었다고 칭송할 수 있겠다. 하지만 그가 왕위에 오른 과정을 다시 살펴보면, 그가 왜, 어떻게 그러한 인물이 될 수 있었는지 이해해볼 수 있다. 아소카는 더 원대한 꿈을 꿨고, 더 큰 업적을 남겨 역사 속에 인정받기를 갈망했다. 얼핏 위대함을 추구한 인물의 끊임없는 고뇌와 성장통이 느껴지는 대목이다.

마우리아 왕조의 시조(始祖) 찬드라굽타(Chandragupta, 기원전 340~298년)의 손자였던 아소카는 사실 2대 빈두사라(Bindusara, 기원전 320~272년) 왕의 수많은 왕자 중 한 명에 불과했다. 브라만[36] 출신의 어머니에게서 태어난 그에게는 배 다른 손위 형제들이 매우 많았다. 일찍이 무예에 출중하고 용맹하여 능력을 발휘[37]했지만 그가 왕위 계승 서열에서 앞서 있었던 것은 아니었다. 지방 총독으로 임명[38]되는 등 역량을 인정받긴 했지만 아버지 빈두사라는 후계자로 첫째 아들인 수심(Sushim)을 염두에 두었던 것이 엄연한 사실이었다. 실제로는 수심이 적자이자 이상적인 후계자였던 셈이다. 그러나 라다굽타 등 당시 마우리아의 대신(大臣)들은 수심의 오만함에 위협을 느꼈고, 그들의 지지 속에 결국 아소카가 왕위를 계승하기에 이른 것이다.

기원전 269년 비로소 아소카가 왕위에 오르자 그를 전폭 지지했던 라다굽타가 수상이 되었음은 물론이다. 이후 아소카는 정당한 후계자였던 수심을 불구덩이에 빠뜨려 죽이는 등 한 명을 제외한 99명의 이복형제를 모두 제거했다고 전해진다. 빈두사라가 101명의 자식을 낳았을 만큼 초인적인 정력가였다는 얘긴데 역사적으로 명확한 근거가 없는 만큼 다소 과장된 면도 있지만 말이다. 이를 통해 분명하게 시사하는 점은 아소카가 정적(政敵)을 비롯한 반란의 씨앗을 철저하게 제거했다는 것이다.

　아소카와 수심의 라이벌 관계는 최근 인도의 TV 역사극에서도 재현된 바가 있다. 아무래도 인도인들의 역사극이기에 신화적인 인물인 아소카에게 초점이 맞춰지고, 수심의 야비한 측면이 부각된 면이 있다. 하지만 인도인들이 당시의 역사를 어떠한 관점으로 바라보는지 엿본다는 자체만으로 흥미로웠다. 이 드라마에서도 수심은 오만하고, 대신들을 존중하지 않는 인물로 묘사된다. 또한 아소카의 재능을 질투하며 차기 대권에 위협을 느낀 그가 어린 아소카를 위험한 반란 진압에 앞장서도록 획책했다는 내용도 담고 있다. 진압 과정에서 아소카가 죽기를 바랐던 것이다.

　그러나 오히려 아소카는 반란 진압에 성공하고 수심은 더욱 불안해져 아버지 빈두사라와 아소카 사이를 이간질하기에 이른다. 아소카가 야망과 권력욕이 강하다며 아버지 빈두사라에게 그를 칼링가로 추방할 것을 종용했던 것이다. 결국 대신들의 뜻을 모은 아소카가 왕위를 계승하고, 수심은 숙청된다. 하지만 여기서 인도인들도 언급하는 역사적인 사실은 아소카는 적자가 아니었고, 부왕(父王)이 아닌 대신들의 지지를 받았으며 그 수가 몇이든 형제들을 제거하고 왕권을 차지했다는 점이다. 비범한 인물이지만 아버지와 형제는 그의 편이 아니었다.

　칼링가 정복 이후 성군(聖君)으로 거듭나기까지 재위(在位) 초기의 아소카는 사실 피로 물든 정복을 거듭하고, 반발자들은 무자비하게 고문[39]하고 축출했던 인물이었다. 왕위에 올랐지만 인정에 목말랐을 법하다. 그는 아버지와 조부를 넘어서고 싶었을 것이다. 처음에는 영토였다. 정복 전쟁을 통해 그 어느 때보다도 넓은 땅을 차지했다. 형제이자 경쟁자들을 모조리 제거하고, 반항하는 세력까지 몰살한 그의 두 손은 혈성(血腥)으로 가득했다. 허무하기도 했고, 정복만으로는 모자랐을 것이다. 아소카는 부족함을 느끼며, 더 높고 위대한 곳을 바라봤다. 영토 곳곳에 석주와 비문을 세워 자신의 업적을 기록하고, 법을 바로 세우며 종교를 번성시켜 해외까지 전파시켰다. 그 결과 무수한 시간이 지난 오늘날, 아버지는 물론, 최초 통일 왕조를 세웠던 조부의 업적을 능가하며 인도의 국가 정체성을 확립한 위대한 왕으로 기록되었다. 그 원동력은 아이러니하게도 가지겠다는 욕망, 인정 받겠다는 열망이 아니었을까. 아소카 왕이 남긴 마하보디 사원을 향하며 바로 이곳이 무자비한 정복자와 성왕의 결정적 차이를 만들었다고 느꼈다.

마하보디 사원은 멀리서도 알아볼 수 있었다. 이처럼 우주적이고 독창적인 모습이 어디 있겠는가. 가까이 다가가자 통로를 따라 조그마한 초들이 빈틈없이 자리잡아 불을 밝히고 있었다. 사원의 분위기는 차분했다. 한국의 산사(山寺)들과는 전혀 다른 모습이었지만 그 적요(寂寥)한 느낌만은 닮아있었다. 고개를 들어 주위를 살펴보니 어디에서 왔든, 어떤 색깔의 승복을 입었든 상관없이 무수히 많은 순례자들과 참배객들이 사원을 향해 다가오고 있었다. 물론 이곳을 찾는 주된 이유는 불교의 성지이자 석가모니의 흔적을 쫓기 위함이다. 하지만 또 다른 위대한 인물, 아소카 왕을 떠올리지 않을 수 없었다.

기차는
인도의 모든 것이다

인도인 흉내 내기

보드가야에서 부바네스와르로 향하는 길이었다. 수도 델리에서 출발해 라자스탄, 우타르프라데시 그리고 비하르를 관통해 오리사 주에 이른 것이다. 이로써 20일 동안의 북인도 유적지 답사가 일단락될 예정이었다. 예상치 못한 일도 겪으며 계획보다 많은 시간이 소요되었다. 앓아서 며칠 동안 드러눕기도 했거니와 거치는 역마다 연착되기를 거듭했던 기차가 문제였다. 게다가 집 떠나면 고생이라더니 델리에서 멀어질수록 연착 시간은 설상가상 점점 더 길어지고 있었다. 하지만 지루하고 괴롭기는커녕 어떤 의미에서는 무척 행복한 순간이었다.

'느림의 미학'이란 밀란 쿤데라의 소설에나 등장하는 얘기가 아니었다. 처음에는 숙명 같은 인도의 느림에 반발하고 다투다가 끝내 지쳐버려 포기하고 나자 그 느림을 운명처럼 받아들이게 되었다. 나는 나 자신의 변화를 홍미롭게 관찰하고 있었다. 성미가 급해 모든 것을 빠르고 확실하게 처리해야 직성이 풀렸던 한국형 인간이 이젠 무한정 느리게 흘러가는 시간 위에 걸음마를 떼고 있었다. 서서히 몸과 마음을 맡겨보면 느림 또한 마냥 나쁜 것만은 아니었다. 보고 듣고 읽고 쓰다가 지치면 이런저런 생각이 머리를 스쳐지나가는 것이다. 하물며 좀 더 철학적이거나 상상력이 풍부한 사람들은 어땠을까? 느림은 인도에서 신화와 철학이 발달할 수 있었던 까닭을 미루어 짐작하게 만든다.

사람들이 인도에 매료되는 이유는 다양하겠지만 특유의 느림 또한 빼놓을 수 없는 매력이다. 그리스인들도 궂은일은 하인들에게 맡긴 채 느리고 게으른 시간을 보내며 위대한 예술을 발전시키지 않았던가. 날씨만 좀 덜 더웠더라면 인도도 그에 못지않다.

여행을 하든, 현지에서 지내든 인도는 거부하고 부정하면 더욱 힘들어진다. 여행을 시작한지 두 주가 훨씬 지나서야 그 사실을 깨달았다. 빨리 인정하고 받아들일수록 편안해진다. 본국으로 돌아가면 언제 그랬냐는 듯 본래의 모습으로 회귀하기 마련일테지만 21세기의 야생 도시에서는 야생의 룰을 따르는 것이 자연스러웠다.

여행 초반만 해도 어디서든 티슈를 베개 삼아 깔고 누워야 했는데 이젠 아무 곳에서나 편히 잠을 청할 정도가 되었다. '인도(印度)주의적 면모(面貌)'에서도 장족의 발전을 이룬 셈이었다. 햇볕에 그을린 피부도 빠른 현지화를 거들었다. 스스로 거울을 비춰 보아도 인도 동북부의 사람들과 비슷했다. 청바지 위에 인도 남성들이 잘 걸치는 펑퍼짐한 쿠르타(Kurta)[40]를 입었고, 이제 막 입에 붙기 시작한 힌디어로 내국인인 척 싼값에 유적지를 드나들기도 했다. 카메라를 가지고 다니며 이목을 끌던 이방인의 모습은 지워지고 없었다. 이곳저곳을 촬영하면 주위로 몰려들어 사진가냐는 질문 세례를 받던 일도 줄었다.

하지만 인도인 흉내 내기의 절대 고수는 정작 따로 있었다. 또 다시 기차가 연착되고, 식빵을 사서 기차역의 플랫폼 구석에 주저앉았다. 마른 풀을 뜯어 먹듯 흰 식빵을 짜이(Chai)[41]와 함께 삼키는데 순간 머릿속에 번쩍하며 좋은 아이디어가 떠올랐다. 그동안 가방 속에 고이 모셔둔 한국식 맛살라(Masala)[42]인 여행용 볶음 고추장을 꺼내어 잼처럼 식빵에 바르는 것이었다. 참으로 단출하고 소소한 끼니였지만 당시에는 눈가에 눈물이 고일 정도로 별미였다. 그만큼 북인도 여행에서는 먹거리가 귀했다.

대도시를 벗어나니 그나마 야채 버거 외에 양고기 버거(지금은 닭고기 버거가 대부분이다)를 팔던 패스트푸드점 조차도 찾기 어려웠다. 대부분 식사를 탈리(Thali)나 탄두리 치킨(Tandoori chicken)[43]에 의지했다. 그 외에 화교 음식으로 인도에서도 대중화된 볶음밥과 볶음면을 발견할 수 있으면 그나마 운이 좋은 편이었다. 인도에서 배고픔을 경험했다면 다소 과장스럽다. 하지만 한국처럼 먹을거리가 풍부하고 음식점이 많은 곳은 세계에서 드문 게 사실이다. 체질적으로 육식에 익숙한 부분도 크다. 누군가 인도로 간다면 미리 고기 많이 먹어두라는 덕담도 오가기 마련이다. 오랜 기간 동안 인도에 머무르다 보면 인도 음식이 질리는 게 아니라 익숙한 식감과 포만감이 그리워지는 것이다. 입가에 묻힌 고추장은 필시 단맛이었다.

그때 멀리 긴 플랫폼 저편에서 누군가 잰걸음으로 다가오는 것이 눈에 들어왔다. 처음에는 웬 인도인 아녀자가 그리도 바삐 움직이는 걸까 싶었다. 까맣게 그을린 피부에 작은 몸뚱이는 머리끝에서 발끝까지 현지인의 차림새였다. 맨 발이 드러난 슬리퍼는 화려한 문양으로 한껏 장식되어 딸깍거리고 있었다. 키가 좀 작은데 원주민만큼 새까맣지는 않으니 동북부에서 온 사람인 줄 알았다. 그런데 그냥 그렇게 지나치려니 싶던 여자가 나를 향해 곧장 다가

오더니 말을 거는 것이 아닌가. "한국 분이세요? 저기…" 워낙 현지인처럼 보인 탓에 흠칫 놀라 대답을 주저하는 사이, 여자의 시선은 반쯤 베어 문 채 손에 들고 있던 식빵에 멈췄다. 한국 사람이었다.

옆자리에 앉기에 이야기를 들어보니 "멀리 한국 사람이 튜브를 짜서 빵에 묻히며 먹는 모습에 서둘러 다가와 보니 역시 볶음 고추장이더라"고 했다. 머나먼 타국의 기차역에서 한국 사람을 만나면 일면식이 없음에도 반갑기 마련이었다. 게다가 고추장을 든 한국 사람이라면 인기 만점이다. 차림새로 짐작했지만 벌써 몇 달째 여행 중이라고 했다. 초면에 여간 넉살이 좋은 게 아니었다. 하지만 다른 한편으로 우리는 일종의 동변상련을 앓고 있었다. 충분히 이해가 되었다. 아껴둔 비상식량은 다 떨어졌고, 인도 음식도 꽤 먹을만하다고 쓰던 엽서의 내용도 이젠 사뭇 달라졌을 것이다.

하나 드시라고 권하며 정말 인도 사람인 줄 알았다고 말해주었더니 그녀는 그 말을 기꺼이 칭찬으로 받아들였다. 인도는 그런 말도 즐겁게 받아들일 수 있는 곳이다. 고국에서는 어떤 분이었을지 도저히 짐작되지 않았다. 굳이 물어볼 이유도 없었다.

각자의 식빵을 고추장과 함께 비워가는 사이 여자의 여행담이 실타래처

● 인도 사람들은 손으로 음식을 먹는다. 예전에는 아예 식당에 수저나 포크 따위가 잘 없어(혹은 더러워) 직접 챙겨가기도 했다. 요즘 레스토랑에는 수저와 포크가 있지만 인도 사람들은 여전히 손으로 음식을 먹는다. 아마 이런 이야기를 들으면 대부분 더럽다고 생각할 것이다. 하지만 인도 사람들은 오히려 수저나 포크로 음식을 먹으면 더 더럽다고 여긴다. 문화적 배경의 차이다. 애초 인도에서 손으로 음식을 먹기 시작한 것은 브라만(사제 계급)이었다. 그것이 하위 계층까지 확산되어 지금에 이르는데 브라만은 기본적으로 접촉을 통해 오염(汚染)된다고 여겼다. 오염될 경우 본연의 카스트가 더럽혀진다고 믿었는데 이는 소수의 지배층이 자신들의 사회적 지위를 공고하게 하기 위한 논리이기도 했다. 카스트 계급 간의 접촉을 경계했고, 브라만은 브라만 요리사가 만든 음식만 먹었다. 육식을 하면 동물의 혼에 오염될 수 있다고 믿어 채식을 선호하고, 인도 음식 중에 유독 튀긴 음식이 많은 것도 같은 이유로 이는 위생상의 오염을 경계한 것으로 볼 수 있을 것이다. 그러므로 수저나 포크 등 '도구'를 불신하는 것은 당연하다. 누가 만들고, 누가 썼을지 모를 '도구'보다는 자신의 손이 가장 믿을 만한 것이다. 다만 음식은 오른손으로 먹고, 오른손이 정(淨)하고 왼손은 부정(不淨)하다. 그 손으로 다른 일도 보아야 하니 반드시 왼손이 한 일을 오른손이 모르게 해야 할 것이다.

럼 이어졌다. 때로 속이 터지고 아프기도 했지만 영원히 잊지 못할 추억을 남기고 있는 또 한 명의 인도 여행자였다. 나 또한 앞으로 향할 길에 궁금한 점이 많았고, 이미 많은 경험을 쌓은 고추장녀는 여러 가지 정보를 아낌없이 풀어주었다. 나와는 반대의 경로로 거슬러 올라가는 중이었다. 나는 평소 길을 묻지 않는 남자다. 어쩌면 상대방도 다른 곳이었다면 낯선 남자에게 말을 걸 이유가 없었을 것이다. 그렇게 한참 이야기 삼매경에 빠졌던 우리는 각자 갈 길을 재촉했다. 식빵과 고추장치고는 좋은 거래였던 셈이다.

　고추장에 대한 집착을 빼면 우리는 그렇게 서서히 인도 사람이 되어가고 있었다. 사실 세계 어느 곳이든지 살아온 환경과 다른 곳을 경험한다는 것은 특별한 기회다. 그리고 그런 특별한 기회가 있다면 되도록 현지인처럼 행동해보는 것도 좋다. 단순히 추억거리가 될 뿐만은 아니다. 시각과 행동을 달리해 보는 것이다. 다각도에서 접근할수록 다채로운 모습을 경험할 수 있고,

그럴수록 보다 균형 잡힌 폭넓고 가치 있는 경험이 쌓이는 것은 당연한 일이다. 타지마할이 빛의 각도에 따라 다른 모습을 보여주듯이 인도도 우리가 바라보는 시각에 따라 다양한 모습을 보여준다.

이를 뒤집어 생각해 보면 일방적인 시각으로 바라볼 경우 하나의 측면에서만 이해하고 일반화할 위험성도 내포하고 있는 셈이다. 그러한 편견과 몰이해가 생각보다 중차대한 실수와 실책 등의 문제로 번지기도 한다. 인도를 보는 시각에 융통성이 필요한 이유다. 여행을 거듭하며 옷차림새를 흉내 내고 외모가 비슷해진다는 것 자체가 큰 의미를 지녔다는 뜻이 아니라, 비슷해지고 가까워지려는 자세가 상대방의 마음을 열고 깊이 있게 다가갈 수 있는 기회가 될 것이라는 의미다. 인도를 바라보는 융통성 있는 시각은 공격적이고 발빠른 전략과 전술만으로 얻을 수 있는 것이 아니다. 가능한 한 그들의 입장에서 바라보려고 노력해야 한다.

이와 관련 최근까지 인도에서 근무하며 느꼈던 점도 다르지 않았다. 가령, 인도인 직원들과 소통하는 방법인데 일단 흉내를 내는 것이다. 함께 짜이 타임을 가지며 이야기를 나누고, 손으로 음식도 먹었다. 가끔 유행하는 인도 영화 이야기도 나누고, 라마단의 긴 단식기간을 끝내고 이드(Eid)[44]에 접어든 무슬림 직원에게는 '알라 후 아크바르[45]'라며 농담을 건넸다. 예전이라면 몰라도 요즘의 인도에서는 무슬림 직원은 물론 곁에 있던 힌두교 직원들마저도 배꼽을 잡고 웃었다. 그런 분위기이니 서로 다른 종교일지라도 직원 간에 '해피 이드'라며 인사를 건넸다. 힌두와 무슬림이 견원지간(犬猿之間)인 것은 사실이지만 소통 방식에 따라 조금은 달라질 수 있다. 다른 종교를 가졌다고 선을 긋는다면, 무난하기는 해도 서로간에 믿음과 신뢰가 쌓일 수는 없다. 인도의 특성상 관리자는 어느 정도 직원과 거리를 두어야 하지만 이해하고 소통하며 거리를 두는 것과 그렇지 않은 것은 큰 차이가 있다.

효율적인 인력 관리

● 인도에서 인력 관리는 신중해야 한다. 종교와 문화 관습 등을 감안해야 하기 때문이다. 특히 계급이 그렇다. 이젠 다양한 신분의 구성원이 함께 일하는 경우가 많지만 그 이면의 위계질서는 건재하다. 직장 내 지위가 결국 계급화 되기도 한다. 여전히 태생적 신분을 대물림하는 경우가 많고, 계층 간 이동도 어렵다. 하위 계층일수록 많은 인구에 희소성 없는 일을 잘게 분업하는 경향도 있다. 민감한 부분이다. 반면 이를 잘 이해하고 활용하는 것은 좋다. 관리자라면 지위를 효율적으로 활용할 수 있다. 다만 이를 남용하거나 관습에 반하는 것은 금물이다. 계급 문화를 역이용하는 것은 효과적이지만 주의가 필요하다. 고압적인 방식은 결국 해가 된다. 종교 갈등만이 인도 내 소요 사태의 원인은 아니다. 인도인들은 군중 심리가 강해 문제가 생기면 자칫 심각한 사태로 번질 수 있다. 某 회사의 인사담당자는 모욕적인 언행을 했다가 폭동의 희생자가 되었다. 안전장치도 필요하다. 이에 대한 대처는 '거리두기'다. 예외 상황을 제외하면 직접 나서기보다 현지인 중간 관리자를 통해 의견을 조율하고 지시한다. 공지사항이나 피드백, 공로의 치하도 지적도 그들의 입을 통한다. 거쳐야할 단계를 두는 것이다. 현장에서 이러한 프로세스는 취약해질 수 있다. 그러나 필요한 조치다. 또한 현지인들이 난색을 표하는 정책은 재고하는 것이 현명하다. 근본적으로는 구성원의 신뢰를 얻어야 한다.

그 밖에도 가족과 종교가 우선이고 어려운 일에는 다소 수동적인 반응을 보이는 인도인들과 일하기 위해서는 무조건 윽박을 지르는 것보다 그들의 시각을 이해해 보는 것이 필요했고, 세세한 부분까지 생각해봐야 했다. 복잡하고 민감한 부분이니 피하는 것도 방법이겠으나 그렇게 덮어둘 경우 사실 개선될 여지가 없다. 인도인들은 한국인 관리자가 대부분 급하고 불같은 성격을 가졌다고 말하는데 사실 그러한 오해도 배경을 알고 나면 꽤 안쓰러운 상황이다.

현지 상황은 개선되지 않는데 일은 급박하게 돌아가고 현지 직원들은 원하는 대로 움직여 주지 못하니 홀로 답답해져 언성을 높이는 것이다. 그나마 평소 현지 직원들과 되도록 많이 소통해왔을 경우 일이 훨씬 수월하다. 인센티브만으론 한계가 있고, 남발할 경우 부작용도 있었다. 지킬 수 없는 허언은 더욱 심한 갈등으로 이어질 수 있고, 인도인들 사이에서도 믿을 수 없는 상관은 따르지 않는다. 나 역시 언성이 높아지는 등 시행착오가 많았는데 고민을 거듭했지만 방법은 하나였다. 융통성을 가지고 그들의 시각에서 바라보며 신뢰를 얻는 것이었다. 그 시작은 바로 인도인 코스프레다.

인도는 기차가 전부다

12시간 만에 부바네스와르에 도착했다. 교통의 요지가 아니라면 특별히 부바네스와르를 거쳐 갈 이유는 없었다. 부바네스와르는 단번에 남인도의 마드라스(現 첸나이)로 가기 위한 중간 기착지이자 교두보였다. 알렉산더는 인더스 강을 넘었고, 샤 자한은 야므나 강 곁에 타지마할을 세웠으며, 인도의 모든 종교인들은 갠지스 강으로 향했다. 인도를 여행하며 인도인 따라잡기에 열중하는 사이 대륙의 거대함을 새삼 실감했다.

이제 그 대륙에 걸맞는 여정을 앞두게 되었다. 바로 남인도행이다. 부바네스와르에서 남인도 타밀나두 주의 마드라스까지는 이제껏 경험해본 적이 없는 장거리 기차 여행이 될 것이었다. 그리고 인더스 강, 야므나 강, 갠지스 강 등 인도를 흐르는 도도한 강물만큼이나 주목해야할 것이 바로 인도의 길, 철로다.

기다리고 기다려도 기차가 오지 않자 지린내 가득한 대합실에서 인도인들과 섞여 잠들었다. 그래도 기차는 오지 않아 잠시 한눈을 팔고 있는 사이 하필 전혀 다른 플랫폼으로 기다리던 기차가 들어왔다. 그럴 때면 13킬로그램이 넘는 배낭을 메고 플랫폼과 플랫폼을 잇는 구름다리를 한달음에 건너가야 했다. 남자들은 그렇다 치고 여자 여행객들도 마찬가지의 입장이니 대단한 진풍경이 연출된다. 초인적인 힘이 발휘되는데 "오빠, 팔 아프다"는 말은 그 후로 믿지 않게 되었다.

게다가 인도 기차는 연결된 차량 간의 통로가 막혀 있는데 좌석 등급에 따라 탑승객들을 구분하는 것이지만, 칸을 잘못 타면 정말이지 낭패다. 잘못 탔다고 내국인들처럼 외국인들을 내치겠냐고 되묻겠지만 천만의 말씀이다. 실제로 쫓겨난 적이 있어 덧붙이자면, 과연 그럴 수도 있다. 그렇게 1등석이라도 올라타면 횡재라고 좋아할 일도 아니었다. 검표원은 두 가지 선택권을 주었다. 지금 당장 몇 배나 더 비싼 요금을 치르고 표를 바꾸던가, 다음 정차역에 닿을 때까지 화장실 옆 탑승구 계단에서 웅크리고 있어야 했다. 참담한 심경에 어쩔 수 없지 않았느냐며 하소연하며 애원해보기도 했다. 다음 역까지는 봐주는 검표원도 있지만 그렇지 않은 사람도 있었다. 이게 모두 정확하지 않는 철도 시스템 때문이었다. 세상에 타고 갈 시간만큼 연착된다는 게 말이 된단 말인가. 경악스러웠다. 그러나 인도라면? 말이 된다. 인도에서 시간은 돈이 아니다. 좀 더 유연해져야 했다.

인도의 철로는 식민지 시대의 유산이다. 식민지 시절, 재배된 목화, 홍차, 아편 등이 바로 이 철로를 통해 주요 항구로 이동했다. 이 땅에 흐르던 젖과 꿀을 마음껏 거둬들이던 오래된 루트였던 셈이다. 이후 긴 시간을 두고 점차 개선되어 왔지만 드넓은 인도 대륙을 연결한 열차 시스템이 일제히 바뀌기를 바라는 것은 무리였다. 발차한 열차가 도시들을 거치며 기상 악화라든지, 노후화된 선로의 문제 등으로 조금씩 연착되기를 거듭했다. 내려올수록 연착되는 시간이 쌓이는 것이다. 언제 기차가 올지 예측하기가 어렵다. 그렇다면 일정표를 재확인하거나 역무원에게 물어보면 될 일 아니냐지만, 지방으로 갈수록 탑승객 안내를 위한 제대로 된 설비가 갖춰지지 않은 경우가 많았고, 플랫폼의 역무원도 애매모호한 답을 내놓는 경우가 허다했다.

최근 남인도의 방갈로르(現 벵갈루루)에 방문했을 때는 연착되는 사이 공항의 일정표가 엉망이 된 적이 있다. 출발 시간이 임박해 갑작스럽게 탑승구

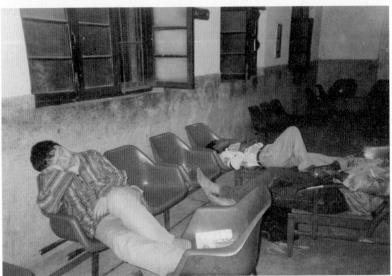

리시케시로 향하는 길, 철도 건널목에서 마주친 인도 기차.(사진 위)
연착되는 기차를 기다리며 대합실에서 잠을 청하는 필자의 모습.(사진 아래)

가 바뀌니 당혹스러웠다. 기차가 아닌 공항의 시스템임에도 아직 그 정도였다. 최근 대도시의 시설은 많이 개선되었지만 아직도 소도시의 기차역은 어떤 상황이 펼쳐질지 모른다.

결국 나중에는 으레 연착될 줄 알고 여유만만해지기도 했다. 호텔에서 미리 전화를 넣어 바뀐 일정을 수차례 확인하고, 최대한 시간을 늦춰 역사로 향했으니 조금 위험하긴 해도 나름대로 요령이 생기는 셈이다. 어떤 상황에서도 적응하기 마련이고, 인도를 여행한다면 그러한 상황에 빨리 익숙해질수록 좋다.

한편, 역사의 매표소나 플랫폼을 지키는 역무원들은 대체로 거만했다. 나름대로 친절한 사람들이 없는 것은 아니지만 아직 인도 사회는 서비스에 대한 마인드가 부족한 것이 사실이다. 많은 인구에 맡은 바 직무가 지나치게 세분화되어 우리가 보기에는 불합리한 과정을 거쳐야하는 관료주의 또한 만만치 않은 부분이다. 이는 비단 기차표를 사는 일이나 역무원의 도움이 필요할 때의 일 뿐만은 아니었다. 실제로 인도의 관공서에서는 손님의 입장임에도 조심스럽게 저자세를 취해야 하며 외국인에게는 맞지 않는 온갖 정보까지 공개하고 제출해야 했다. 계급제에서는 내가 군림할 수도 있겠지만 상대도 내 위에 군림할 수 있었다. 계급이 없는 한국에서 살아왔지만 실로 좋은 인생 수업이었다.

개중에는 기차가 들어왔다고 알려주는 친절한 역무원들도 있었다. 그들의 방식이라면 굳이 도와줄 이유는 없었지만 영문도 모르고 잠을 청하다가 갑작스러운 사태에 발을 동동 구르는 외국인 여행객들이 안쓰러웠을 것이다. 이처럼 헤매기도 하고 때로 도움도 받으며 온갖 우여곡절을 겪는 것이 인도 기차 여행의 재미라고 받아들이는 것이 차라리 바람직하다. 신경을 곤두세운다고 해결되는 일도 없기 때문이다.

기차 여행을 통해 가장 인도다운 모습을 발견할 수 있는 것이다. 때문에 인도 여행을 했다면 기차 여행을 빼놓을 수 없는데 과연 기차 여행은 인도 여행의 전부라고 해도 과언이 아니다.

인도 대륙의 동맥

영국 식민지 시대는 육상이 아닌 해상 세력의 지배였다는 점에서 특이점이 있다. 캘커타(現 콜카타), 봄베이(現 뭄바이), 마드라스(現 첸나이) 등 해안 도시를 거점으로 식민지 시대가 열렸던 것이다. 그리고 영국은 그 광활한 인도 대륙의 동서남북을 기차로 연결함으로써 효율적으로 인도를 지배할 수 있었다. 당시 건설된 철도는 지금도 인도 국내 물류의 핵심으로 자리잡고 있다. 현재 선로의 길이는 총 11만5000킬로미터(중복 선로 포함)[46]에 이르고, 7172개의 역사(驛舍)가 세워져 있으며 매일 2000만 명 이상, 연간 80억 명이 이용한다. 세계에서 가장 규모가 큰 철로 중 하나인 것이다.

영국의 철로 기술과 엔지니어들이 동원되었고, GIPR(Great Indian Peninsula Railway)에 의해 뭄바이와 그 광역권인 타네(Thane)를 잇는 노선[47]이 1853년 개통하면서 인도의 철로 시대는 본격적으로 개막되었다. 이후 1867년 EIR(East Indian Railway)에 의해 북인도 우타르프라데시 주의 알라하바드(Allahabad)와 마디아프라데시 주의 자발푸르(Jabalpur)를 잇는 노선이 개통했고, GIPR과 EIR이 연결되어 총 6400킬로미터의 철로가 추가로 마련되었다.

1870년에는 뭄바이와 콜카타를 잇는 노선이 개통되어 인도의 동서를 연결하게 되었고, 이후 콜카타, 뭄바이, 첸나이 등 주요 항구 도시를 잇는 철로망이 구축되어 인도의 선로는 총 1만4500킬로미터에 이르게 되었다. 1895년부터 인도는 자체적으로 노선을 증설하기 시작했고, 1920년대에 이미 6만 6000킬로미터의 길이에 이르렀다. 1900년부터 GIPR이 정부에 귀속되기 시작해 1946년에는 통합이 완료되었다. 현재 인도의 노선은 북부, 중부, 동부, 남부, 북동 디비전(Division) 등 16개의 지역별 구획으로 나뉘고 이는 다시 세부적으로 68개의 서브 디비전(Sub division)으로 분할 관리되고 있다.

초창기 열차는 철로 간격이 넓은 광궤(廣軌)[48]로 운행되었는데 이후 비용 절감을 위해 너비 1미터의 철로와 구릉지대에 적합한 협궤(狹軌)[49]가 도입되었다. 1992년부터 각기 달랐던 이들 철로의 단일화 공사가 시작되어 현재까지 38%(2만4891킬로미터) 가량의 작업이 진행[50]되고 있다.

이와 같은 인도의 철도 시스템은 불순한 의도로 탄생했던 것이 사실이다. 하지만 불과 50여 년만에 그 정도의 모습을 갖추었다는 점[51]은 주목할 만하

● 포르투갈은 바스코 다 가마가 1498년 인도의 캘리컷에 도착한 이후, 1509년 디우 해전에서 승리하고 1510년 고아를 식민지화하며 해상 무역권을 장악했다. 하지만 점차 영국과 네덜란드에 밀리며 쇠퇴하기 시작했고, 고아, 디우, 다만 등을 제외한 대부분의 식민지에서 물러났다. 본격적인 식민지 확보에 나선 영국은 1600년 동인도 회사를 설립하며 인도 진출에 박차를 가하기 시작했다. 봄베이와 캘커타 등 거점을 확보하며 점차 세력을 넓혀 나갔고, 무굴 제국이 봉건 지배의 한계와 마라타 동맹과의 싸움 등으로 힘이 약화된 틈을 타 인도 동북부 지방을 장악했다. 한편 영국에 자극받은 네덜란드도 1602년 동인도 회사를 설립했는데, 동양 무역의 전권을 동인도 회사에 일임하여 동남아 지역을 중심으로 번성했으나, 영국과의 전쟁에서 패하며 인도에서의 주도권도 내주고 말았다. 마지막으로 프랑스가 1664년 동인도 회사를 세우고 퐁디셰리 등을 거점으로 하여 인도에 진출했다. 그러나 1757년 플라시(캘커타 북서부) 전투에서 패배하며 벵갈의 독점 무역권을 영국에게 내주었다. 주도권을 잡은 영국은 19세기 중엽 펀잡 지역까지 장악했고, 인도는 사실상 영국의 지배하에 놓이게 되었다.

다. 영국의 입장에서는 인도 대륙에서 가져갈 수 있는 원자재가 무궁무진했다.[52] 문제는 운송이었다. 영국 본토 생산시설의 수요를 맞추기 위해서는 빠른 운송 수단이 필요해졌다. 영국 철도 기술의 총화가 투입되었음은 물론 수만 명 이상의 인도 노동자들이 투입되었다. 서고츠 산맥(Western Ghats)을 관통해야 했고, 세계 최초로 지그재그 선로[53]가 선을 보였다. 24킬로미터 거리에 고도가 555미터 높아지는 급경사로가 있었고, 총 3.7킬로미터에 이르는 25개의 터널을 뚫어야 했다. 서고츠 산맥을 넘어서 데칸 고원(Deccan Plateau)에 이르러서야 인도 대륙의 철로 공사는 그 고비를 넘길 수 있었다.

1900년 이후 인도의 철도 시스템은 빠르게 자리 잡았다. 차량을 전량 수입에 의존했던 것에서 벗어나 직접 제작하기에 이르렀고, 세계에서 가장 긴 플랫폼[54]도 등장하게 되었다.

직접 비교는 어렵지만 이미 깔린 철로의 단일화 작업은 흥미롭다. 철로가 생긴 지 150여 년이 훨씬 지난 시대에 20년 넘도록 38% 가량만 진행되었다는 점은 시사하는 바가 크다. 아마도 이는 기술보다는 자본과 추진력의 문제일 것이다. 자본이 곧 추진력이라고도 볼 수 있지만 정책 추진의 한계도 있다. 인도의 다양성은 각기 다양한 목소리와 의견을 수용한다는 점에 바탕을 둔다. 그만큼 힘과 의지를 하나로 모으기 힘들다. 중앙정부와 지방 주정부 간의 팀워크 문제도 있다. 철로만 보수하고 있을 수만도 없다. 당장 전기부터 제대로 공급되지 않는다. 지금도 인도 현지에서 시설을 구축하려면 필수적으로 보조 발전기를 구비해야 하는 상황이다.

인도의 철로는 비싼 대가를 치르고 얻은 유산이다. 하지만 이는 인도의 발전에 지속적으로 중요한 위치를 차지할 것이다. 사회 간접 자본의 한계로 유선 전화 시대를 지나쳐 곧바로 무선 모바일의 시대로 접어든 곳이 인도지만, '길'에 있어서는 그와 같은 월반(越班)과 우회(迂廻)는 어려울 것이다. 고속도로는 또 얼마나 긴 세월이 걸릴까? 하늘길은 벅차다. 워프(Warf)[55]같은 상상력이 현실이 되지 않는 한 한 해 80억 명, 히말라야가 보이는 북, 아시아로 열린 동, 인도양, 아라비아 해, 벵갈 만이 만나는 인도의 땅 끝을 효율적으로 이을 수 있는 것은 철로뿐이다.

식민 지배의 아픔 속에서도 선진 철도 기술이 전수된 것은 다행스러운 일이다. 철도의 등장은 인도에서 새로운 시대가 도래했음을 의미했다. 단지 식민지 시대 뿐 아니라 독립 이후 인도 대륙을 통합하고 연결하는 길이 열렸던 것이다. 당시 기틀이 잡히지 않았다면 육로의 확보는 더욱 긴 시간이 필요했을 것이다. 1990년대에 한창이던 델리 메트로(Metro) 공사가 이십여 년이 지난 지금에야 비로소 제 기능을 발휘하는 곳이 인도다. 무언가 일이 크게 벌어지는 것 같지만 진척이 매우 더디다는 이야기다.

인도의 토목 공사라는 것이 우리처럼 최신의 대형 장비들이 동원되는 것이 아니다. 지금도 대부분 순수 인력(人力)에 의지하는 경우가 많고, 2보 전

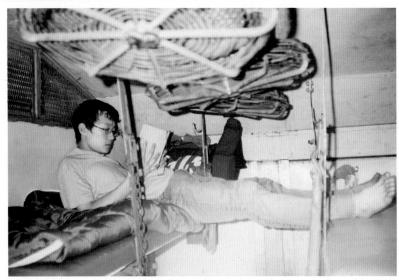

2등석 침대칸(3Tier Sleepers express)의 맨 위 좌석은 노트에 펜을 굴리기 어려울 정도로 흔들림이 심하지만 인도 기차의 재미를 제대로 느낄 수 있는 장소였다.

진 후 1보 후퇴를 거듭한다. 곡괭이와 삽을 든 노동자들이 도로 보수 공사 등에 동원되는 모습은 인도에서 쉽게 목격할 수 있는 풍경이다. 수백 킬로미터 무게의 장비를 아무런 도구없이 순전히 인력만으로 지상에서 10여 미터 높이의 시설물에 설치하는 광경을 볼 수도 있었다. 완성되어 안전하게 테스트를 마친 장비라도 그런 환경에서 온전할 리 없다. 때로는 장비를 납품했지만 개통이 미루어져 먼지 속에 방치되기도 한다. 부품의 훼손과 분실도 항상 우려되는 부분이다. 여러 가지 악조건을 갖춘 셈인데 이는 내구성이 입증된 세계적인 브랜드의 장비도 인도에서 고전을 면치 못하는 이유가 되기도 한다.

　다시 정부의 추진력 문제로 돌아가 살펴보면 흥미롭다. 인도의 독립은 단순히 식민 제국주의로부터의 해방이 아니라 분열된 대륙이 하나의 국가로 거듭나는 산고(産苦)의 과정이었다. 과거 역사에서 통일 국가로써 인도의 정

● 인도는 의원 내각제를 채택하고 있다. 대통령 및 부통령 이하 중앙정부(연방정부)와 지방의 주정부가 위치하는데, 수상과 그 내각이 이끄는 중앙정부는 상원(라즈야 사바)과 하원(로크 사바) 양원의 국회가 뒷받침한다. 주정부는 주지사를 필두로 주수상과 그 내각이 있고 이를 받치는 주의회(비단 사바)가 있다. 대통령은 국회와 주의회에서 선출되고, 부통령은 국회 양원에서 선출되는데 부통령은 상원 의장직을 겸임한다. 상원 의원은 2년마다 주의회에서 선출하고, 일부는 임명된다. 하원 의원은 5년마다 직접 선거로 선출하며 입법부의 실질적인 몸통이다. 수상직은 대통령이 임명하나 사실상 다수당의 대표가 맡으며 실질적인 정치 권한을 행사한다. 주의회의 의원도 5년마다 직접 선거로 선출하고 다수당의 대표가 주수상직을 맡으며 주정부의 실질적인 권한을 행사한다. 각 주의 주지사는 5년마다 수상이 천거한 인물을 대통령이 임명한다. 중앙정부는 국방·외교·경제 등 거시적인 국가 운영을 관장하고, 주정부는 교육·치안·보건 등 지방 행정을 맡아 그 역할이 분리되어 있으나, 중앙정부의 정책이 주정부에 관철되지 않거나, 주정부 단독의 정책이 시행되는 경우도 있다. 이는 사회간접자본에 대한 투자, 산업과 문화 단지 조성 등 정책 추진에 있어 효율적이지 못하거나, 중앙정부 주도의 개혁이 지지부진한 이유가 된다. 전국 단위의 통계 지표 산출이 어려운 것도 같은 맥락에서 이해할 수 있다.

체성을 찾을 수 있지만 인도는 원래부터 강력한 중앙 정부의 힘으로 움직일 수 있는 나라가 아니다. 때문에 중앙정부가 가이드 라인을 제시하고 델리와 같은 도시가 일종의 개발 모델이 되는 것은 사실이지만 지방정부가 이를 무작정 따라가는 것은 아니다. 각 지방 정부 나름대로의 정책 방향과 노선이 있다. 통합과 효율의 측면에서 어려움을 겪는 이유다. 가령, 경제나 문화 산업 단지가 중복 조성되고, 사회 간접 자본의 확충에 대한 이해와 비전도 지역마다 각기 다를 수 있다. 특정 분야에 대해 연구할 때 인도만큼 국가 전체적인 통계자료를 뽑기 힘든 나라도 없을 것이다. 종이로 기록되어 전산화되지 못한 자료도 문제지만 주정부와 지방정부마다 통계의 주체가 분산된 것도 중요한 문제다. 때문에 철도 시스템이 식민지 시대의 유산일지라도 만약 그 당시 철로가 갖춰지지 않았다면 어떻게 되었을까 생각해보게 된다.

물론 영국이 아니더라도 철로는 건설되었을 것이다. 더 많은 시간이 필요했을 수는 있어도 철로를 얻었다고 식민 지배의 아픔과 수탈당했던 역사가 잊히는 것은 아니다. 어쨌든 철로 공사 또한 인도인 노동자들의 피와 땀이 서린 결과물이다. 다만, 영국이 사방으로 그어놓았던 상처가 100년이 훨씬 넘은 지금은 그대로 남아 핏줄이 되고, 없어선 안될 인도 대륙의 동맥 역할을 하고 있다는 점은 흥미로운 대목이다.

식민지 시대의 아픔을 공유하면서도 인도인들은 우리와 조금은 다른 시선을 가지고 있었다. 영국에 대해 어떻게 생각하는지 물어보니 사람마다 미세한 차이가 있었다. 모두 좋은 감정을 가졌다고 할 수는 없지만 치를 떨 만큼 증오하지는 않았다. 고통을 겪었지만 얻은 게 전혀 없지는 않았다는 반응도 있었다. 바로 철도 시스템 같은 경우를 두고 한 이야기다. 사실 우리와 비슷한 상처를 지녔다고 하지만 하나의 국가가 아니었던 인도 대륙이 식민지 시대를 거치며 인도라는 하나의 현대 국가로 탄생하는 과정을 보면 다른 점이 많다. 각각의 영국 식민지 시대에 대한 입장도 처했던 상황과 보는 관점에 따라 다를 수밖에 없다.

한편 이젠 해가 잘 지게 된 나라 영국이 인도를 바라보는 시각도 흥미롭다. 과거의 영광을 추억하는 심정인지 언제나 각별한데 해외에서 인도의 소식을 자주 접하는 창구는 영국의 언론을 통해서였다. 조금은 묘한 관계, 어떤 의미에서는 헤어진 연인의 애증 관계를 연상하게 된다. 물론 한쪽이 멋대로 행동했었지만 말이다.

아무튼 인도를 기찻길로 둘러본다는 것은 큰 의미가 있다. 버스보다는 더 멀리 더 편하게 움직일 수 있고, 비행기로는 볼 수 없는 인도의 세세한 모습을 두 눈으로 확인할 수 있기 때문이다. 이슬람의 흔적도 현재 인도의 크나큰 유산이 되었는데 식민지 시대의 흔적은 그것을 돌아볼 길이 되어준 셈이었다. 인도 여행 이후 필자는 대륙을 가로지르는 기차 여행에 대한 로망을

● 독립 당시 인도는 562개의 토후국(土侯國)이 존재했다. 각기 라자, 마하라자, 칸 등이 다스리며 인도 전국에 걸쳐 분포한 왕국들인데 식민지 시대 동안 영국에 종속되어 갔다. 종주권(宗主權)을 행사한 영국은 외교권은 물론, 주재관 및 총독 대리를 파견하여 이들의 내정(內政)에 관여했다. 일부는 군사적 보호를 명분으로 군대를 주둔시켰는데 영국은 그 명목으로 주둔비를 거둬들였다. 주권을 행사하지 못하는 상태에서 왕정(王政)의 역할은 유명무실했고, 이는 곧 무능과 권태 그리고 부패로 이어졌다. 게다가 자체 군대와 함께 영국 주둔군의 유지비용까지 떠안으며 재정이 바닥나고 부채가 확대되었다. 민심이 이반하고 내란이 발생하자 영국은 이를 빌미로 종주권을 발동했고, 결국 이들 토후국들을 차례로 병합해 나갔다. 명분은 다양했다. 부패 문제에서 비인도적인 종교 관행까지 문제 삼았고, 후계자가 없는 토후국의 통치권을 종주국이 회수한다는 '실권의 원리'를 내세우기도 했다. 독립 이후, 이 토후들이 각기 인도와 파키스탄으로 분리 흡수되면서 바로 오늘날에 이르렀다.

가지게 되었다. 때문에 중국에서도 산시성 신안(Xi'an)과 장쑤성 쑤저우를 잇는 장거리 횡단 열차를 탔었고, 스페인에서도 마드리드에서 그라나다를 잇는 종단 열차를 경험하게 되었다. 대륙의 분위기를 제대로 느끼기에 역시 기차만한 수단은 없었다.

특히 인도의 기차는 내게 각별했다. 느리고 덜컹거리는 만큼 오히려 더 잊지 못할 경험을 만들어 주었다. 창밖으로 펼쳐지는 풍경도 장관이었지만 현지 사람들로 가득한 기차 안은 인도의 축소판으로 관찰의 대상이었다. 물론 주의할 점도 많았다. 긴 시간 함께 있으며 현지인들과 섞이는 것은 재미있는 일이었지만 누군가 주는 음식은 가급적 피해야 했다. 무언가 섞은 탓에 잠이 든 사이 배낭이 통째로 없어져 고생했다는 사람도 있다. 여행자들끼리 서로 짐을 봐주며 불침번을 서기도 했다. 경계심에 긴장도 하게 되지만 무척 재미있다. 점차 가방을 베개 삼아 짐과 내가 혼연일체가 되는 요령도 터득하게 된다. 그러한 재미를 느껴보지 못한다면 아쉬운 일이다. 부득이한 사정이 있다면 모르겠지만 가급적이면 인도는 기차로 다녀야 제 맛이다.

동인도의 끝자락, 푸리

남과 북을 잇는 연결점 부바네스와르에 도착했다. 하지만 곧바로 장시간의 남행 열차에 올라탈 엄두가 나지 않았다. 역에서 대기한 시간까지 이미 20시간 이상 기차와 씨름하고 있었다. 흥미로운 기차 여행이지만 잠시 휴식이 필요했고, 부바네스와르로 향하며 즉흥적으로 바다가 보고 싶어졌다. 마침 벵갈 만이 바로 코앞에 있었다. 망설일 이유가 없었다. 버스를 타고, 부바네스와르에서 불과 60km 떨어진 해안 도시 푸리(Puri)로 향했다.

벵갈 만의 도시 푸리는 힌두교의 성지(聖地)이자 휴양지로 유명하다. 이곳에는 자가나트(Jagannath) 사원이 있는데 보통의 신상들이 돌과 금속으로 만들어지지만 이곳의 신상은 나무로 만들어져 십여 년마다 교체되는 의식이 거행된다. 또한 푸리는 매년 6~7월 사이에 열리는 라트 야트라(Rath Yatra)[56] 축제로도 잘 알려져 있다. 이 축제는 일 년에 한번 자가나트 신이 전차를 타고 나서는 것을 기념하는 것으로 실제로 힌두교도들이 전차 위에 신상을 세워 그 광경을 재현해낸다.

물과 가까운 곳에 성지가 있고, 그곳에는 신들의 축제를 만끽하는 인도인들이 모이기 마련이다. 안타깝게도 겨울철에 방문한 푸리는 특별한 축제가 없었고, 자가나트 사원 또한 힌두교도가 아니면 입장이 불가능했다. 하지만 축제 기간이 아니라는 것은 마음 편히 쉬어가기에 좋다는 말이기도 했다. 도시와 벵갈 만으로 이어지는 해변은 차분한 분위기였다. 1970년대 히피(Hippie)들이 많이 찾았다는 이곳은 지친 몸과 마음을 달래기에 충분했다. 동인도의 막다른 길에서 나침반을 두드리며 어디로 갈까 고민하는 여행객들이 많았을 것이다. 이렇듯 겨울의 푸리는 잠시 재충전하며 마음을 다스리기 좋은 곳이었다.

라트 야트라 축제가 한창인 푸리의 자가나트 사원.(사진 위)
이른 아침 한가로운 푸리의 해변에서 조깅을 하고 있는 외국인 여행객.(사진 아래)

┌─────────────────┐
│ **언어의 다양성** │
└─────────────────┘

● 인도에서 사용되는 언어에 대한 통계는 정확하지 않다. 대략 800여 개의 언어와 2000여 개의 지역 방언이 사용된다고 하는데, 어떤 자료에 의하면 총 3372개의 언어가 사용된다고도 한다. 2001년 실시된 조사에 따르면, 그 수많은 언어 중 사용자가 만 명이 넘는 언어만 356개로, 이는 지정어 22개, 비지정어 100개, 지정어와 비지정어와 관련된 방언이 234개가 포함되어 있다. 지정어는 인도 헌법 상 공용어 정책과 관련 지정된 언어를 뜻하는데, 인구 41%가 사용하는 힌디어를 비롯해 벵갈어(8%), 텔루구어(7%), 마라티어(7%), 타밀어(6%), 우르두어(5%), 구자라트어(4%), 칸나다어(4%), 오리야어(3%), 말라야람어(3%), 펀잡어(3%), 아삼어(1%), 매틸리어(1%), 산탈리어, 카슈미르어, 네팔어, 신디어, 콘칸어, 도그리어, 마니푸르어, 보도어, 산스크리트어를 포함한다.

푸리로 향하면서 사실 조금 망설이는 마음도 있었다. 지금 푸리로 가면 여행 막판에 휴식을 취할 고아(Goa)와 비슷해 흥(興)이 반감되는 것은 아닐까 우려했던 것이다. 아직 갈 길이 구만 리인데 샴페인을 일찍 터뜨리는 것일 수도 있었다. 하지만 그것은 기우에 불과했다. 나중에 깨달은 것이지만 모든 것이 풍족한 고아와 달리 푸리는 또 다른 매력을 지니고 있었다. 고아가 인도 속의 외딴 섬과 같았다면 푸리는 다분히 인도다운 해변 도시였다. 하루 쉬면서 백사장을 걷고 바닷바람에 몸을 식히며 좋은 음식으로 생기를 되찾을 수 있었다. 쉴 틈 없이 이어진 여행 중에 망중한(忙中閑)을 달랜 셈이었다. 해안가에 인접한 곳에 제대로 된 숙소를 잡았고, 거기서 몇몇 인상 깊은 여행객들을 만났다. 스위스에서 온 22살의 불교도와 다른 한국인 여행객들이었다.

저녁이 되자 해변에는 모닥불이 피워졌고 인심 좋은 인도 어부들이 갓 낚은 생선을 가져와 자리에 동참했다. 인도에 들어온 후 처음으로 맛본 생선이었다. 그때 누군가 인도의 취약한 유통 인프라를 얘기하며 싱싱한 해산물을 유통한다면 크게 성공할 것이라고 말했던 것이 기억난다. 좋은 아이디어라고 했는데 한번 시도는 해보았을지 모를 일이다. 지금은 세계적인 유통 기업들이 인도로 향하고 있다지만, 한편에서는 아직도 여전히 큰 얼음덩어리를 땅

바닥에 굴려 배달하는 곳이 인도다. 내륙에서 생선을 구할 수 있다 해도 그다지 싱싱한 편은 아니다. 그렇게 보면 인도의 어떤 면은 예나 지금이나 크게 달라진 것이 없어 보인다.

둘러앉은 사람들은 마치 오랜 친구인 마냥 정답게 이야기를 나눴다. 스위스인 친구는 불교 성지 순례 중이라고 했다. 그의 이야기는 모두의 관심을 끌기에 충분했다. 서로 말은 통하지 않아도 자리를 같이했던 인도 어부들과도 즐거운 시간을 보냈다. 이제까지는 대부분 힌디와 영어로 대화가 통했지만 푸리로 오니 지역어(오리야어)만 쓰는 사람들이 많았다. 보이는 풍경 뿐 아니라 쓰이는 언어도 점차 바뀌어가고 있었다. 그럼에도 푸리는 무척 편안하게 느껴졌다. 문득 푸리에서 며칠 머물고 싶다고 생각했지만 이내 마음을 다잡았다. 이미 부바네스와르 역에서 마드라스행 기차표를 예약해두었기 때문이다.

38시간의 南行열차

그땐 미처 몰랐지만, 인도 기차 여행은 아직 시작도 안한 것이었다. 다음날 시간에 맞춰 부바네스와르 역으로 가보니 원래 오후 한 시에 탑승하기로 되어 있던 열차는 9시간 정도 연착될 것이라는 소식이 들려왔다. 다시 두 시간이 더 늘어나 결국 11시간 10분이나 연착되었는데 자정을 넘긴 새벽에서야 그 모습을 드러냈다. 열차가 초췌해보이기는 처음이었다. 푸리에서 부바네스와르로 이동하는 사이 혹시 기차를 놓칠까봐 불안해했던 나 자신이 한심스럽게 느껴졌다. 부바네스와르에서 다시 1박 2일, 약 27시간을 달린 후에야 비로소 마드라스(現 첸나이)에 도착할 것이었다. 연착되어 기다린 시간까지 합하면 무려 38시간의 대장정이었다.

야간에 출발한 기차는 창밖으로 아무것도 보여주지 않다가 해가 뜬 다음 날 아침이 되어서야 환상적인 풍경화를 보여주기 시작했다. 입이 쩌억 벌어지는 순간이었다. 지평선까지 탁 트인 벌판에 시야를 가리는 사물조차 거의 보이지 않았다. 내가 알던 '넓다'라는 단어의 의미를 재정의해야만 했다. 지나치는 역마다 눈에 띄게 문자가 달라지는 것 또한 흥분되는 광경이었다. 말로만 듣던 언어의 다양성이 확실히 눈에 들어오는 순간이었다.

오래된 철로 위로 덜컹이며 달리는 기차는 객차의 탑승구를 활짝 열어놓는 경우가 많았다. 나는 탑승구의 손잡이에 매달려 겁도 없이 기차 밖으로 머리를 내밀었다. 인도의 또 다른 공기를 마셔보고 싶었다. 순간 맞바람이 강하게 불어와 쓰고 있던 모자가 뒤로 벗겨졌다. 급히 손을 내밀어 보았지만 팔랑이며 날아간 모자는 뒤따라오는 차량을 스치듯 지나가 어딘지 알 수 없는 대지의 풀숲 속으로 사라졌다. 뭐가 좋다고 그런 후에도 한참 신이 나 있었던 기억이 난다.

커피와 짜이

南인도의 커피, 北인도의 짜이

타밀나두(Tamil Nadu) 주 마드라스(現 첸나이)의 기차역에 도착하자마자 가장 먼저 눈에 띈 것은 '네스카페(Nescafe)'라고 써진 동그란 간판이었다. 남인도의 거점 도시답게 마드라스 기차역은 규모가 상당히 컸다. 그럼에도 멀찍이 푸드코트의 구석, 그것도 아주 조그맣게 들어선 자판기 커피 판매점을 대번에 알아보았던 것이다. 지나온 여정(旅程)만큼 커피맛을 못본 지 오래되어 반갑기 그지없었다. 득달 같이 달려가 커피 한 잔을 주문했다.

한국의 음식점에서 흔히 볼 수 있는 소형 자판기지만 군이 두 사람이 지키고 서 있었다. 한 명이 주문을 받고, 다른 한 명이 자판기 버튼을 눌러 커피를 뽑아주었다. 인구가 많다보니 인도에서는 한 사람으로 충분할 일도 채를 썰 듯 여럿이서 나누어 하는 경우를 자주 보게 된다. 기다리는 사이 빨리 한 모금 마셔보고 싶어 안달이 났다. 커피가 나오자 냉큼 한 잔을 비우고,

잠깐 망설이다가 한 잔 더 주문했다. 한국으로 치자면 다방 커피, 비록 자판기 커피지만 맛은 기가 막혔다. 짜이처럼 작은 종이컵에 담아주는데 한 잔으로 성에 찰 리가 없었다.

인도와 커피는 어울리지 않아 보일 수 있다. 게다가 남인도는 원주민들의 문화가 살아 숨쉬는 곳이니 오히려 진한 짜이 한 잔이 더 어울릴 듯 했다. 하지만 남인도인들의 커피 사랑은 의외로 특별했다. 진정한 남인도인라면 누구나 커피 한 잔과 함께 하루아침을 연다고 얘기할 정도다. 거리의 카페나 음식점은 물론 집에서도 즐겨 마신다고 하니 커피는 그들의 일상이다. 특히 길거리의 허름한 커피숍는 항상 문전성시(門前成市)를 이룬다.

원두로는 아라비카나 로부스타 원두를 각기 또는 혼합하여 사용하는데 놋쇠로 된 필터에 천천히 똑똑 떨어뜨려 커피를 끓이거나, 면직 필터(모슬린)에 고운 찌꺼기를 넣고 뜨거운 물이나 우유를 부어 원두를 우려내는 방

첸나이(舊 마드라스) 센트럴 역에서 바라본 혼잡한 도시 풍경

식이 남인도 커피의 특징이다. 취향에 따라 설탕과 데운 인도산 우유를 섞는데 달달한 카라멜 맛이 나 우리 입맛에도 딱이다. 사시사철 덥거나, 무덥거나, 끔찍하게 더운 남인도의 날씨를 온전히 나기 위해 그만큼 높은 당도가 필수적일 듯싶다. 물론 필요하다면 당도를 조절할 수도 있다. 취향에 따라 커피를 주문하면 커피, 설탕, 우유를 넣고, 두 개의 텀블러에 번갈아 옮겨 담으며 알맞게 섞어 거품을 낸다. 그렇게 제대로 된 커피 한 잔을 만들어 눈앞에 대령하는데 그 광경을 보며 이런 생각이 들었다. '북인도가 짜이라면, 남인도는 커피다.'

최근에는 북인도에서도 대도시를 중심으로 프랜차이즈 커피 전문점이 많이 생겼다. 그러나 허름한 시장통에 들어서 있던 남인도의 커피숍과는 성격이 다르고, 가격도 비싸 서민들이 쉽게 접할 수 있는 것은 아니다. 실제 인도의 마트에 가보면, 적당한 가격에 맞게 미량의 커피 가루를 담은 작은 팩으

로 나눠 파는데 평소 짜이를 주로 마시다가 가끔 별미처럼 한 번씩 맛보기 좋을 정도다.

짜이야말로 북인도 서민들이 즐겨 마시는 차(茶)다. 짜이는 영국 식민지 시대로부터 그 유래를 찾을 수 있다. 1830년대에 이르러 중국은 차(茶) 공급에 있어 독점적인 지위를 점하고 있었고, 차 소비량이 많은 영국은 중국에 전적으로 의존하는 입장이었다. 때문에 동인도 회사는 중국을 대체할 수 있는 공급지로, 인도 동북부 아삼 지방의 생산지에 주목하게 되었다. 영국은 적극적으로 인도의 차 생산을 장려한 끝에 1870년 90%에 달했던 대(對)중국 무역 의존도를 1900년에 10%까지 낮추는 데 성공[57]했다.

짜이의 등장은 이처럼 급성장한 인도의 차 무역과 맞물려 있다. 짜이는 생산되고 남은 저급(低級)한 찻잎을 이용해 만들어졌던 차를 인도인들의 입맛에 맞게 변화한 것이다. 향신료가 첨가되고, 무척 달다. 그러나 처음부터 인도인들이 영국인들처럼 차 문화에 익숙했던 것은 아니었다. 충분한 찻

'영상의 추위'에 凍死하는 인도 노숙자

● 인도의 노숙자가 동사(凍死)했다? 선뜻 믿기 어렵다. 인도는 더운 나라다. 여름은 아주 덥고, 우기는 습하고 더우며, 겨울도 우리 기준에선 춥지 않다. 북인도 델리는 겨울철 낮 기온이 16~21도 수준이다. 다만 일교차가 심해 밤에는 기온이 2~8도로 떨어진다. 때문에 그 시기에 인도를 찾는 여행객들은 상황에 따라 여러 겹의 옷을 덧입고, 밤에는 침낭을 이용한다. 그렇다고 얼어 죽을 만큼 추운 것은 아니다. 하지만 좀 더 긴 시간 인도에 머물다보니 납득이 갔다. 문제는 추위가 아니고 그에 앞선 더위였다. 필자도 인도의 살인적인 더위를 겪은 뒤 겨울을 맞이하자 영상의 날씨에도 밤이 춥게 느껴졌다. 무더운 날씨에 익숙해지니 추위가 낯설었다. 상대적인 문제였다. 주거 환경도 그렇다. 인도의 주택은 단열재가 없다. 차가운 대리석 바닥에 웃풍이 스며드니 몸이 바들바들 떨렸다. 인도라도 난방 장치가 필요할 것이라는 말을 심각하게 듣지 않았는데, 곧 그 의미를 실감했다. 결국 전기장판에 난로까지 사용하게 되었다. 이후 거리에 나서니 잔뜩 몸을 웅크린 채 겨울을 나는 노숙자들이 눈에 들어왔다. 인도에서는 매년 적게는 수십 명, 많게는 백여 명에 이르는 사람들이 '영상의 추위'에 목숨을 잃는다.

잎의 생산량은 국내 소비의 장려로 이어졌다. 영국인들의 영향 아래 '인도차(茶)협회'는 적극적으로 차 문화를 홍보했고, 노동자들을 중심으로 티 타임(Tea time)이 자리 잡기 시작했다. 직장에서는 직원들에게 하루에 대여섯 번 이상 짜이를 제공하기 시작했고, 길거리나 열차 안을 오가며 짜이를 파는 짜이왈라[58]도 이때부터 등장했다. 따지고 보면 짜이의 역사는 그리 길지 않다.

남인도의 커피 이야기는 좀 더 흥미롭다. 인도의 커피史는 짜이보다 앞선 17세기경으로 거슬러 올라간다. 메카 순례를 떠났던 인도-무슬림(Indian Muslim)[59] 사제 바바 부단(Baba Budan)이 커피 원두 7개를 허리에 두른 채 예멘으로부터 지금의 남인도 카르나타카 주 마이소르까지 몰래 커피를 밀수했던 것이 그 시작이었다. 그야말로 인도판 문익점(文益漸)[60]이 따로 없다. 당시 아라비아(Arabia)[61]에서는 커피 원두의 반출이 엄격히 금지되고 있었다. 재미있는 점은 가져온 커피 원두의 숫자 7은 이슬람에서 매우 신성한 의미를 지닌다는 것이다. 그것도 무슬림 사제가 말이다. 또한 무슬림이 남인도 커피 역사에 결정적인 기여를 했다는 점은 무척 흥미롭다. 인도 제2의 종교, 인도 소수 종교 중 최대 다수 이자 역사적으로 북인도에 큰 영향을 끼친 무슬림은 생각보다 다양한 영역에 손을 뻗치고 있었다.

바바 부단은 가져온 원두를 해발 1800여 미터의 찬드라기리(Chandragiri)에 심었다. 현재 바바 부단 기리(Baba Budan Giri)[62]로 불리는 곳이다. 1670년부터 본격적인 커피 생산이 시작되었고, 주로 남인도에 집중되어 현재 카르나타카(53%), 깨랄라(28%), 타밀나두(11%)에 걸쳐 연간 8200톤이 생산되고 있다. 대부분 소농가(小農家)에 의해 재배[63]되고 있다고 한다. 최초의 도래지와 현재의 생산지가 차이가 없는 셈인데 남인도는 예로부터 인도 커피의 메카였던 것이다. 인도에 뿌리내린 원두는 몬순(Monsoon)의 비를 한껏 머금고 자라났다. 인도 커피는 세계 커피 생산량의 5% 미만에 불과하지만, 그 70%가 수에즈 운하를 통해 미국, 프랑스, 네덜란드, 벨기에, 독일, 스페인, 이탈리아, 일본, 그리스, 러시아 등지로 수출되고 있다. 이후 커피 생산은 안드라프라데시, 오리사 및 인도의 동북부 지역으로 확대되었다.

메카 순례자가 커피를 밀수하게 된 동기는 매우 단순했다. 순례지에서 맛본 커피가 너무 맛있었기 때문이다. 하지만 당시로써는 국부(國富)가 유출되고 극비 기술이 넘어간 셈이었다. 이제껏 인도 이야기를 하면서 침략당하고 빼앗긴 역사만 주로 언급해왔는데 남인도의 커피역사는 그런 의미에서 색다르게 느껴졌다. 게다가 인도에서 커피의 역사는 짜이보다 길다.

여행 초기 만해도 난생 처음 맛보는 짜이의 달콤함에 빠져 있었다. 그러나 여행이 지속될수록 점차 짜이에 질리고 말았다. 갓 우려낸 짜이는 맛이 좋지만, 많이 우려낸 경우 너무 쓰거나 달았다. 경우에 따라 쓴 짜이 단 짜이 다 맛본 셈인데 맛살라 향이 진하기도 해 짜이는 기본적으로 우리 입맛과는 맞지 않았다. 그렇기 때문에 도착하자마자 맛본 남인도의 커피는 그야말로 꿀 맛이었다. 커피맛을 아는 남인도였던 것이다. 하지만 북인도인들의 입장에서 는 또 다르다. 인도의 여름은 현기증이 날 정도로 덥고, 겨울은 낮과 밤의 일 교차가 심하다. 여름철 목을 축이며 입 속의 먼지를 씻어내고, 겨울철 얼어 붙는 몸을 녹이기 위해서는 짜이만한 것이 없을 것이다. 과연 南咖北茶(남쪽 은 커피, 북쪽은 차)라고 해야 할 것 같다.

인도의 또 다른 역사

커피도 그렇지만 마드라스에 도착하며 이제까지 겪은 인도와는 무언가 다 르다는 느낌을 받았다. 南인도가 어떤 곳인지 감을 잡을 필요가 있었다. 인 도는 지리적으로 데칸 고원을 기준으로 남과 북으로 구분된다.

남인도는 다시 데칸 지역과 그 이남으로 나뉘는데 남인도라면 안드라프 라데시, 카르나타카, 타밀나두, 깨랄라 주를 포함한 이들 지역을 일컫는다. 지 역어 별로는 타밀어와 더불어 칸나다어, 말라야람어, 텔루구어권에 해당한 다. 인도의 역사를 살펴보면, 남인도 지역은 마우리아와 굽타 왕조 등 인도 의 통일 왕조 시대를 거치면서도 완전하게 정복된 적이 없다는 것을 알 수 있다. 지리적 이점을 바탕으로 남인도 지역이 독자적인 문화를 보존해왔다 는 것이다.

북인도의 복잡한 인종 구성과 달리 南인도는 순수 드라비다인을 포함한 원주민 문화권이라고 말한다. 여기에 대해서는 '대체적으로 그렇다'라고 할 수 있다. 현재까지도 남인도인의 대부분은 드라비다인인 게 사실이고 이들 이 쓰는 언어도 드라비다語에서 유래했다. 그렇다고 南인도 지역이 외부로부터 고립된 것만은 아니었다. 기원전 13세기경부터 메소포타미아, 이집트 등과 이미 교역을 하고 있었고, 기원전 3세기 경 아소카 왕의 치세기에는 일부 지역이 북인도의 영향권에 들어가기도 했던 만큼 일부 아리안 문화의 영향도 받았다. 또한 북인도와 달리 남인도는 해상을 통한 교류를 주목해야 한다. 기원전 1세기 경 해상무역을 통해 로마 제국과 독자적으로 교역을 했다는 점도 이를 뒷받침해준다. 따라서 남인도의 문화는 비교적 적은 영향 속에 그 원류(原流)를 유지해왔다고 봐야 한다.

기원전 8000년경 신석기 시대로 거슬러 올라가는 南인도의 역사가 구체적으로 모습을 드러낸 시점은 촐라(Chola Dynasty, 기원전 3세기~기원후 11세기), 체라(Chera Dynasty, 기원전 3세기~기원후 12세기), 판드야(Pandya Dynasty, 기원전 6세기~기원후 14세기)의 세 왕국[64]이 등장하면서부터였다. 이들 고대 왕국은 남인도의 패권을 두고 세력 다툼을 벌였는데 잦은 전쟁을 치렀음에도 쌀, 사탕수수, 후추, 과일 등 풍부한 농업 자원과 무역을 바탕으로 경제적으로는 상당히 풍요로웠다고 한다. 이들은 남인도에서 가장 오랜 기간 지속되었던 왕국들이었다.

이후 이들 세 왕국을 압도한 팔라바 왕조(Pallava Dynasty, 3~9세기)가 제국을 건설하여 남인도의 패권을 거머쥐었다. 남인도의 종교를 살펴보면, 기본적으로 토템에 근거한 토속 신앙을 특징으로 하다가 기원전 3세기 아소카 왕 시대에 불교와 자이나교의 영향을 먼저 받은 것으로 알려져 있다. 힌두교의 영향을 받은 것은 사실 그 이후였다. 그리고 힌두교가 전파된 시점은 바로 팔라바 왕조가 전성기를 구가했던 6세기였다. 이후 팔라바 왕조는 대대로 힌두교를 신봉했고, 남인도에는 본격적으로 힌두 사원들이 건립되기 시작했다. 현재는 남인도 인구의 약 78% 정도가 힌두교도다.

그사이 데칸 지역에서는 사타바하나 제국(Satavahana Empire, 기원전

3세기~기원후 3세기)이 등장하여 중부 지역을 장악했다. 사타바하나는 북인도 세력의 南下를 저지하는 방파제이자 남북 문화의 가교 역할을 한 셈인데 이후 바카타카 왕국을 거쳐 6세기 경 찰루키아 왕조(Calukya Dynasty, 6~8세기)로 대체된다. 찰루키아 왕조는 앞서 고대 타밀 왕국의 하나로 명맥을 이어온 판드야와 뒤이어 전성기를 누린 팔라바와 더불어 남인도판 삼국시대를 열었다.

삼국시대가 이어지다가 이를 평정한 것은 촐라 왕국이었다. 마찬가지로 고대 타밀 왕국의 하나였던 촐라 왕국은 한때 작은 속국으로 전락했었으나 9세기경 재기에 성공했고, 10세기경 강력한 제국으로 부활했다. 특히, 촐라 왕국은 강력한 해군력을 바탕으로 전성기를 구가하며 활발한 해상 무역을 이어갔다. 또한 중앙 집권을 유지하면서도 적절한 관료 체제를 통해 촌락의 자치권을 부여함으로써 각기 지역별 문화를 보존할 수 있는 계기를 마련했다.

카스트[65]의 경우도 북인도와는 사뭇 달랐는데 남인도의 브라만은 종교 지도자의 역할 뿐 아니라 경제적 특권이 동시에 부여되었다. 대부분 면세 특권을 받았고, 많은 토지를 소유하기도 했으며 안정된 지위와 더불어 왕의 후원까지 받았다. 다만 북인도의 브라만들과는 달리 보다 모범적인 태도를 취하여 잉여 생산물을 재투자하기도 했다. 상인들과 교류하는 한편, 원래 바다를 건너는 것이 금기시되던 브라만들의 일부가 남아시아로 이주해 정착하기도 했다. 계급적으로 브라만이냐 아니냐의 구분은 엄격했지만, 북인도의 카스트와 달리 크샤트리아와 바이샤의 구분은 모호했다. 남인도에서는 크샤트리아와 바이샤 계급이 없는 경우도 있었다.

다소 의외의 사회상도 눈에 띈다. 계급제가 비교적 엄격했던 반면, 다른 계급 간의 통혼이 허용되었고, 때문에 새로운 계급이 형성되기도 했다. 또한 여성의 지위는 비교적 자유로워 종교 행사에 참가했을 뿐 아니라 상속권을 보장받기도 했다. 반면 노예 매매가 이루어져 여성 노예의 경우 주로 신에게 봉사하는 데바다시(Devadasi)의 신분으로 사원에 소속되는 경우가 많았는데 이 제도가 남용되어 사원의 데바다시들은 기녀(妓女)가 되기도 했다. 이와 별개로 당시 도시에는 매춘부가 존재했는데 이들은 또 상당히 존중받았다고 하니 상당히 묘한 모습이다.

13세기에 접어들어 데칸을 차지한 이슬람 세력이 수시로 남인도를 넘보기 시작했으나 결실을 얻지 못했다. 이후 14세기에는 데칸의 바흐마니 왕국(Bahmani) 등 북부 데칸의 다섯 이슬람 왕국이 크리슈나 강을 사이에 두고 힌두 왕국인 비자야나가라(Vijayanagara)와 대치했는데 16세기 초까지 북부의 술탄(Sultan)[66]들은 다이아몬드 광산 등 남인도의 풍부한 자원에 군침을 흘리며 지속적인 쟁탈전을 이어갔다. 마침내 이슬람 왕국은 연합군을 구성해 남인도를 침공했고, 탈리코타(Talikota) 전투에서 코끼리 부대를 위시한 양측의 대군이 격돌하게 되었다.

이 전투에서 비자야나가라 왕국은 대포를 앞세운 이슬람 연합군에 대패하고 말았다. 이후 남인도의 힌두 왕국들은 남인도에서 그 세력을 회복하지 못했고, 식민지 시대에 이르기까지 17~18세기에 걸쳐 무굴 제국의 지배를 받았다.

남인도는 북인도와는 또 다른 역사를 품고 있다. 생소하지만 인도를 알기 위해서는 지나칠 수 없는 인도의 반쪽이다. 여행을 하며 남인도에 대한 궁금증이 점차 커졌는데 결국 마드라스까지 내려온 이유는 인도의 나머지 반쪽이 궁금했기 때문이다. 비옥한 환경과 풍부한 자원 그리고 해상 무역을 바탕으로 번영을 누렸고, 오랜 시간 고유의 문화를 지켜온 곳이었다. 낯설지만, 나는 그 낯섦을 확인하고 싶었다.

여행의 반환점

결코 잊을 수 없는 커피맛을 본 뒤, 나는 중대한 결정을 내려야 했다. 원래 계획은 이대로 더 남쪽으로 내려가 인도 최남단에 위치한 깐냐꾸마리(코모린 곶)로 향하는 것이었다. 인도의 땅 끝에 위치한 깐냐꾸마리는 인도양과 벵갈만, 아라비아 해가 함께 만나는 곳으로 힌두교의 성지이기도 했다. 애초 인도의 전반적인 모습을 눈에 담아가고 싶었고, 인도 땅에 들어온 이상 내 친김에 땅 끝까지 가보는 것은 분명 의미 깊은 일이었다. 하지만 마드라스(現 첸나이)에 도착했을 때는 이미 계획보다 많은 시간이 지체되어 있었다. 일정을 더 길게 연장하지 않는 한 몹시도 숨 가쁘게 움직여야 할 것이었다. 여행을 거듭할수록 인도는 되도록 느리고 차분하게 여행해야겠다는 생각을 가다듬던 찰나 그런 급박한 일정으로 움직이는 것은 더 이상 어렵다는 결론에 이르렀다. 꼭 일정만이 문제는 아니었다. 고단했던 북인도 여행 그리고 길고 길었던 남행 열차 길이었다. 심신이 지쳐있었다.

마드라스에 이르자 여행이 끝난 것만 같은 기분이 들었다. 눈앞의 목적지를 두고 기수를 돌려야 했던 정복자들의 심정이란 어떠했을까? 한 번의 여행으로 바라는 모든 곳을 가보기에 인도는 너무나도 광활했다. 결국 마드라스에서 대륙의 서쪽을 향해 선회(旋回)하기로 결정했다. 미련은 남았다. 하지만 결심한대로 곧장 마드라스 역의 매표소로 가 망갈로르로 향할 바로 다음날 기차표를 끊었다. 첫 인도 여행은 그렇게 반환점을 돌고 있었다. 망갈로르로 떠나기 전 먼저 마드라스에 대한 이야기를 할 차례다.

三色
마드라스 이야기

식민지 시대와 南인도의 기독교

마드라스는 개인적으로 꽤 인연이 깊은 곳이다. 이런저런 이유로 세 차례 방문하게 되었는데 그때마다 기억에 남을만한 일들이 있었던 것 같다. 먼저, 첫 여행에서 느낀 마드라스의 인상은 무척 크다는 것이었다. 기차역부터 여느 도시들과는 다른 규모였는데 마치 유럽 대도시의 중앙역을 연상시켰고, 과연 남인도의 거점 도시다운 풍모가 느껴졌다. 역사를 나서자 시끄러운 경적 소리와 함께 온갖 차량이 뒤엉킨 혼잡한 도로가 눈앞에 펼쳐졌다. 그 모습이 델리를 닮았다고 생각했는데(아직 뭄바이의 혼잡함을 경험하기 전이었다) 델리를 떠난 이후 오랜만에 문명 사회로 돌아온 느낌도 들었다. 여태껏 경험한 어떤 도시보다 풍요로운 곳임에는 분명했다. 하지만 그 모습이 마냥 반가운 것은 아니었다. 인파로 가득한 거리 위를 이리저리 치이며 걷다보니 아찔하니 정신이 아득해졌다. 한동안 북인도의 유적지를 다니며 병치레도 했거니와 다소 불편함도 있었지만, 어느새 그 고즈넉한 시골 분위기에 익숙해져 있었던 모양이다. 마드라스에서 푸짐한 식사도 하고 재충전할 생각이었지만 오래 머물며 많은 시간을 할애하고 싶진 않았다. 마침 하루만 머문 뒤다음날 망갈로르로 떠날 예정이었으므로 적당하다고 여겼다. 시골에 머무르면 도시의 편리함이 그립지만 도시에 머무르면 또 시골의 자연이 그리워지는법이었다. 아무튼 하루의 말미가 남아 있었고, 번잡한 도심에서 벗어나 벵갈만을 마주한 해변인 마리나 비치(Marina Beach)로 가보았다.

해변에 도착하자 어시장이 보였다. 사실 어시장이라고 하기에는 조촐한 장터였지만 인도에서 그런 해산물 시장을 본 것은 처음이었다. 시장 골목을 천천히 구경한 뒤 미지근한 맥주를 사와 모래사장에 앉았다. 바다에서 바람이불어왔고, 마침 옅은 비까지 부슬부슬 내렸지만 공기는 여전히 후덥지근했다. 해변을 나와 릭샤에 올라탔다. 이럴 때는 차창 없이 뻥 뚫린 릭샤를 타면상쾌한 법이었다. 길게 이어진 해안도로를 따라 시원하게 달려보았다.

그런데 릭샤의 앞좌석에 앉은 2인 1조의 릭샤왈라가 수작을 부리기 시작했다. 인도에서 릭샤를 타다보면 가끔 운전사와 조수까지 두 명이 함께 운전석에 걸터앉는 경우가 있는데 그런 경우 십중팔구 바가지를 씌우려는 꿍꿍이가 있으니 애초에 피하는 게 상책이었다. 그런데 덥석 릭샤에 올라탄 것이실수였다. 아니나 다를까 처음부터 요금을 정하고 탔음에도 출발한 지 얼마안 되어 딴 소리를 하기 시작했다. 요금을 더 내라는 것이었다. 이제 그런 행동엔 이골이 난 나머지 불같이 화를 내며 릭샤를 세웠다. 다툴 필요 없이 그자리에서 내려 다른 릭샤에 옮겨 타는 게 나았다. 등 뒤에서 불만 섞인 목소리가 들렸다. 남인도인들은 북인도에 비해 유순하다고 했는데 그런 상황에서는 북인도와 별 차이가 없었다.

나는 원래 남인도 사람들에게 막연한 호감을 느끼고 있었다. 교육 수준

첸나이의 도로에서 목격한 어느 인도인 가족. 비가 오지만 우산을 쓴 채 스쿠터를 타는 모습이 인상적이었다.

이 높고[67], 호의적이라고 들어왔기 때문이다. 느낌도 느낌이지만 왜소한 체격에 순한 인상도 한몫했다. 그런 생각에 마음을 놓고 있었건만 조금은 실망스러울 수밖에 없었다. 따지고 보면 인도의 어느 곳이든 관광객들을 상대로 한 호객 행위나 속임수는 피할 도리가 없는 것이었다. 릭샤왈라가 꼭 그곳 출신이라는 법도 없었다. 인도 여행을 하며 점차 깨닫게 된 것인데 인도 여행은 매사 신경을 곤두세우고 화를 내면 즐거울 리 없다. 차라리 어느 정도 그런 상황도 있을 수 있음을 예상하고 되도록 여유로운 마음가짐으로 여행하는 것이 좋다.

마음을 잘 다스렸지만 한바탕 소란을 겪었으니 해변에서의 흥은 한풀 꺾였다. 푸리의 한적한 해변이 그리웠다. 그만 숙소로 돌아가기로 했다. 부슬부슬 내리던 빗방울이 조금 굵어졌고, 릭샤가 속도를 내며 달리자 사방의 빗물이 안으로 튀어 들어왔다. 다른 곳이라면 여행 중 비가 내리면 불운하다고 여기겠지만, 무더운 남인도에서는 본격적인 우기(雨期)만 아니라면 비가 적당히 내리는 것도 시원해서 좋다. 도심을 지나치며 비에 젖은 마드라스를 바라보는데 여지껏 보지 못했던 풍경들이 눈앞을 스쳐 지나갔다. 남인도에서만 볼 수 있는 알록달록한 색깔의 화려한 힌두 사원도 돋보였지만, 건물 위로 뾰족이 솟아난 십자가들이 더욱 눈길을 끌었다. 북인도에서는 보지 못했던 교회나 성당이 자주 보이니 신기했다.

사실 남인도의 기독교는 꽤 오랜 역사를 지니고 있다. 그 시작은 1세기경으로 거슬러 올라간다. 예수 그리스도의 제자 도마(St. Thomas)가 기독교를 전파했던 것인데 본격적인 포교 활동이 시작된 것은 이보다 뒤인 13세기 말 선교사들이 인도에 들어온 이후였다. 현재 인도에서는 전체 인구의 2.5%가 기독교 신자로 집계[68]되는데 인구가 많다보니 신도의 수로는 필리핀에 이어 아시아 2위로 꼽힌다.

남인도의 기독교도에 대해서는 개인적으로도 재미있는 일화가 있는데 어느 남인도인과 만나며 겪었던 일이다. 다른 사람을 통해 현지의 사업가를 소개받아 미리 명함을 받았었는데 명함에는 영어로 '조지'라는 이름이 적혀 있어 다소 의아했다. 혹시 인도 현지에서 일하는 서양인이 아닐까 싶어 고개를 갸우뚱했었다. 그런데 막상 만나보니 너무 반갑게도 순도 100%의 인도인이 아닌가! 나중에 기회가 되어 이름에 대해 물어봤더니 조지 씨는 자신이 크리스천이라고 답해 주었다. 힌두교의 나라에서 기독교도는 어떨까 궁금했었는데 그 모습을 직접 확인한 순간이었다. 깡마르고 작은 체구에 까만 피부를 한 그는 유창한 영어와 커피 한 잔으로 나를 반겨 주었다.

남인도는 식민지 시대의 영향을 많이 받아온 곳이다. 북인도보다는 원주민 고유의 문화를 지켜왔지만, 바닷길은 항상 열려 있었고, 주요 거점이 된 항구 도시들은 서양의 문화가 유입된 흔적을 적잖이 찾아볼 수 있다. 특히 마드라스는 그러한 역사의 산증인과 같았다. 델리, 뭄바이, 콜카타와 더불어 인도 4대 도시 중 하나로 남인도 최대 도시로 손꼽히는 이곳은 오래전부터 세계로 열린 항구 도시였다. 2000년에 가까운 세월동안 뱃사람과 무역상들이 쉼없이 드나들었고, 예나 지금이나 인도 대륙의 '남문(南門)' 역할을 해왔다. 16세기 포르투갈부터 시작해 네덜란드, 17세기 영국 동인도 회사까지 식민 지배의 교두보가 되었던 것도 당연한 일이었다.

1653년, 영국 동인도 회사는 마드라스에 '성 조지 요새(Fort St. George)[69]'를 세웠다. 영국이 인도에 세운 최초의 요새였고, 요새 주변에는 '조지 타운'이 형성되었다. 18세기에는 지배권을 두고 프랑스와 영국 사이의 분쟁(Carnatic War)[70]이 일어났는데 2000여 명의 세포이(Sepoy)[71]를 앞세운 영국이 프랑스를 폰디체리로 몰아내는 데 성공했다. 이후 19세기부터 마드라스는 영국 식민지 시대의 4대 거점 중 하나로 성장했고, 인도가 독립한 이후에도 남인도의 요충지로 남게 되었다. 1997년 이곳은 마드라스라는 식민지 시대의 이름을 버리고 첸나이(Chennai)라는 새 이름으로 거듭났는데, 이젠 인도 IT의 거점이자 인도 자동차 산업의 중심지가 되어 세계 유수의 기업들이 진출한 국제도시로 발돋움했다.

이렇게 보면 마드라스가 진정한 남인도의 모습이냐는 의문을 가질 수도 있다. 만약 원주민의 문화를 보고 싶다면 이곳보다 더 깊숙한 곳으로 들어가야 할 것이다. 하지만 진정한 남인도의 모습이란 과연 무엇일까? 그것은 꼭 보존된 원주민 문화만을 뜻하지 않는다는 생각도 해보았다. 남인도의 역사를 고스란히 담은 마드라스의 현재를 보는 것은 의미가 있었다. 종교적으로는 기독교 또한 힌두이즘의 포용력 속에 공존하고 있었고, 북인도와는 또 다른 의미의 문화적 융화를 보여준다는 점에서 매우 인상 깊었다. 어떤 의미에선 인도처럼 오랜 시간에 걸쳐 온갖 다양함이 한 데 모인 곳에서 남인도의 본모습이 어떠냐를 따지는 것만큼 무의미한 일도 없을 것 같았다. 마드라스 자체가 또 하나의 인도, 즉 남인도의 모습인 것이다. 나는 그 모습에서 어떤 유연함과 융통성을 발견할 수 있었다. 그밖에도 많은 새로운 모습들이 눈길을 끌었는데 푸르게 우거진 열대 지방의 수목, 수시로 비가 오락가락하는 습하고 무더운 날씨, 원주민의 핏줄을 이어온 사람들의 용모, 육지보다 바다에 가까운 그들의 삶 그리고 마치 그림처럼 둥그스름한 타밀어 간판은 이곳이 바로 남인도라는 것을 실감케 했다.

몬순 비즈니스

첫 인도 여행 이후 다시 마드라스를 찾은 것은 한참 뒤의 일이었다. 이미 첸나이라는 새로운 지명이 익숙해진 무렵이었는데 업체 방문 겸 시장 조사 차 인도를 방문했었다. 뭄바이에서 일을 본 뒤 업체를 방문하기 위해 비행기를 타고 곧장 첸나이로 건너갔다. 그런데 시기가 좋지 않았다. 마침 엄청난 폭우로 거리 곳곳의 하수도가 범람한 상황이었던 것이다. 거리는 배수로가 막혀 온통 물난리를 겪고 있었고, 개중에는 정강이까지 물이 차오르는 곳도 있었다. 그런 곳을 정장 차림으로 돌아다녀야 했으니 첸나이는 오랜만이었지만 감회에 젖을 겨를도 없었다.

엎친 데 덮친 격으로 날씨만큼이나 일도 엉망이 되었다. 한국에서 출발하기 전 방문할 업체와 수차례 연락을 취해 약속 장소와 시간을 확인했었는데 막상 찾아가보니 업체가 그곳에 없었다. 이사를 했는데 주소가 바뀐 것조차 말해주지 않았던 것이다. 어쩐지 영 미지근한 반응이었다. 그 업체에는 이미 회사의 제품 샘플까지 무료 제공된 상태였다. 기술 지원까지 해주었는데 시간이 지나도 피드백이 없어 상황을 확인하는 것이 방문의 목적이었다. 오매불망 애가 타는 것은 나였다.

인도와 같은 거대 신흥 시장은 무료 샘플을 요구하는 경우가 많다. 샘플을 구매하는 것은 사업 협력에 대한 최소한의 의지이지만, 시장 잠재력을 보고 전 세계의 업체들이 각축을 벌이다보니 현지 업체들은 그런 요구 조건을 당연하게 내건다. 강태공도 미끼를 던져야 입질을 기대할 수 있을 것이니 그렇게라도 일이 진행되면 좋다. 그런데 무료로 샘플을 가져간 업체치고 좋은 결과로 이루어지는 경우는 드물었다. 샘플이 필요할 때는 적극적이지만 진행을 하다가 문제가 생기면 아무런 반응도 없이 덮어놓는 경우도 있었다. 여러 가지 이유야 있겠지만 처음과 달리 갈수록 피드백이 느려지는 것이다. 인도에서 '느림'이란 원하는 바를 얻기 위한 수단이기도 했다. 첸나이에서 방문하기로 한 업체도 그와 유사한 상황이었다. 겉으로는 할 수 있다, 문제없다고 했

다시 찾은 첸나이(舊 마드라스)의 마리나 비치.

지만 실제로는 좀처럼 진척되는 일이 없었다. 때문에 인도에서 일을 제대로 추진하려면 제품과 함께 사람을 보내 가까이서 상황을 보고 분명한 매듭을 지어야 했다. 그렇지 않으면 성과를 기대하기 힘들었다.

빈 건물에 들어가 종적이 묘연해진 업체를 수소문해 보았다. 건물을 지키고 있던 경비를 통해 새 주소지를 확인할 수 있었고, 결국 업체와도 연락이 닿았다. 사실 이정도 상황이면 힘들게 찾아가도 좋은 소식을 기대하기란 어려웠다. 그럼에도 할만큼 해보는 것이 내 의무였다. 바지를 무릎 위까지 접고 구두 안으로 물이 들어오는 것을 감수한 채 서둘러 움직였다.

결국 업체와 만나는 데 성공했다. 그런데 좀 황당했다. 온갖 우여곡절 끝에 겨우 찾아갔는데 너무나도 태연하게 날 맞이하는 것이었다. 인도 상인들도 보통내기는 아니었다. 회의는 간단히 끝나버렸다. 제공된 샘플은 방치되어 있었고, 운반 중 훼손되었는지 부품이 손상되어 있었다. 이미 그들의 관심도 떠나 있었다. 그들은 현지 지원이 아쉽다는 이야기를 했는데 그만한 의지가 확인되지 않으면 관철시키기 어려운 요구사항이었다.

제공한 샘플을 어떻게 해야 할지도 문제였다. 손쉽게 운반할 수 있는 가벼운 물건은 아니었다. 인도는 샘플을 보내는 것보다 돌려받는 것이 더 어렵다. 99단을 외우는 나라답게 인도인들의 입장에서는 세관(稅關)의 룰이 합리적이지만 우리의 산법(算法)과는 좀 달랐다. 일반적으로는 샘플을 제공받았으면 최소한 제공받은 업체가 반송에 대한 책임을 지지만 인도는 회수하고 싶으면 언제든 '가져가라'는 태도를 취했다. 절차가 까다로운 부분도 있지만 비용(물류비 등)의 주체에 대한 이견도 없진 않다. 귀중한 샘플을 버릴 수는 없지만 비용을 들여 불용(不用) 샘플을 회수해야하니 그대로 방치되는 경우가 많았다. 무상(無償) 샘플은 대륙을 표류하는 미아가 되는 것이다.

출장을 오기 이전까지만 해도 현황을 파악하고 일이 진행되도록 가능한 적극적으로 밀어붙이고 싶었지만, 업체를 무사히 찾은 것만으로도 만족해야 할 실정이었다. 인도는 아직 갈 길이 멀고 그 과정도 중요한 법이지만 비즈니스란 아무래도 결과를 기대하는 부분이 있으니 마음이 무거웠다. 물난리를 뚫고 업체를 찾아갔다? 이 상황을 어떻게 보고해야 할지도 난감했다. 회사의 중역이 참석하는 월례 보고회에서 출장 결과를 직접 보고할 예정이었다.

미팅이 끝나고 업체를 나와 시장 조사라도 할 겸 이곳저곳을 찾아가 보았다. 나는 IT 장비 분야의 일을 하고 있었고, 어떤 장비가 얼마나 많이 보급되어 있는지 확인해보고 싶었다. 그런데 막상 현장을 찾아가보니 조금은 허탈한 기분도 들었다. 그러한 장비는 사람의 일을 기계가 대신해 편의를 도모함과 동시에 인건비와 서비스 비용을 절감하는 목적이 있었다. 그런데 인도에서는 설치된 장비마다 따로 한 명씩 사람이 지키고 서 있었던 것이다. 금전적 가치나 쓰임새도 그렇고, 아직은 한국처럼 보편화되지 않은 장비다 보니

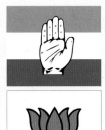

보안에 주의를 기울이는 것은 이해가 되었다. 실제로 부품이 유실되거나 장비를 통째로 훔쳐가는 경우도 있으니까 말이다. 다만 아직 인도에서는 기계를 쓰기 보다는 사람을 많이 고용하는 편이 더 자연스러워 보였다.

모든 일정을 끝낸 뒤 릭샤를 잡아 마리나 비치로 가자고 했다. 마리나 비치는 첫 번째 여행에서 갔던 곳이다. 일이 끝나고 긴장이 풀리자 그제서야 옛 생각이 났던 것이다. 하필 이번에도 2인 1조의 릭샤왈라가 움직이는 릭샤에 타버렸다. 그래도 여행이 아닌 출장길인데 너무 빡빡하게 굴지는 않기로 했다. 다음날이면 귀국할 것이었고, 남은 루피(Rupee, 인도 화폐)도 다 써버릴 작정이었다. 해봐야 얼마 하겠는가. 여행도 아닌데 인도 여행에서 주의해야 할 점은 무시하기로 했다. 게다가 머릿속은 다른 걱정거리로 가득 차 있었다. 당장 출장 보고서가 아닌 모험기를 쓰게 될 판국이었다. 난생 처음 여행간 곳이 인도였는데 공교롭게도 당시 인도 출장이 나의 첫 단독 출장이었다. 입이 바싹 타들어갔다.

그런데 이게 또 웬일인가. 해안도로를 타고 한참을 가던 중 릭샤왈라는 원래 왕복 요금으로 약속했던 액수를 편도라고 우기기 시작했다. 인도는 여전했다. 순간 화가 머리끝까지 났다. 그런데 화가 나는 게 문제가 아니었다. 나는 그들이 요구하는 만큼의 현금을 가지고 있지도 않았다. 환전하지 않은 돈도 숙소에 있었다.

의도적으로 더 크게 고함을 지르며 으름장을 놓았고, 릭샤는 외딴 곳에 멈춰 섰다. 원래 계획은 옛 기억을 더듬으며 바닷가 근처의 카페에서 차 한잔할 생각이었는데 사달이 났다. 기 싸움에서 밀리지 않기 위해 나는 모욕적인 언사를 서슴치 않았다. 결국은 가지고 있던 모든 돈을 집어던지다시피 하고 내려야 했다. 바로 숙소로 돌아가고 싶었지만 길가에서 한참을 기다린 후에야 다른 릭샤를 발견할 수 있었다. 인도를 온 것이 처음도 아닌데 부끄럽다는 생각이 들었다. 호텔에 도착한 뒤 릭샤를 기다리게 해 삯을 치르고 곧장 방으로 들어갔다. 유달리 피곤해진 느낌이었다.

다음날 일찌감치 짐을 꾸려 첸나이 공항으로 향했다. 다소 이른 시간에 공항에 도착한 데다가 비행기가 반나절 가량 연착되는 바람에 대합실에서 오랜 시간 기다렸다. 첸나이가 나와 아예 연을 끊을 작정인가 싶었다. 당시 공항은 규모가 작았고, 연착 시간이 길어져 미리 탑승 수속을 할 수도 없었다. 결국 정문 앞 대합실에 무한정 앉아 시간을 보냈는데 나중에는 공항 직원들과 담소를 나눌 정도가 되었다. 원래 첸나이 공항은 출입이 번거롭게 되어 있었지만 현관을 지키던 군인이 나를 알아봐 수시로 드나들 수 있을 정도였다. 탑승 수속이 시작되자 누군가 "마침내!"라며 축하해주기도 했다. 인도는 떠나고 싶어도 마음대로 떠날 수 없었다. 어찌 보면 이젠 포기하고 싶어도 포기할 수 없는 게 인도 시장이다. 나의 첫 몬순 비즈니스는 그렇게 마무리되었다.

그런데 얼마있지 않아 참담한 소식이 들려왔다. 출장을 다녀온 지 불과 한

달 정도 지났을 무렵이었다. 2004년 12월, 인도양의 쓰나미는 첸나이를 덮쳤다. 규모 9.1의 강력한 지진은 10여 미터 높이의 성난 파도로 돌변하여 첸나이의 해안을 쑥대밭으로 만들었다. 엄청난 수의 희생자가 발생했다. 그 소식을 듣자마자 가장 먼저 떠올린 것은 마리나 비치의 작은 어시장과 나를 그곳으로 데려갔던 릭샤왈라들이었다. 특히 릭샤왈라들이 눈에 밟혔다. 언제나 수월했던 적이 없었던 그들이지만 그렇기에 더욱 안타까운 기분이 들었다. 부디 무사하기를 바랐다. 따지고 보면 몇 푼 되지 않는 릭샤비를 두고 왜 그렇게 싸웠을까 후회가 됐다. 첸나이의 해안선은 이후 영구적으로 그 모습이 변해버렸다.

최고의 가능성을 지닌 최대 민주주의

三色 마드라스 이야기의 마지막은 비교적 최근이다. 2013년, 주재원으로 인도에 머무르고 있던 때였는데 방갈로르(現 벵갈루루)와 첸나이를 한 번에 묶어 남인도 출장을 가게 되었다. 인도인 직원을 대동했고 일찌감치 택시도 대절해 예전과는 비교할 수 없을 만큼 편하게 일을 보았다. 세월이 꽤 흘렀고, 남인도는 훨씬 더 윤택해져 있었다. 특히 방갈로르는 세련된 느낌마저 들어 마음에 쏘옥 들었다. 살이 타들어가는 더위와 내렸다 그치기를 반복하는 비는 예전과 같았지만 기억하던 모습과는 딴판이었다. 고부가가치 산업을 중심으로 빠르게 발전했고, 외국 기업들도 많이 진출해 다양한 국적의 외국인들도 많이 눈에 띄었다. 첸나이의 경우 한국 교민은 약 4000여 명으로 델리에 못지 않은 수준이다.

그런 까닭인지 모처럼 긴장이 풀어지고 편안한 느낌이 들었다. 물론 그곳

● 의원내각제를 채택하고 있는 인도는 5년마다 직접선거를 통해 하원의원을 선출한다. 선거에 관한 지표를 들여다보면 정말 억 소리가 절로 난다. 8억 명의 유권자를 대상으로 하는 투표는 한 달이 넘는 장기 레이스로 치러지는데, 지역구별 총 아홉 단계의 투표가 진행되며 개표까지는 6주가 걸리는 대장정이다. 2013년 치러진 총선의 경우, 그 열기가 뜨거워 선거 비용만 6억 달러, 정당의 총 선거운동 비용은 50억 달러를 넘겼고, 이는 2012년 미국 대선 이후 가장 값비싼 선거로 기록되었다. 29개 주로 구성된 인도에서 여섯 개의 전국구 정당 및 51개의 지방 정당, 1700여 개에 달하는 군소정당이 있고, 540여 개 의석을 두고 8251명이 입후보한 결과였다. 8억 명의 유권자 중 5억 5000만 명이 투표에 참여했다.

에 사는 분들의 얘기를 들어보면 상대적인 부분은 있다. 모든 필요가 충족된다는 뜻은 아니지만 인도에서 살 곳을 고르라면 살아보고 싶다는 기분이 들 정도였다. 아기자기한 골목과 그 사이로 들어선 모던한 건물들을 보니 기분이 좋았다. 동행한 인도인 직원도 그랬는지 한때 자신의 아버지가 이곳에 머문 적이 있다는 이야기를 주섬주섬 꺼냈다.

모든 일정을 끝내고 공항으로 이동하는 길에 거리로 수많은 인파가 물밀 듯 쏟아져 나오는 광경을 목격하게 되었다. 정치 집회에 참석한 사람들이었는데 마침 5년 만의 총선(로크사바)을 앞두고 그 어느 때보다도 뜨거운 선거 유세가 한창이었다. 정치 일 번지는 델리지만 직접 두 눈으로 선거 열기를 목격하는 것은 처음이었다. 거대한 대륙에서 민주주의의 모습은 과연 어떤 것인지 궁금하던 차였다. 그 호기심을 첸나이에서 풀게 된 셈인데 진풍경이 따로 없었다. 최고는 아니지만 인도는 최대 민주주의 국가라고 불린다. 분절된 역사와는 다르게 인도의 민주주의란 남과 북을 가리지 않았다.

인도의 선거란 축제의 메인이벤트 같았다. 인도인들의 사랑을 한 몸에 받는 발리우드 영화의 인기마저도 주춤하게 만들었고, 파키스탄과의 크리켓 국가 대항전보다도 흥미진진했다. 언젠가 중국에서도 비슷한 광경을 본 적이 있었

남인도 출장길에 목격한 선거 유세의 현장.

다. 건물 옥상에서 아래를 내려다보는데 길을 가득 채운 인파(人波)가 끝없이 지나가는 것이었다. 그 모습에서 중국의 엄청난 힘과 잠재력을 느꼈었다. 인도는 중국과는 또 다른 느낌이었다. 마치 아직 정제되지 않은 다이아몬드 원석을 보는 것 같았다. 이 힘이 하나로 결집된다면 어떨까? 언제쯤 그런 날이 올까? 만약 그런 날이 온다면 인도는 상상한 것 이상의 모습을 보여줄 것이다. 최고의 가능성을 지닌 세계 최대 민주주의를 바라보며 드는 생각이었다.

마드라스를 떠나며

어느새 차량은 해변을 지나치고 있었다. 쓰나미를 극복한 마리나 비치는 예전과는 다른 모습이었다. 잠시 차를 멈춰 세웠다. 첸나이에 오면 매번 와

보았던 곳이지만 처음처럼 낯설었다. 바닷바람은 머리칼을 사정없이 흔들었고, 해안을 향해 밀려오는 파도는 다소 위협적으로 혀를 낼름거렸다. 모래사장에 앉으니 처음 이곳을 찾아왔던 순간이 떠올랐다. 그때만 해도 다시 이곳에 오게 될 줄은 몰랐다. 첫 인도 여행에서 첸나이, 아니 마드라스는 처음 경험한 남인도였고 여행의 반환점이었다. 더는 남쪽으로 가보지 못하고 기수를 돌린 나는 이곳에서 망갈로르까지 완행 기차로 다시 27시간을 이동해야만 했다. 정말이지 신들린 대륙의 기찻길이었다.

높은 산맥, 광활한 평지와 고원을 넘어서야 비로소 닿을 수 있는 곳, 둥그스름하고 구부정한 문자를 쓰고 짜이 대신 커피를 즐기며 힌두 사원과 더불어 십자가가 세워진 땅, 문맹률이 높은 인도 속의 전혀 다른 인도, 또 다른 인도의 역사를 품고 있는 곳이 바로 남인도였다. 남인도의 끝은 아닐지라도 마드라스는 그 시작을 알리는 경계였다. 이제 막 인도를 알아가려던 내게 그 경우의 수를 더욱 넓히기에 부족함 없는 곳이었다.

물론 남인도의 진면목은 좀 더 살펴봐야 할 것이다. 마침내 깐냐꾸마리에 이르기까지 말이다. 그럴수록 인도에 대한 이해는 더 깊어지고, 이곳에 대해 더욱 융통성 있는 태도를 가지게 될 것이다. 마드라스를 거친 이후 단순히 드라비다의 땅으로만 알아왔던 남인도에 대한 이해는 한층 넓고 풍부해졌다. 내가 아는 인도도 풍부해졌다. 북인도에만 초점을 맞추다 보면 데칸 아래의 인도에 무심해질 수도 있다. 하지만 인도는 그보다 넓은 대륙이다. 대륙은 하나로 표현할 수 없는 둘이고, 셋을 담고 있는 하나이기도 하다.

한번 맛본 인도는
잊기 어렵다

휴지를 찾아서

망갈로르에 이르렀을 무렵에는 이미 한국에서 가져온 거의 모든 물자와 생필품이 떨어져 있는 상황이었다. 비상식량은 물론이고, 하루에 반 통씩 쓰려고 가져온 필름도 모두 동이 나 있었다. 그 중에는 두루마리 휴지도 있었다. 인도 여행을 떠나기 전 여행 중 일어날 부득이한 현지화에 대해 몇 가지 충격적인 정보를 습득하게 되었는데 하나는 손으로 밥을 먹는 것이었고, 다른 하나는 손으로 뒤를 닦는 것이었다. 요즘엔 인도 여행을 하더라도 그런 상황이 덜하겠지만, 당시만 해도 식당에 수저나 포크가 있는 경우가 오히려 드물었고, 화장실에는 수도꼭지와 바가지만 달랑 놓여 있었다. 수저를 챙겨가서 먹으면 인도인들이 신기한 듯 쳐다보기도 했다. 시선이 부담스러우면 음식은 기꺼이 손으로 먹어도 될 일이었고, 실제 인도 음식은 손으로 먹는 것이 편해 곧 적응할 수 있었다. 다만 양손을 섞어 쓰지 않도록 주의를 기울여야 했다. 문제는 또 다른 손쓸 일이었다. 챙겨간 수저야 씻어서 다시 쓰면 되지만 두루마리는 홀쭉해질 뿐이었다.

현지화도 좋지만 그래도 이것만은 지키자는 생각이었다. 망갈로르 역에서 내려 가장 먼저 해결해야할 과제는 두루마리 휴지를 구하는 일이었다. 곧장 달려간 곳은 길거리의 시장통이었다. 상점마다 물어보며 다니는데 당시에는 정말 구하기가 어려웠다. 두루마리 휴지를 구한다고 하니 도리어 희한하다는 표정으로 바라보는 인도인들도 있었다. 손으로 음식을 먹는 것과 마찬가지로 실제로 그런 이물질이 몸에 닿는 게 더 불결하고 더럽다고 여겼던 것이다. 이제 포기하고 돌아갈까 하다가 가까스로 상점 한군데에서 구할 수 있었는데 마지막 자존심을 지켰다며 상당히 기뻐했던 기억이 난다. 요즘엔 어느 상점을 가도 쉽게 구할 수 있으니 지금의 인도에서는 경험하기 어려운 추억이다. 이런 경험을 못한다면 또 여행의 맛이 있을까 싶다. 다만 여전히 많은 인도인들이 손으로 밥을 먹고, 뒤를 해결하니 그 이후로 손을 잡을 일이 생길 때마다 아무래도 의식하게 된다.

망갈로르 역에서 기차를 바꿔 탄 뒤 바로 고아(Goa)로 향했다. 마드라스에서 망갈로르까지 긴 시간 기차를 탔으므로 쉴 겸 망갈로르에서 하루쯤 머물러도 괜찮을 것이었다. 하지만 그보다는 조금만 더 버텨 곧장 휴양지인 고아로 이동하기로 했다. 조금 무리였지만 어중간하게 망갈로르에서 시간을 보내는 것보다는 고생할 것은 미리 고생하고 하루라도 일찍 고아에 도착하는 게 나아보였다. 실제로 고아에 가보니 그것은 탁월한 선택이었다. 고아는 충분히 먹고 마시며 여독을 풀기에 안성맞춤인 곳이었다. 그렇게 일주일가량 고아에서 꿈같은 시간을 보낸 뒤 봄베이(現 뭄바이)로 향했다. 봄베이는 첫 여행의 종착지였다. 휴양지 고아는 잠시 접어두고, 먼저 봄베이에 대한 이야기부터 꺼내보겠다.

살람 봄베이

인도의 정치 일번지가 델리라면, 경제 일번지는 단연코 봄베이(現 뭄바이)다. 인구 2000만 명에 이르는 인도 최대의 메트로폴리탄, 인도에서 가장 화려한 도시를 만난다는 생각에 흥분을 감추기 어려웠다. 고아(Goa)에서 충분히 쉰 덕분에 다시 혼돈 속으로 향할 준비가 되어 있었다. 더욱이 여행의 종착지였기에 마침내 도시와 현대인의 생활로 돌아간다는 기대감도 컸다. 거리에는 런던처럼 2층 버스가 오가고 모던한 카페에 앉아 책을 펼치고 여유롭게 차 한 잔을 즐기는 상상을 했다. 요컨대 아직도 나는 인도가 어떤 곳인지 몰랐던 것이다. 어슴푸레한 새벽길, 자욱한 안개 속에 모습을 드러낸 봄베이의 첫인상은 여지없이 그러한 생각을 재고하게끔 만들었다. '아, 역시 인도는 인도구나.' 참 간사하게도 금새 인도 여행자의 본분을 잊고 있었다.

아라비아 해를 면한 해안 도시 봄베이의 밤은 무척 추웠다. 같은 해안이지만 남쪽의 마드라스(現 첸나이)나 고아와는 달랐다. 안개가 자욱한 길을 뚫고

도심으로 향하는 사이, 바다는 아직 보이지도 않건만 몇 겹으로 껴입은 옷깃을 연신 여며야 했다. 유독 한기가 느껴졌던 것은 상상 이상의 충격적인 광경을 목격한 때문이기도 했다. 릭샤를 타고 가며 무심코 바깥 풍경을 바라보는데 무언가 조금씩 꼼지락거리며 움직이는 모습이 눈에 들어왔다. 처음에는 그저 길가의 노숙자들인 줄 알았다. 노숙자들이라면 어디서든 볼 수 있었다.

하지만 점차 눈이 어둠에 익숙해지자 그 조그만 움직임은 마치 강물이 바다로 합류하듯 그 너머의 거대한 풍경으로 이어졌다. 끝을 알 수 없는 슬럼가의 바다가 몇 킬로미터에 걸쳐 너울져 있었던 것이다. 도무지 눈을 뗄 수 없는 광경이었다. 아시아 최대의 빈민촌이었다. 이곳을 배경으로 한 영화로 한국에서도 잘 알려진 〈슬럼독 밀리어네어〉를 본 사람들은 내게 이런 질문을 했었다. 정말 인도에 그런 곳이 있느냐고 말이다. 바로 그 모습을 내가 처음 두 눈으로 확인한 순간이었다.

환상적인 여행지 인도도 명(明)과 암(暗)이 있었다. 궁핍한 삶에 내몰린 사

인도 영화, 인도 사람들의 낙(樂)

● 인도에 쉽게 다가서려면 그들의 대중문화에 관심을 기울여 보는 것도 좋다. 그중에서 영화는 절대적인 위치를 차지하고 있다. 인도 영화 속에는 노래와 춤 그리고 그들의 문화를 반영하는 이야기가 들어있다. 모든 인도인들이 영화를 사랑하기도 하지만, 우리도 인도 영화를 통해 쉽고 재미있게 인도와 친해질 수 있다. 우리는 인도의 다양성을 이야기하며 인종, 종교, 계급, 언어 등에 주목하는데, 인도의 영화 산업만 보아도 그러한 모습을 엿볼 수 있다. 흔히 인도 영화하면 발리우드를 생각하지만 실제 인도 영화는 각기 사용 언어에 따라 지역별로 매우 다양하게 분포되어 있다. 발리우드는 뭄바이 등을 중심으로 영어와 힌디를 사용하는 전국구 영화권이라고 할 수 있고, 그밖에 텔루구어, 타밀어, 칸나다어, 벵갈어, 마라티어, 말라야람어, 보즈푸리어, 구자라트어, 오리야어, 아삼어 등 지역 언어별로 각기 영화계가 구분된다.

발리우드만 年 200편의 영화가 제작되지만, 지역 영화도 年 100편 이상을 제작하는 곳이 많아 연간 총 1000여 편이 제작되고 있고, 티켓 판매량은 연간 30억 장에 달해 미국 할리우드에 이은 세계 최대 영화 시장이다. 일거수일투족이 주목받는 스타 배우들은 인도인들의 우상이고, 정치 사회적인 영향력을 발휘하기도 한다. 영화는 그들에게 삶의 낙(樂)이다.

람들은 일거리를 찾아 대도시로 향했고, '봄베이 드림'을 꿈꾸며 이곳에 정착했다. 빈민가의 배고픈 삶이야 살아보지 않고서 어찌 얘기할 수 있겠느냐만, 돈이 있는 근처에 머물러야 돈을 벌게 되는 법이라고 했다. 인도에서 가장 부유하고 물가도 가장 비싼 봄베이 언저리는 이들에게 절망 속 희망의 끈이 놓인 곳이었다. 시골에서 소작농을 하는 것보다 그나마 도시의 하수구에서 허드렛일을 하거나 길거리에서 푼돈을 버는 편이 더 나은 것이 현실이었던 것이다. 최대의 슬럼가는 인도 최고의 도시 곁에 자리 잡았고, 단순히 인도의 극심한 빈부 격차만 증명하는 것은 아니었다.

아카데미 외국어 영화상에 노미네이트되고, 깐느 영화제 황금 카메라상을 수상한 바 있으며 타임지 선정 최고의 영화 중 하나(The Best 1000 Movies Ever Made)로 꼽힌 미라 네어 감독의 1988년작 〈살람 봄베이〉를 통해 우리는 간접적으로나마 그 막연한 꿈과 희망이 잉태한 봄베이의 빈민가 뒷골목, 그 아찔한 이면을 경험해볼 수 있다. 〈살람 봄베이〉에서 살람(Salaam)은 이슬람어로 평화(peace)를 뜻한다. 왜 평화일까? 가난, 범죄, 마약, 창녀…
봄베이의 하수구로 흘러들어와 우여곡절의 삶을 경험하며 성장하는 소년
크리슈나의 시선은 인도의 모습과 군상을 담아낸 또 하나의 뷰파인더였다.

크리슈나라는 이름은 낯익을 것이다. 앞서 인도인의 사상적 배경을 이야
기하며 〈마하바라타〉와 〈바가바드 기타〉를 언급할 때 등장했던 이름으로 바
로 힌두교 최고신 비슈누의 아바타르(Avatar) 즉, 화신(化身)으로 소개된 바
있다. 인도와 관련된 영화에서는 의도적으로 경전에 언급된 신과 화신의 이
름을 사용하기도 하는데 이러한 작명(作名)법에는 나름 이유가 있다. 그 이
름이 부여하는 상징성이 영화의 주제와 의미적으로 맞닿을 뿐 아니라 종교
에 충실한 인도 관객들로부터 관심을 끌어 모으기 좋기 때문이다. 제대로
사용될 경우 흥행에도 도움이 될 수 있다. 물론 어설프게 사용하여 힌두교
근본주의자들에게 비난을 받으며 소송, 상영 제한 등 논란을 겪는 영화들도
많지만 그 자체만으로도 이미 노이즈 마케팅이 되었다는 점은 생각해 볼만
하다. 봄베이 이야기를 시작하며 유독 영화와 관련된 얘기를 많이 꺼내게 되
는데 과연 그럴 수밖에 없다. 그 이유는 곧 다루게 될 것이다.

슬럼가의 물결을 지나치는 사이 흥분해 있던 내 마음은 다시 차분해졌다.
이제껏 나는 어떤 인도를 본 것일까? 여행은 끝나가는데… 이것은 또 다른
인도란 말인가? 그런 우문(愚問)들이 바깥 풍경처럼 속절없이 머릿속을 지
나쳐갔다.

일곱 섬의 도시

일곱 개의 섬? 그렇다. 봄베이(現 뭄바이)는 원래 부근 일곱 섬을 중심으

로 어부들이 거주하면서 형성된 어촌 도시였다. 식민지 시대 이전의 봄베이는 이미 이 책에서 언급한 인도 역사의 대체적인 흐름에서 크게 벗어나지 않는다. 기원전 3세기경 인도 최초의 통일 왕조 마우리아의 남진과 더불어 그 영토에 편입되었고, 아소카 대(기원전 273~232년경)에는 서인도의 불교 중심지 역할을 하기도 했다. 이후로도 힌두 왕조가 대대로 다스려오다가 14세기경 델리 술탄 시대에 이르러 이슬람의 지배를 받기 시작했고, 1534년 구자라트의 술탄에 의해 포르투갈에 할양되었다. 이때부터 포르투갈은 이 지역 일대를 봄 바하이(Bom Bahai)로 부르게 되지만, 사실 당시만 해도 이렇다 할 지역 개발과 발전은 이뤄지지 않은 상태였다.

경제 중심지 봄베이의 역사가 두드러지기 시작한 것은 17세기부터다. 1661년 영국의 찰스 2세와 포르투갈의 귀족 가문인 브라간자(Braganza) 집안의 캐서린이 혼인하면서 섬의 일부를 다우리(결혼 지참금)에 포함시켰던 것인데, 1665년 영국은 일곱 섬 모두를 확보하게 되었고, 얼마 뒤 영국 정부는 명목상 단돈 10파운드의 연간 임대료만을 받고 다시 이 지역을 동인도 회사로 넘겼다. 이후 이곳은 봄베이라는 이름으로 불리게 되며 무역의 중심지로 급성장하기 시작했다.

이후 불과 20여 년 만에 동인도 회사의 거점은 기존의 수라트(Surat)[72]에서 봄베이로 이동하게 되었다. 항만 등 각종 기반 시설이 본격적으로 들어섰음은 물론, 지역 내 종교 자유 등 영국 정부의 적극적인 장려책이 결실을 맺어 인도 전역의 상인들이 봄베이로 이주해 정착하기 시작했다. 구자라트 상인, 페르시아계인 파르시 상인과 더불어 포르투갈 등의 종교적 박해를 피해 이주한 주민들도 있었는데 이러한 이주민 정착은 봄베이(現 뭄바이)가 다문화 사회로 발전하는 계기가 되었다.

영국과 동인도 회사의 의도대로 봄베이는 식민 지배의 컨트롤 타워이자 인도 서해안의 핵심 허브(Hub)로 빠르게 자리 잡았다. 요새가 지어지는 한편 18세기부터는 일곱 개의 섬을 잇는 토지 개간 사업이 시작되었다. 당시 봄베이는 아직 식민지화되지 않은 주변 내륙 지역으로부터 고립된 상태였는데 19세기 초 영국은 이들 지역까지 세력을 넓혀 복속시키기에 이르렀다. 증기선이 드나들던 해로에 이어 내륙을 관통하는 철로[73]가 확보되었다. 이미 언급한 바 있는 찻잎과 더불어 미국의 남북 전쟁으로 차질을 빗던 목화 생산의 대체 공급지로 인도는 각광받고 있었고, 면화 공장들이 속속 들어서면서 봄베이의 경제는 활황기를 맞이하게 되었다.

1864년 영국의 식민지 지배는 공고해졌고, 봄베이를 둘러싸고 있던 요새는 허물어졌다. 대신 봄베이는 이제 메트로폴리탄의 풍모를 갖춰나가기 시작했다. 이곳은 이제 부(富)를 꿈꾸는 자라면 누구나 동경하는 대도시가 되었다. 이어진 수에즈 운하의 개통(1869년)은 인도 최고항의 입지를 굳히는 계기가 되었고, 이후 봄베이는 명실상부한 인도 경제의 중심이자 교역 창구로써 성장했다. 한때 일곱 섬의 어촌 도시였던 봄베이는 이처럼 인도에서 바라보는 세계, 세계에서 인도를 바라보는 창(窓)이 되었다.

두 얼굴의 뭄바이

마드라스, 캘커타가 식민지 시대의 명칭을 버리고 첸나이(1996년), 콜카타(2001년)라는 이름으로 다시 태어났듯이 봄베이도 뭄바이(1996년)로 변경되었다. 비록 이 글에서는 도시의 역사를 상기하며 옛 이름으로 언급하는 경우가 잦지만, 이들 식민지 시대의 거점 도시들은 여전히 지금의 인도를 대표하기에 묵은 때를 벗기 듯 식민지 시대의 이름을 지운 것은 어찌보면 당연한 일

● 인도의 인종에 대해서는 원래 피부가 검고 왜소한 드라비다 족이 정착해 있던 것을 아리안 족이 유입되어 인도-아리안 족을 형성했고, 기존의 드라비다 족을 남부로 밀어내며 현재에 이른 것으로 알려진다. 그밖에 호주와 인근 군도의 원주민과 몽골계 인종 등도 존재해왔다. 그러므로 현재 인도의 인종 구성은 매우 다양한데, 크게 북부의 아리안 계, 남부의 드라비다 계, 동북부의 몽골 계로 나뉠 수 있다. 보다 구체적으로 살펴보면, 북부와 중부의 인도-아리안 족, 남인도의 드라비다 족, 서북부의 투르크-이란 족, 벵갈 지방의 몽골-드라비다 족, 아삼 지방의 티베트-버마(남몽골 계) 족, 데칸 고원 북부와 중부의 아리오-드라비다 족, 서인도의 스키트-드라비다 족 등이 분포해 있다. 한국인의 경우 인도 동북부의 몽골계 인종과 생김새가 유사하다. 이는 여러 가지 긍정적인 측면도 있지만, 일부 인도인들은 동북부의 사람들을 얕잡아 보는 경향이 있다는 점도 알아두는 것이 좋다.

이었다. 자존심 문제도 있고, 성명학과 사주를 떠나 개명(改名)은 상징적인 의미에서 인도의 새로운 미래에 대한 천명일 것이다. 하지만 바뀐 이름만으로 역사의 흔적이 지워지거나 도시의 정체성이 새로워지는 것은 아닐 것이다.

봄베이를 돌아다니며 기묘한 경험을 했다. 먼저 본 것은 밤거리의 풍경이었다. 빅토리아 터미누스(Victoria Terminus)[74] 역사(驛舍)를 비롯해 발치에서 우러러보듯 건물을 밝힌 조명 속에 드러난 도시의 윤곽은 무척 아름다웠다. 멀리서 바라보니 마치 영국에 와있는 것 같은 착각도 들었다. 식민지 시대에 세워진 유럽풍 건축물이 많았고, 100년도 훨씬 넘은 유서깊은 건물들이 흔했다. 이실직고하자면 유럽 도시 같은 모습이 좋게 느껴졌던 것은 사실이다. 하지만 아침이 되니 그 생각은 180도 바뀌었다.

간밤의 모습은 어둠 속 신기루에 불과했다. 적나라한 모습이 눈앞에 드러났다. 전봇대와 건물을 타고 복잡한 전깃줄이 이곳저곳 무질서하게 널려있었고, 칠이 벗겨지고 갈라진 도심의 건물들은 수십 년은 굶은 듯 방치되어 피골이 상접해 보이기까지 했다. 간밤의 자태는 45도 얼짱 각도에서 셀피

뭄바이(舊 봄베이) 아폴로 부두의 인도문과 최고급 호텔인 타지마할 호텔.(사진 위)
뭄바이의 해안도로에서 바라본 인도문의 모습.(사진 아래)

● 뭄바이는 범죄의 왕국으로 불리며 인도의 범죄 조직이 암약(暗躍)해 온 도시다. 독립 이후 사회 주의 경제 체제를 택한 인도에서는 밀수(密輸)가 횡행했다. 특히 뭄바이와 같은 항구 도시는 암시 장이 형성되었다. 인플레이션에 대비한 금(金)이 주요 밀수 품목이었고, 이러한 환경은 범죄 조직 이 발전하는 계기가 되었다. 시장이 개방되자 범죄 조직들도 활황기를 맞았다. 그들은 부동산 등 각종 이권 사업에 개입해 막대한 이득을 취했고, 다시 부동산에 재투자하며 사업을 합법화했다. 겉으로는 자선 사업을 벌이기도 했다. 그들은 문화계에도 손을 뻗었다. 1970년대 인도의 영화 산 업은 국가에서 공식적인 사업으로 인정받지 못해 자금력이 부족했고 이때 범죄 조직들이 사채를 발행해 막대한 이득을 취했다. 惡은 樂에 관여했다. 이후 영화 산업이 정식으로 금융 지원을 받게 되자 이권 유지를 위한 테러도 자행되었다. 종교 분쟁에도 관여했는데, 인도의 알 카포네 다우드 이브라힘은 뭄바이 폭탄 테러를 주도했다. 지금도 뭄바이의 슬럼가는 일거리를 찾아 수많은 인도 인들이 흘러든다. 처음부터 범죄에 가담할 의도는 없지만, 상당수가 범죄 조직이나 사창가로 유입 되고 만다. 몇 푼 안 되는 돈으로 청부 살인을 하기도 한다.

(Selfie)를 찍듯 화려한 빛을 받은 낡은 건물들의 화장발이었던 셈이다. 민낯은 다소 충격이었다. 올드 델리 구시가지 찬드니 쵸크의 영국판이랄까? 오랜 시간 잘 보존되었다기 보다는 겨우 숨통을 유지해온 듯 했다. 건물 위로 빼곡한 간판들, 그 안으로 수시로 드나드는 사람들만이 이 건물들이 여전히 살아 숨 쉬며 기능한다는 것을 증명하는 생체 신호였다.

교통 사정은 더했다. 운전의 생지옥이 있다면 바로 이곳일 것이다. 봄베이는 다른 도시들과는 달리 오히려 릭샤가 드문 곳이었고, 2층 버스나 택시의 모습을 흔하게 찾아볼 수 있었다. 그런 모습에서는 모던함이 느껴졌다. 그런데 문제는 유서 깊은 건물들 틈에 끼어 확장이 불가능한 도로 사정이었다. 차량은 빼곡한데 오랜 도시 계획의 한계를 보여주듯이 비좁은 도로 위는 그야말로 점입가경 난장판이 벌어지고 있었다. 인도 최악의 교통 체증이었다.

물가도 살인적이었다. 오일 머니의 영향이라고 하는데 주거비도 상상을 초월한다. 여행객의 입장도 마찬가지여서 인도에서 숙박비가 가장 부담스러운

곳이었다. 해안가 변두리의 숙소를 정했는데 다른 도시에 비해 비싼 가격에
도 더 누추했다. 온수를 바구니로 받아쓰는 것은 일찍이 경험한 것이지만
심지어 객실 사이의 천장이 뻥 뚫려 있었다. 옆방 외국인이 코를 참으로 찰
지게 골았던 기억이다. 그래도 재미있는 경험이고 그 상황 자체를 즐겼다. 시
간이 흐른 뒤에도 인도 여행이 아니었다면 겪어보기 힘들 소중한 추억으로
남았다.

  또 한 가지 흥미로웠던 것은 해안가를 산책하며 본 모습이었다. 숙소에서
나와 인도문(Gateway of india)[75] 쪽으로 걷다가 인도 최고급 호텔인 타지
마할(Taj Mahal) 호텔[76]을 지나치게 되었는데 이 호텔은 재미있는 일화가
얽힌 곳이라 들르지 않을 수 없었다. 로비에서부터 너무나 휘황찬란했고, 그
안의 인도인들은 화려한 의상과 장신구로 치장해 거리 밖의 사람들과는 너
무나도 대조적이었다. 호텔 앞에는 한국에서도 보기 드문 고급 스포츠카들
이 가득 주차되어 있었는데 일찍이 인도 어디에서도 그런 모습을 본 적이 없
었다. 봄베이가 정말 부유한 곳이라는 것을 실감했다. 순간 나는 고개를 숙
여 코를 쿵쿵거리며 오랜 여행을 암시하는 나 자신의 체취를 맡아보았다. 구
경도 좋지만 조금 부끄러워져 서둘러 호텔을 빠져나왔다.

  호텔에서 조금 걸어 나오니 손을 벌리고 구걸하는 사람들이 나타났다. 인
도문에서 방향을 틀어 시계탑이 있는 뭄바이 대학 방향으로 걸으니 살풍경
한 옛 건물들이 다시 눈에 들어왔다. 봄베이에는 낡음과 새로움, 풍요와 빈
곤이라는 극명하게 다른 두 얼굴이 버젓이 공존하고 있었다. 그 모습이 여느
도시보다 두드러져 보이는 것도 사실이었다. 봄베이가 부유할수록 두 얼굴의
차이는 더 커 보였다. 식민지 시대에 탄생한 화려한 도시, 인도인들은 앞으로
이곳을 어떠한 모습으로 만들어나갈지 궁금해졌다.

  최근 봄베이는 그 역사에 한 가지 불행한 사건을 추가했다. 2008년 빅토리

종교와 인종 간의 갈등으로 인한 폭동

● 인도는 종교와 인종 간의 갈등에 의한 폭동이 끊임없이 발생해 왔다. 특히 힌두와 무슬림의 대립이 잦았다. 아요디아 사태(1992년)는 갠지스의 지류 고드라 강에 위치한 아요디아 유적지를 두고 양측이 서로 자신들의 성지임을 주장하며 발생했다. 900명이 사망(대부분 무슬림)했고, 전국으로 확산되어 두 종교 간에 풀리지 않을 불화의 씨앗이 되었다. 이어 구자라트 폭동(2002년)은 무슬림들이 고드라 행 열차를 방화한 사건이 발단이 되어 1044명(무슬림 790명, 힌두 254명)이 목숨을 잃었다. 이후 2008년 오리사에서는 힌두 수도승이 살해된 것이 원인이 되어 20명이 사망하고, 1만 2000명의 난민이 발생했으며, 2013년 우타르프라데시에서도 힌두교 소녀를 추행하고 그 형제가 살해된 사건으로 폭동이 일어나 47명이 사망하고 1만 명의 난민이 발생했다. 이러한 유혈사태는 힌두와 무슬림만의 문제가 아니다. 前 수상 인디라 간디는 시크교 독립 세력이 암리싸르에 위치한 '황금 사원'으로 숨자 사원을 공격했고, 이에 대한 보복으로 인디라 간디가 암살되었다. 그 결과 1984년 反 시크교 폭동이 일어나 2700명의 시크교도가 살해되고, 2만 명의 난민이 발생했다. 2012년 아삼 지역에서도 토착민과 무슬림 간의 충돌로 77명이 사망하고 1만 7000명의 난민이 발생한 바 있다.

아 터미누스와 타지마할 호텔에서 동시다발적으로 발생했던 뭄바이 테러[77] 사건이 바로 그것이다. 〈살람 봄베이〉라는 영화 제목이 다소 반어적으로 느껴지듯, 이곳이 마냥 평화롭고 화려함만이 넘치는 곳은 아니다. 2008년의 테러는 외국인을 대상으로 한 이슬람 테러 단체의 소행이었지만, 봄베이는 이미 수차례 억제되지 못한 갈등이 분출되어 왔던 곳이다. 다문화 사회를 기반으로 발전한 도시였지만, 너무 많은 인구가 급속하게 도시로 몰려들다보니 갈등은 봉합되지 못하고 커지기 마련이었다.

농촌 이주민들이 몰려들면서 도시의 기반 시설이 인구를 감당하기 어려운 상태에 이르렀다. 때문에 원래부터 이곳의 터주대감이라고 할 수 있는 마하라슈트라 주 출신 사람들을 중심으로 지역주의적 성향이 일어나기 시작했고, 무슬림과 비(非)마하라슈트라인들을 차별하고 배척하는 풍토가 형성되었다. 다문화 사회의 기반이 무너지기 시작했던 것이다. 1992년 '아요디아 사태'로 갈등이 분출되며 이후 폭동과 폭탄 테러가 발생했다. 인도의 부(富)가

인도의 정치가, 독립운동가이자 인도인들의 정신적 지도자 마하트마 간디.

모인 곳, 인구가 늘어나고 슬럼화된 도시에서 범죄 조직이 암약(暗躍)했음은
물론이다. 봄베이의 마피아는 세계적으로도 손에 꼽히는 범죄 조직으로 알
려져 있는데 각종 이권은 물론 정치적인 폭동과 테러의 배후에도 연루되었
다는 설(說)은 공공연하게 나도는 얘기다.

간디가 떠난 항구

봄베이에 도착한 지 이틀째 되는 날, 택시를 타고 활 모양으로 꺾인 마린
드라이브(Marine Drive)의 해안도로를 달렸다. 필터를 갈 일이 없는 차의
에어콘 바람을 쐬느니 창밖으로 고개를 내밀어 축축하게 차오른 땀을 식혔
다. 현지 주민들도 해안에서 더위를 식히고 있었다. 그 너머로 멀리 수평선을

향해 대형 선박과 군함들이 정박해 있는 모습이 눈에 들어왔다. 봄베이는 연평균 기온이 30도[78]에 달한다. 겨울철(11월~2월)에도 낮 기온이 40도에 육박했는데 밤에는 일교차가 심해 꽤 쌀쌀했다. 날씨가 오락가락하다보니 도시에 대한 느낌도 갈피를 잡기 어려웠다. 입을 다물지 못할 정도로 감탄했다가 또 씁쓸해지기도 했다. 하지만 그 모습 그대로가 봄베이의 모습이었다. 문득 인도의 축소판같다는 생각이 들었다.

또 다른 얘기가 머릿속에 떠올랐다. 식민지 시대 경제와 교역의 요충지 봄베이는 영국인들이 만들었을지언정 그들만의 도시는 아니었다. 1885년 인도 최초의 전국 정당인 INC(Indian National Congress, 인도 국민회의)가 최초로 소집된 곳이 봄베이였다. 향후 인도 독립 운동에 상당한 역할을 했음은 물론이다. 또한 마하트마[79] 간디(모한다스 카람찬드 간디, 1869~1948)가 영국으로 유학을 떠났던 곳이 이곳이고, 유학을 다녀와 뒤늦게 어머니의 죽음을 알게 된 후 그의 인생에서 새로운 전기(轉機)를 찾아 다시 남아공으로 떠났던 곳이 또 이곳이다. 봄베이에는 당시 간디가 머무르던 자택도 남아 있는데 또 하나의 간디 기념박물관(Ghandi Memorial Museum)인 마니 바반(Mani Bhavan)이 바로 그곳이다. 그가 처음으로 물레를 돌린 곳이기도 하다.

간디는 집안 대대로 수상을 지낸 명문가[80] 출신이다. 간디에 대한 평가를 살펴보면, 절대적인 지지 만큼 비판도 존재한다. 지주, 자본가, 상층 카스트 등 기득권을 대변했다는 시각이 있고, 스스로 지지했던 농민 시위가 영국의 폭력 진압으로 차우리차우라(Chauri Chaura)에서의 농민 봉기로 확산되자 중단을 촉구하며 불복종 운동을 철회했던 반면, 제1차 세계대전 당시 독립을 보장해주겠다는 영국의 회유에 동조하며 인도의 참전을 지지해 비폭력 사상의 모순점을 노출하기도 했다. 그의 사생활에 대한 몇 가지 불편한 이야기들도 전해진다. 당시 상황과 시대적 배경을 고려한 인물 평가가 필요하겠지만, 아마도 단순한 정치 지도자가 아니라 인격적으로 우상화된 까닭에 그런 비판에서 더욱 자유로울 수 없었을 것이다.

양복 차림으로 변장한 모습의 바가트 싱.

오히려 주목할 부분은 그의 '성공'이 인간적인 결함으로부터 밑바탕을 두고 있다는 점이다. 그는 당시 풍습에 순응해 13세의 나이로 조혼[81]을 했고, 성욕에 빠져 아내와의 잠자리를 탐하다가 아버지의 임종을 지키지 못하기도 했다. 영국처럼 강해지기 위해서라며 채식을 버리고 육식을 취하는 등 경험을 통해 각성의 계기를 마련했다. 자서전의 제목을 《나의 진리 실험이야기》라고 했듯 간디는 스스로 성공과 실패라는 인생의 실험을 거듭했던 것이다.

간디는 집안의 의지에 따라 영국으로 유학을 떠났다. 변화되어가는 사회에서 유학파 출신 변호사가 되어야 선대에 이어 정부 요직을 맡을 수 있을 것이라고 보았기 때문이다. 유학을 보내는 이유야 예나 지금이나 크게 다르지 않다. 다만 당시 시대적 상황이 좀 특수했다. 당시 힌두교에서는 유학을 가는 것 자체를 부정적으로 여겼는데 그 이유는 외국에서도 힌두교의 전통과 관습을 유지할 수 있느냐가 의문시되었기 때문이다. 때문에 간디의 유학이 결정되자 카스트의 일부 원로들은 이에 반발해 그를 퇴출하다시피 하기도 했다.

유학에서 돌아온 간디는 사실 변호사로서는 큰 수완을 발휘하지 못했다. 처음에는 법정에서 변론하는 것조차 다소 부담스러워 했다. 하지만 그는 영국인 관리에게 모욕을 당하고, 남아공으로 건너가 차별을 겪는 등 부조리를 경험하며 점차 지도자의 길을 걷기 시작했다. 그가 처음부터 마하트마, 초인이었던 것은 아니다. 다만 그는 스스로의 성찰과 각성을 통해 위대해졌다.

한편, 인도의 독립 투사를 얘기하자면 간디와 더불어 바가트 싱(Bhagat Singh, 1907~1931)[82]이라는 인물을 언급할 필요성을 느낀다. 마침 봄베이

나리만 포인트(Nariman Point) 근처에는 '샤히드[83] 바가트 싱 거리'가 있다. 간디 만큼이나 그의 인생을 되짚어 보는 것은 흥미롭다. 어린 간디가 당시의 전통에 순응했던 것과 달리 바가트 싱은 어릴 적부터 범상치 않은 면모를 보여주었다. 결혼을 종용하는 집으로부터 출가해 일찍부터 독립운동의 길을 걷기 시작했는데 불과 23세의 짧고 굵은 삶을 살아간 인물이다. 우리에겐 마하트마 간디와 네루 같은 인물이 더 유명하지만, 식민지 시대의 저항과 강인한 인도의 상징으로 인도인들에게 회자되는 인물이 바가트 싱이다. 많은 인도인들의 존경을 한몸에 받는 이 젊은 독립투사는 한국으로 보자면 안중근 의사와 같은 위치의 인물이 아닐까 싶은데 간디가 평화적이고 온건한 노선을 취했다면 바가트 싱은 요인 암살과 폭탄 테러 등 보다 과격한 방식으로 독립 운동을 펼쳐나갔다. 그런 까닭인지 인도 아동들을 위한 바가트 싱의 전기를 살펴보면 다소 신화적이기까지 하다.

전기(傳記)에 따르면 그는 어린 시절부터 아소카 왕 등 역사적 인물의 연극에 심취했고, 결혼이 국가를 위한 자신의 길에 방해가 된다며 독립운동에만 전념하기로 했다고 한다. 그가 실제로 얼마만큼 조숙했는지는 짐작하기 어렵다. 다만, 그가 일찌감치 독립운동에 투신한 것만은 사실이다. 처음에는 그도 카디(Khadi)[84] 운동 등 평화적 운동 노선을 따랐다. 하지만 영국인들의 무자비한 시위 진압을 목격하면서 비폭력 운동에 대한 회의적인 시각을 가지게 되었다.[85]

라호르의 시위에서 경찰의 무리한 진압으로 정치 지도자 랄라 라지파트 라이(Lala Lajpat Rai, 1865~1928)[86]가 사망하는 사건이 일어나자, 이를 계기로 바가트 싱은 몇몇 동지와 함께 당시 사건에 책임이 있는 영국인 경찰서장의 암살을 기도[87]하게 된다. 그의 작전은 잘못된 표적을 암살하며 절반의 성공에 그치지만 그의 이름은 알려졌고, 경찰 살해범이 된 바가트 싱은 도망자로 쫓기게 된다. 그는 원래 시크교 출신이기에 이발과 면도를 터부시 했지만 그런 불문율을 깨고 변장을 한 덕분에 추격을 뿌리치고 무사히 탈주할 수 있었다고 한다. 당시 바가트 싱의 모습으로 알려진 양복 차림에 페도라(중절모)를 쓴 변장 모습은 참으로 인상적이다. 이후 영국의 악법 제정에 항의해 의회에 폭탄을 터뜨렸고, 그는 "혁명이여 영원하라!(Inquilab Zindabad!)"는 말을 남기며 그 자리에서 체포되었다.

당시 폭탄 테러에서 희생자가 없었던 것은 바가트 싱의 의도적인 계획이었다고 하는데 아무튼 그는 이미 잡힐 각오를 한 상태였다. 사형을 선고받은 그는 총살을 요구했지만 청원은 기각되었고, 결국 교수형에 처해졌다. 유혈 투쟁을 벌인 바가트 싱은 인도 독립사에서 특별한 인물로 기억되고 있다. 그는 인도인들에게 타협과 순응이 아닌 항쟁의 아이콘인 것이다.

자신의 인생을 바쳐 평화적인 방법으로 투쟁을 거듭하며 후대의 사람들에게 많은 영감을 불러일으켰던 마하트마 간디와 바가트 싱이 보여주었던 불나방 같은 열사의 투신은 각기 다른 방식으로 독립이라는 동일한 목적을 추구한 두 인물의 대조적인 성향을 보여준다. 바가트 싱은 급진적인 성향의 사상가로도 알려져 있는데 당시 싱의 행보에 대해 간디는 호의적이지 않았던 것으로 알려진다. 이후 마하트마 간디는 비폭력의 성자로 추앙받지만 무슬림을 포용하려던 중 힌두 급진단체에 의해 암살되고 만다. 식민지의 거점이라는 굴욕의 역사 속에 피어난 도시, 테러의 흔적이 짙게 남은 봄베이에서 '순국자' 바가트 싱과 테러로 생을 마감한 '마하트마' 간디를 동시에 떠올리는 기분은 묘했다.

간디와 바가트 싱, 두 인물을 동시에 보는 것은 인도를 바라보는 균형적인 시각에 대해 되새기게 만든다. 언제나 어느 한 측면을 보고 '판결'을 내리면 또 다른 한 측면이 나타나 '재심'을 소구하는 곳이 인도였다. 그래서 이런 생각도 든다. 결과론적이지만 간디보다 거칠고 바가트 싱보다는 부드러운 자와할랄 네루(Jawaharlal Nehru, 1889~1964)가 최종 생존자였다는 점이다. 독립 이후 대대손손 정치 명문가로 자리잡아온 것은 네루家였다. 물론 네루 역시 험난한 시대에 어려운 길을 헤쳐나간 시대의 영웅이었고 지금의 인도를 만들어낸 나라의 국부(國父)다. 네루 자서전은 아홉 번의 옥살이를 통한 그의 기나긴 투쟁과 기다림을 기록하고 있다. '간디'의 이름을 물려받아 현재까지 인도 정치의 중심에 서있는 그의 자손들이지만, 현대사의 맹렬한 흐름 속에 수상을 지낸 외동딸 인디라 간디와 손자 라지브 간디 모두 테러로 희생되었으니 네루家 역시 적지 않은 피를 흘려왔다.

춤추는 영화관

이제까지 봄베이(뭄바이)에 얽힌 이야기들은 밝지만은 않았다. 그래서 이 도시에는 어떤 희망이 있는 것일까, 이토록 치열한 도시에 왜 무수한 사람들이 몰려들까 궁금해졌다. 그러자 갑자기 한 편의 발리우드(Bollywood) 영화가 머릿속에 떠올랐다. 인도의 대표적인 여배우 아이슈와라 라이 주연의 영화 〈딸(Taal)〉이었다. 시골 처녀가 상경해 배우의 꿈을 이루어가는 모습을 담은 영화인데 아직도 강렬했던 기억으로 뇌리에 남아있다. 봄베이는 매우 드라마틱한 도시다. 배팅 액수가 클수록 짜릿함을 느끼는 도박판과도 같을 것이다. 봄베이로 향하는 모두가 인생역전을 꿈꾼다. 이는 또 하나의 '봄베이 드림'인 '발리우드 드림(Bollywood Dream)'에서 더욱 두드러진다. 발리우드를 동경하는 많은 젊은이들이 출세와 성공을 꿈꾸거나 영화 산업의 일자리를 쫓아 봄베이로 향한다.

● 인도는 각광받는 영화 촬영지다. 이국적인 풍경에 영화 산업의 발전으로 관련 인프라의 현지 수급도 용이하고, 지리적 유사성으로 중동 등 촬영이 어려운 지역을 대신하기도 한다. 가령, 배트맨 시리즈 〈다크 나이트 라이즈〉는 라자스탄을 방문했던 크리스토퍼 놀란 감독이 직접 조드푸르를 택했고, 007시리즈 〈옥토퍼시〉는 우다이푸르, 〈본 슈프리머시〉는 고아, 〈미션 임파서블4〉는 뭄바이를 촬영지로 삼았다. 빈 라덴 검거를 다룬 〈제로 다크 서티〉도 파키스탄 대신 찬디가르에서 촬영했는데 미처 생각지 못한 장면에서 인도를 발견하는 재미가 있다.

인도가 이야기의 배경이 된 영화들도 많다. 콜카타의 빈민가를 담은 〈시티 오브 조이〉, 프랑스령이었던 퐁디셰리에서 이야기가 시작되는 〈파이 이야기〉, 뭄바이 슬럼가의 소년이 퀴즈왕이 된다는 내용의 〈슬럼독 밀리어네어〉, 세 형제의 좌충우돌 인도 여행기 〈다즐링 주식회사〉, 발리우드를 꿈꾸는 여배우들의 여정을 그린 브라질 영화 〈발리우드 드림〉, 우다이푸르를 배경으로 한 〈베스트 엑조틱 메리골드 호텔〉, 인도의 풍경을 인상적으로 담아 낸 〈더 폴〉 등이 그러한 예다. 한국 영화의 경우도 인도 여행에서 만난 첫사랑을 찾는다는 내용의 〈김동욱 찾기〉, 바라나시를 배경으로 한 〈시바, 인생을 던져〉 등을 꼽을 수 있다.

발리우드란 무엇인가? 인도는 언어와 지역별로 다양한 시네마 컬처를 보유하고 있는데 이중 봄베이를 중심으로 힌디어 및 영어 영화권을 지칭하는 것이 바로 발리우드다. 발리우드는 인도 영화계에서 가장 규모가 큰데 한마디로 전국구라고 볼 수 있다. 겨우 영화가지고 그러냐고 할 수 있겠지만 인도라면 얘기가 틀리다. 금욕적이고, 소비력이 한정되어 있는 곳에서 여가 시간에 무엇을 하며 즐길 수 있을지 생각해보면 된다.

인도에 살면 어지간히 많은 영화를 보게 된다. 인도인들의 대중문화는 곧 영화라고 해도 무방하다. 그만큼 인도 사람들의 문화 생활에서 영화가 차지하는 비중은 크다. 인구 90%의 일일 소비가 1~2달러 수준인 인도에서 일상적으로 즐길만한 문화 컨텐츠는 영화에 필적할 만한 것이 아직은 없다. 인도 영화 산업 규모는 세계 1~2위를 다툰다. 간단히 얘기하자면 규모로는 1위, 질적으로는 미국 할리우드에 이은 2위에 가깝다. 인도에서는 연간 1000여 편의 영화가 쏟아지고 연간 관객 수는 30억 명에 육박한다. 발리우드만

연간 200여 편이 제작되고 있으며 그 심장부가 바로 이곳 봄베이(現 뭄바이)다. 봄베이가 위치한 마하라슈트라 주는 최대 규모의 영화 제작 인프라가 갖춰져 있고, 지역 정부의 정책적인 지원 아래 영화 산업이 성장해왔다. 누구나 봄베이를 동경하기 마련이다.

발리우드 영화의 특징은 간단하게 두 가지로 살펴볼 수 있다. 먼저, 인도 영화에서 '흥(興)'의 표현으로 갑자기 춤과 노래가 등장하는 뮤지컬 요소가 그 첫 번째 특징이다. 다음으로 인도 상업영화는 다양한 장르를 한 작품에 아우르는 특징이 있는데 이를 일컬어 맛살라 무비라고도 지칭한다. 이는 인도인들의 고유한 취향이라고 볼 수 있다. 발리우드 맛살라 무비의 대중적 영향력은 대단하다. 히트작의 영화 음악이 곧 인도의 최신 인기 가요로 생각하면 되고, 배우의 옷차림이 곧 유행하는 패션이라고 보면 된다. 국민배우 아미타브 바찬이나 〈세 얼간이〉로 한국에 알려진 아미르 칸과 같은 배우는 문화계의 명사(名士)다. 이러한 배우들은 시사 프로그램을 직접 제작, 출연할 정도다. 때로 선거 운동 등 정치에 관여하고 오피니언 리더가 되기도 한다. 그만큼 파급력이 큰 것이다.

나는 첫 여행에서 직접 찾아가 보았던 인도의 영화관에서 그 의미를 체감해볼 수 있었다. 새까만 어둠 속에 앉자 곧이어 한 줄기 희망처럼 새하얀 빛이 스크린을 향해 비춰졌다. 지금은 상상하기 어려운 낡고 오래된 단일 상영관이었다. 머리 위로 빛이 내려와 마치 꼭두각시 인형극을 하듯 눈 앞 스크린 한가득 이국의 무희들이 군무를 추며 노래하는 모습이 펼쳐지는 것이었다. 영사기를 돌리는 구식 영화관이었는데 인도의 영화 배급 시스템이 디지털화된 것은 최근 수년간의 일이다. 지금은 인도 역시 모든 극장이 점차 멀티플렉스로 바뀌어가는 추세인데 일찍이 그런 영화관을 가볼 수 있었던 것은 내게 행운이었다.

스크린 속의 배우들은 알아듣기 어려운 속도로 대사를 읊조리고 주위는 생소한 웅성거림으로 가득했다. 영화관은 어두운데 까무잡잡한 관객들의 실루엣은 더욱 짙은 어둠을 드리웠다. 혹시 피부색이 밝은 내가 그들의 영화 감상에 방해가 될지도 모른다는 생각이 들 정도였다. 영화는 당시 초대형 히트를 기록하고 있던 맛살라 영화였고, 전반부는 로맨틱 코미디물로 가볍고 유쾌한 내용이었다. 낯선 타국의 영화관은 웃음으로 가득찼다.

이윽고 영화는 중간 휴식 시간을 맞았다. 인도 영화는 대부분 러닝 타임이 세 시간 이상이라 무척 길다. 상영관에 불이 켜지자 인형술사는 꼭두각시들을 머리 뒤로 거둬들였고, 대신 인터미션(intermission)이라는 글자가 화면 가득 떠올랐다. 현지 관객들은 기다린 듯 너나 할 것 없이 화장실로 향했다. 또 다시 웅성웅성, 따라나서기에 엄두가 나지 않을 정도의 인파였다.

휴식 시간이 끝나자 다시 극장 안은 어두워졌다. 쉬는 시간동안 진귀한 것을 발견한 듯 몇몇 관객들이 나를 힐끔 바라보며 키득거렸다. 역시 방해가 되는 걸까? 나도 미소로 응했다. 하지만 곧 영화관은 정숙해졌다. 영화의 내용은 초반 로맨틱 코미디에서 극한의 멜로로 이어지며 절정으로 치닫기 시작했다. 지금도 여전히 발리우드의 아이콘인 배우 샤룩 칸과 당대의 여배우 카졸이 찰떡 호흡을 과시하며 열연하고 있었다. 어릴 적 친구와 헤어지고 오랜 시간이 지난 뒤에야 그것이 사랑이었음을 깨닫고 찾아나선다는 내용이었다. 어느새 정색한 관객들은 삐걱거리던 객석의 소음 대신 옷깃을 훔치며 흐느끼기 시작했다. 남녀노소할 것 없었다. 모두 영화에 몰입한 순간이었다. 순수하다고 느껴질 정도로 감수성이 충만한 사람들이었다. 그러다가 마침내 주인공들이 재회했고 영화는 슬픔과 웃음이 교차하며 관객을 들었다놨다하더니 장대한 뮤지컬로 바뀌어갔다. 관객들이 자리에서 일어나기 시작한 것은 바로 그때였다.

영화는 해피엔딩이었다. 대사를 다 알아듣지는 못해도 주위 관객들의 몸짓을 통해 충분히 그 분위기를 읽을 수 있었다. 인도 영화는 일종의 바디 랭귀지같았다. 클라이맥스로 이어져 영화 속 남녀주인공의 사랑이 이루어지자 기쁨에 겨운 관객들이 휘파람을 불기 시작했다. 곧이어 마치 뮤지컬과 같은 춤과 노래가 스크린을 메우자 갑자기 관객들이 모두 자리를 박차고 일어나 손을 들고 몸을 흔들며 노래를 따라 부르기 시작했다. 충격적이었다. 혼자 앉아 있기 어색해서 어중간한 자세로 함께 일어나 박수를 쳤다. 술자리에서 혼자 물 잔을 홀짝일 수는 없었다. 하지만 기립 박수를 치는 것 외에는 내가 따라 할 수 있는 게 없었고, 까마득한 실루엣들이 어둠 속 가득 들썩이는 광경을 넋 놓고 바라볼 뿐이었다. 그순간 만큼은 모두가 어떠한 제약도 없이 자유로워 보였다. 이미 이방인인 내게 신경을 쓰는 사람도 없었다. 인도인들의 삶에서 '흥(興)'이란 무엇인지 체감할 수 있었다. 희망이라는 것이 그렇게 거창한 것은 아니었다. 딸(Taal)의 뜻은 '리듬'이다. 그 리듬에 몸을 맡기는 것이 그들의 유일한 '낙(樂)'인 것이다. 그렇다면 봄베이를 향하는 인도인들의 희망도 어느 정도 이해가 되었다.

첫 여행의 마침표

첫 여행의 마지막 도시 봄베이는 이미 두 번째 여행을 암시하고 있었다. 화려하면서도 착잡하고 또 다시 경이에 차 눈을 뗄 수 없는 곳이 봄베이였다. 그 어떤 곳보다도 혼란스러웠지만 더욱 인도다웠다. 각기 현란한 광채를 발했던 인도 남북의 도시들, 그곳들을 거치며 갖가지 진귀한 풍경들에 도취되었고, 인도와 인도인들을 미약하게나마 알아가는 사이 때로는 그 경이로움에 환희하며 찬탄을 마지않았고, 때로는 실망하며 끝간 데 없는 피로가 엄습하기도 했다. 꽤 긴 시간 여행을 했지만 인도는 한 번에 모두 담아내기가 버거웠다. 여행이 유난히 다사다난했던 것은 아마도 너무 많은 모습을 한꺼번에 본 탓도 있을 것이다.

인도는 대륙에 대한 나의 로망을 자극했다. 욕망을 절제하는 종교가 뿌리를 내린 곳에서 반대로 나는 걸신이라도 들린 사람마냥 인도에 대한 '식탐'에 빠져들었다. 소화불량이지만 그 포만감이 싫지는 않았다. 북인도의 화려한 유적들, 남인도를 향하며 접한 대륙과 대자연의 풍경 모두 나를 사로잡았다. 어디를 가더라도 빽빽한 인파는 현기증이 날 정도였다. 도무지 끝날 것 같지 않았던 기차 여행에 지쳤고, 한때 마드라스에서 그랬던 것처럼 대도시의 번잡함과 많은 인파 속에 힘들어 하기도 했다. 하지만 그럼에도 마치 자석처럼 어떤 힘이 이끌리듯이 계속 앞으로 나아가게 되더라는 것이다. 그리고 봄베이는 그 최종 목적지였다. 하지만 봄베이는 마침내 끝이 났다고 홀홀 털어버리며 만족스러워할 수 없는 곳이었다. 호기심을 더욱 자극했고, 인도에 대한 여운과 아쉬움을 느끼게 만들었다. 인도를 여행하며 마주치는 여행자들마다 그랬다. '어쩐지 아쉽지 않느냐'고 말이다. 그런 것을 보면 분명 인도는 최고의 여행지임에 분명했다.

마지막 날, 공항으로 향하며 생각했다. 영국의 마지막 군대가 봄베이를 통해 철수했다. 무수한 사람들이 이곳을 통해 드나들었고, 나 역시 이곳에서 물러나는 것이다. 봄베이는 인도 여행의 대미를 장식하는 출구인 셈이다. 하지만 한 번 맛본 인도는 잊기 어려워 보였다. 마침표를 쉼표로 바꿔야 했다. 언제가 될지 모르지만 다시 와야 할 것이고, 기필코 가보지 못했던 인도 최남단을 가봐야겠다고 다짐했다. 이제 인도 대륙의 종단을 꿈꿀 차례였다.

1. 13세기 인도 최초의 이슬람 왕조인 '노예왕조'의 유적지.

2. 16세기 후마윤의 무덤으로 그의 미망인의 요청으로 지어짐. 인도 최초의 정원식 무덤으로 타지마할의 원형이 되었다고 여겨진다.

3. 16세기 무굴 제국의 2대 왕 후마윤이 지었으며 축조 중 수르왕조에 의해 점령되어 빼앗겼다가 수복된다. 델리 수복 이듬해 후마윤은 궁정 도서관 계단에서 떨어져 허무하게 숨을 거둔다(여기서 뿌라나(Purana)는 '오래된'이라는 뜻이고, 낄라(Qila)는 성을 뜻한다).

4. 17세기 무굴 제국의 5대 왕 샤 자한이 지었으며 인도 최대의 이슬람 사원으로 타지마할을 건립한 샤 자한의 최후 작품으로 알려진다.

5. 마찬가지로 샤 자한의 작품으로 그가 델리로 수도를 옮길 때 지어졌다. 랄(Lal)은 붉은 색을 뜻한다.

6. 17세기 샤 자한에 의해 조성되었으며 가장 크고 오랜 시장이다. '달빛이 비추는 광장'이란 뜻으로 격자형으로 끊임없이 이어져 마치 미로와 같은 거리에 분야별 상점들이 들어차 있다.

7. 인도 중부의 라지푸트 족이 세운 왕조다. 10~13세기까지 인도 중부 마디아프라데시 중북부의 분델칸드 지역을 다스렸고, 아프가니스탄 가즈니 왕조의 침략을 격퇴한 것으로 유명하다.

8. 압사라는 힌두 신화 속에서 천상의 요정으로 아름다운 춤을 추는 여인으로 묘사되어 있다.

9. 수라순다리가 춤을 추면 곧 압사라다.

10. 나이카도 여인의 모습이지만 수라순다리와 달리 인간이다.

11. 살라반지카는 나무를 들고 있는 모습으로 압사라와 더불어 사원 둘레의 까치발 지지대 역할을 한다.

12. 릭샤왈라는 릭샤 운전 기사를 의미한다.

13. Noida는 New Okhla industrial Development Authority의 약자다. 인도 우타르프라데시 주의 고탐 붓드 나가르 구역(Gauam Buddh Nagar District)에 속하며 야므나 강을 경계로 델리 동부와 면하고 있는 기획 도시이다. 인도 수도권인 NCR(National Capital Region)에 속한다.

14. 정신적 스승을 의미한다.

15. 바라나시는 베나레스(Benares) 혹은 카시(Kashi)로도 불린다.

16. 가트는 강으로 이어지는 계단길을 의미한다.

17. 고타마 붓다의 탄생은 기원전 567년으로 기원전 528년 무렵 불교가 창시되었다. 당시 바라나시는 카시 왕국의 수도였다.

18. 시바는 브라흐마, 비슈누와 더불어 힌두교 주요 신의 하나로 파괴의 신이다.

19. 인도 전통 악기

20. 인도의 신화, 종교, 철학과 관련된 고대 문헌

21. 칼리는 산스크리트어 칼라(검은색, 죽음 등)에서 비롯되었으며 파괴의 여신이다.

22. 브라흐마는 비슈누, 시바와 더불어 힌두교 주요 신의 하나로 창조의 신이다.

23. 슈라다제에 대한 해설은 한림대학교 생사학연구소 학술연구교수 김진영씨의 논문 '힌두 죽음의례의 신성화 구조와 기능: 베다 텍스트의 슈라다제를 중심으로(남아시아 연구 제19권 3호 2014)'를 참조하였다.

24. 쁘레따(Preta)는 산자도 죽은 자도 아닌 존재로 생과 사 사이의 임계(臨界)에 머문다.

25. 삔다는 쌀과 참깨 등으로 만든다.

26. 라마야나에 등장하는 인간(아기)의 몸에 코끼리의 머리가 붙은 신이다. 원래 가네샤는 시바와 파르

바티 사이에 태어났는데 시바가 떠난 사이에 어머니인 파르바티가 목욕하는 것을 지키고 서 있다가 돌아온 아버지 시바마저 못 알아보고 들어가는 것을 막는다. 분노한 시바는 그의 목을 베어버리는데 당장 살려놓으라는 파르바티의 요구에 시바는 가까운 곳에 있던 코끼리의 목을 베어 가네샤의 목에 붙이게 된다. 가네샤는 주로 재산 등을 관장하는 신으로 여겨져 대중들에게 사랑받는 신이다.

27. 3Tier Sleepers Express

28. 라마야나는 4세기 경 실제 인물인 발미끼(Valmiki)가 역사적 인물이었던 람(혹은 라마)의 영웅적인 삶에 관한 시를 취합해 창작한 인도 최초의 대서사시(1만2000頌)다. 라마야나란 비슈누의 일곱 번째 화신 람의 이야기를 의미하며, 람과 그의 아내 시따(Sita)에 얽힌 무용담, 하누만의 충성 그리고 마왕 라바나의 흉포함을 그린 작품이다. 라마야나는 마하바라타와 더불어 인도의 2대 서사시로 꼽힌다.

29. 고대 인도의 대표적인 시인이다.

30. 메가두따의 뜻은 '구름의 사자'로 풀이된다.

31. 부처가 열반에 들고 그의 말씀을 정리하는 회의가 열렸는데 그를 보필했던 제자 아난다에게 최초의 설법에 대해 묻자, 아난다가 '나는 이와 같이 들었습니다'로 답을 시작했던 것에서 유래한다. 모든 불경의 첫 머리말이다.

32. 칼링가는 인도 최초의 통일 왕국 마우리아 왕조가 융성하던 시기 지금의 인도 동부 오리사(또는 오디사 Odisha)와 안드라프라데시 지역에 걸쳐 있던 왕국이다.

33. 차크라(法輪, 수레바퀴)는 왕권을 상징하며 전륜성왕은 직역하면 '윤보(輪寶)'를 돌리는 성군 즉, 무한한 통치권을 가진 가장 이상적인 군주를 뜻한다. 인도 국기에도 아소카의 사자상에서 따 온 차크라가 새겨져 있다. 아소카 왕은 불전(佛典)에서 아육왕(阿育王) 또는 아수가(阿輸迦)로도 전해진다.

34. 인도의 초대 수상 자와할랄 네루의 무남독녀로 두 차례에 걸쳐 수상을 역임했다. 인도 최초의 여성 수상이다.

35. 인도 여성들의 전통 의상이다.

36. 지식계층 또는 사제계급을 의미함.

37. 현재 인도 중서부의 말와(Malwa) 지역에 해당하는 아반티(Avanti) 지방의 폭동 진압에 파견됨.

38. 당시 아버지 빈두사라 왕의 데칸 고원 정복을 도왔던 것인지, 반란 진압에 기여한 것인지는 불분명하지만 아소카는 우자인(Ujjayini)의 총독으로 임명되었다.

39. 아소카는 '아소카의 지옥'으로 불리는 고문실을 따로 두었다고 한다. 아름다운 건물 외관과 상반된 기능에서 '천국 같은 지옥'으로도 불렸다.

40. 인도 남성들이 즐겨입는 상의(上衣) 중 하나이다.

41. 홍차와 밀크, 인도 향신료를 넣어 마시는 대표적인 인도의 차(茶)다.

42. 인도의 혼합 향신료다.

43. 인도식 양념 치킨이다. 탄두리는 화덕에 구운 음식을 총칭한다.

44. 무슬림 휴일

45. 알라는 위대하다는 의미

46. 중복 선로를 제외한 경로 간 총 길이는 6만5000킬로미터에 이른다.

47. 뭄바이와 타네를 잇는 인도 최초의 노선은 34킬로미터였다.

48. 궤간이 1435미터 이상이 되는 선로다.

49. 궤간 1435미터 미만의 선로다.

50. 2014년 3월 기준

51. 1900년 무렵 인도는 이미 세계 5위 규모의 철도망을 갖추게 되었다.

52. 당시 목화의 주요 産地였던 미국이 흉작과 더불어 남북 전쟁이 일어나자 영국 섬유 공장은 대체 원자재 공급처로 인도에 눈을 돌린다.

53. 스위치 백(Switch back)이라고도 불리며 'Z'자형으로 설치된 철로이다.

54. 웨스트벵갈 주 카라그푸르의 플랫폼 길이는 833킬로미터에 육박한다.

55. 공간을 왜곡시켜 짧은 시간 안에 먼거리를 이동한다는 가상 기술이다.

56. 라트는 전차, 야트라는 여행을 의미한다.

57. 인도 대륙과 실론(現 스리랑카)가 중국의 공급량을 상당 부분 대체했다.

58. '~왈라'는 힌디어로 '~하는 사람'이란 뜻이다. 릭샤 운전수를 릭샤왈라로 표현하는 것과 동일하다.

59. 인도에 정착한 무슬림이 아니라 인도 본토에서 이슬람교로 개종한 무슬림이다.

60. 1329~1400년. 고려 말의 학자, 문신, 외교관으로 원나라로부터 목화씨를 들여왔다.

61. 사우디아라비아, 쿠웨이트, 예멘, 오만, 아랍에미리트 등의 지역을 포함한다.

62. '기리(Giri)'의 뜻은 '언덕'이다.

63. 인도의 커피 경작 인구는 25만 명으로 이 중 소농가가 98%에 이른다.

64. 상감 시대(Sangam Period, 기원전 300~기원후 200년)로 이들은 남인도 3대 타밀(Tamil) 왕국으로 불린다.

65. 인도 계급제 카스트(바르나와 자띠)는 크게 브라만(Brahman), 크샤트리아(Kshatruya), 바이샤(Vaishya), 수드라(Shudra)의 4개의 범주와 그 이외의 불가촉천민(Untouchable)으로 구성된다.

66. 이슬람 왕국의 군주

67. 인도의 문맹률(성인기준 26%)은 세계 평균(16%)보다 10% 가량 높은 데 비해 깨랄라, 타밀 나두 주 등 남인도 지역은 초등 교육이 적극적으로 장려되어 문맹률이 상대적으로 낮다.

68. 최근 두 배에 가까운 7000만 명으로 인도의 기독교 인구를 집계한 경우도 있다.

69. 현재 남아 있는 건물은 1966년 세워진 부분으로 1746년 이 지역의 지배권을 둘러싼 프랑스와의 전투에서 대부분 파괴되었다. 17세기 영국군 건축물의 본보기가 되고 있다. 건축물 전면의 46미터 높이의 깃대는 인도에서 가장 높은 깃대이고, 요새 안에는 1678~1680년 사이에 지어진 것으로 알려진 가장 오래된 영국 국교회인 성 메리 교회(St. Mary's Church)가 보존되어 있다.

70. 인도 동남 해안 지방으로 영국과 프랑스 사이의 식민지 쟁탈전의 무대였다. 현재 타밀나두와 안드라 프라데시 주에 속한다.

71. 페르시아어로 세포이는 병사를 뜻한다. 영국 동인도 회사가 인도 현지에서 모집된 용병으로 힌두와 무슬림으로 구성되었으며 이후 세포이 항쟁이 있기 전까지 인도 내 영국 병력의 80%를 차지했다.

72. 현재 인도 구자라트 주의 도시로 봄베이(現 뭄바이)에서 북쪽으로 200킬로미터 떨어져 있으며 포르투갈과 영국의 식민 지배를 받았다. 인도에서 영국의 최초 근거지이기도 했다.

73. 1853년 뭄바이와 그 광역권인 타네(Thane)를 잇는 노선이 처음으로 개통되었다.

74. 1878년 완공된 건물로 1996년 CST(차트라파티 쉬바지 터미누스)로 명칭이 변경되었다. 19세기 고딕 양식으로 유명하다. '차트라파티 쉬바지'는 무굴 제국에 맞서 싸운 17세기 중인도의 힌두왕이다. 이 건물

은 2004년 유네스코에 의해 세계 문화 유산으로 지정되었다.

75. 영국의 왕 조지 5세 부부의 인도 방문을 기념하며 1911년 건축되었다.

76. 파르시 상인 출신으로 타타그룹의 창업주 JN 타타(1839~1904년)가 외국인용 호텔(왓슨스)의 입장을 거부당한 것을 계기로 바로 그 앞에 천문학적인 돈을 들여 세웠으며 1903년 완공했다.

77. 2008년 11월 26일 파키스탄 테러조직 '라쉬카르 에 타이바'의 5개조 10명의 테러범이 타지마할 호텔, 빅토리아 터미누스, 트라이던트 오베로이 호텔, 레오폴드 카페 등 장소에서 서양인들을 타깃으로 테러를 벌여 195명 사망, 350명의 부상자를 낳은 사건이다.

78. 10~2월 최고 기온 30~33도(최저 17~23도), 3~5월 최고 기온 31~33도(최저 21~26도), 6~9월 (우기) 최고 기온 29~32도(최저 24~26도)로 겨울철 일교차는 심하고, 낮 기온은 대체로 30도를 좌우한다.

79. 마하트마(Mahatma)는 '위대한 영혼'이라는 의미로 시인 타고르가 지어준 이름이다.

80. 간디는 인도 서부의 항구도시 포르반다르의 명문가에서 출생했다.

81. 간디는 7세에 처음 약혼했고, 약혼녀들이 요절해 세 번째 약혼자와 13세에 혼인했다.

82. 23살의 짧은 생을 산 인도의 독립운동가이자 혁명가다. 간디의 노선과는 정반대로 적극적인 독립 투쟁을 호소했으며 계급제를 타파한 평등 사회를 꿈꿨다.

83. 샤히드(Shahid)는 순교자를 의미한다.

84. 외국의 옷과 책 등 물건을 태우는 운동이었다.

85. 간디는 바가트 싱의 행동에 매우 비판적이었다.

86. 인도 독립 운동가로 펀잡의 사자(Lion of Punjab)로 불렸던 인물이다. 인도 대책 평가 회의의 위원회 구성에서 인도인 대표가 포함되지 않았던 것과 관련 시위에 앞장섰다가 경찰의 구타로 사망한다.

87. 바가트 싱은 경찰 서장인 John Scott의 암살을 시도했으나 오인하여 부관이었던 John P. Saunders 가 피살된다.

라자스탄주 푸쉬카르에서 낙타 사파리를 하며 바라본 사막의 풍경.

chapter **03**

모험적 표류

'인도앓이'라는 말이 있다.
인도 여행을 다녀온 사람들에게 생기는 증상이다.
그만큼 빠지면 헤어 나오기 힘들다는 표현이다.
이번에는 아직 경험해 보지 못한
인도를 만날 차례였다.

변치 않는
인도에 대한 기대

구자라트에서의 표류

이미 목적지에 도착했어야 할 시각이었다. 경유지 홍콩 첵락콕 국제공항을 어렵사리 이륙한 에어 인디아 소속 여객기는, 예정된 시각보다 반나절 연착된 다음날 아침 무렵에나 델리 인디라 간디 국제공항에 도착할 예정이었다.

하지만 잠자리처럼 인도 상공을 맴돌던 비행기는 또 다시 기상악화로 발이 묶였다. 하강하며 낮아지는 고도에 잔뜩 기대의 무게중심을 실었건만 비행기는 델리가 아닌 구자라트(Gujarat) 주의 아메다바드(Ahmedabad) 공항에 임시 착륙했다. 발을 동동 구르던 승객들도 이젠 자포자기의 심정이었지만 담요를 덮어쓰고 계속 잠을 청하기에도 엉덩이가 욱신거려 미칠 지경이었다. 이러면 안되지만 기내 담요를 접어 짐가방 속에 구겨 넣었다. 마치 돌아가는 비행기 안에서야 아차 싶어 누군가의 선물을 뒤늦게 마련하는듯한 의

궁스런 동작이었다. 담요는 일교차가 심한 겨울의 인도를 여행할 때 요긴하게 쓰일 것이다.

델리 상공의 심각한 안개로 비행기가 연착된다는 설명이 전부였는데 별다른 수 없이 무한정 기다릴 수밖에 없었다. 답답한 승객들을 위해 비행기의 탑승구를 열어 바람을 쐴 수 있게 해준 것이 그나마 '인도(印度)'주의적 조치였다. 활주로 한가운데였다. 수동식 탑승 계단 밑에는 무장한 군인과 몇몇 항공사 직원들이 지키고 섰고, 굽은 허리를 펴기 위해 계단을 내려온 승객들이 삼삼오오 모여 있었다. 그렇게 여섯 시간 정도였을까? 새로운 21세기, 다시 인도를 찾은 나는 바뀐 듯 전혀 바뀌지 않은 인도로 가는 길목에서 잠시 정체(停滯)되어 있었다.

아메다바드는 구자라트 주(州)에서 가장 큰 규모의 도시로 한때 구자라트의 주도(州都)[1]였다. 인구 6000만의 구자라트는 북쪽으로 파키스탄과 접경하고 있으며, 서쪽으로는 1600킬로미터의 해안이 이어져 있다. 원래 뭄바이(舊 봄베이)가 위치한 마하라슈트라 주와 함께 봄베이 주에 속했었으나 언어적인 문제로 1960년 분리되었는데 다시 말해 구자라트는 구자라트어(Gujarati)를 쓰는 사람들의 지역이다.

이곳은 부즈(Bhuj)의 광활한 소금 사막으로 유명한데 바다의 밀물을 이용한 대규모 염전이 자리 잡고 있다. 염전에서 나오는 소금은 우리가 아는 소금과 달리 조약돌 크기만 하며 이를 다시 부수어 소금으로 만들어 낸다. 그 밖에도 구자라트는 인도에서 가장 뛰어난 직물과 자수품으로도 유명하고, 포르투갈의 흔적이 남아 아기자기한 디우(Diu)가 위치한 곳이다. 디우는 인도에서 가장 아름다운 휴양지 중의 하나로 손꼽힌다.

구자라트의 지리적 위치는 마치 인도라는 수목(樹木)의 나이테를 보여주는 것 같다. 아리안의 유입, 이슬람의 침략과 제국 건설 그리고 식민지 시대를 거쳐 독립에 이르기까지 북인도의 역사를 고스란히 품고 있는 것이다. 특히 구자라트는 독립운동가를 비롯한 인도 지도자의 산실(産室)이라고 할만하다. 대표적으로 마하트마 간디[2]와 사르다르 발라바이 파텔(Sardar Vallabhbhai Patel, 1875~1950)[3]의 고향이다. 우리가 만나는 인도인들 중 파텔이라는 성(姓)을 가졌다면 바로 구자라트人이다.

시대적으로 다른 인물이지만 나렌드라 모디(Narendra Modi, 1950~) 역시 또 한 명의 구자라트人 정치가다. 파텔을 적극적으로 지지[4]해 온 그는 원래 가난한 짜이왈라 출신으로 선거 선전원으로 정치에 입문했다. 전임자의 건강 문제로 공석이 된 구자라트 수상직에 임명되었고, 2014년 16대 총선(로크 사바)을 통해 마침내 인도 수상직에 오르게 된 입지전적인 인물이다.

署名 지옥

인도 여행의 장점 중 하나는 생각할 시간이 많다는 것이다. 이동하며 길에서 쓰는 시간이 많을 뿐더러 그 사이사이에도 기다림의 연속이다. 처해진 상황에 느긋해질 수만 있다면, 그 시간동안 인도를 배경으로 온갖 진지한 사색과 고민에 빠질 수 있을 것이다.

하지만 도착 전부터 기다리기만 하니 마음속으로 '참을 인(忍)'자의 획을 지우고 다시 쓰기를 반복해야 했다. 막연히 예전보다는 수월하겠거니 기대했던 탓도 있었다. 하지만 인도는 역시 인도였다. 다시 승객을 주워 담은 비행기는 서서히 활주로를 움직이기 시작했다. 여행의 시작부터 인내심은 시험대에 올랐다. 이젠 좀 안다고 자만했었는데 금세 더한 미궁 속으로 빠져드는 것 같았다. 자신만만했다가 힘이 빠지는 순간이었다. 앞서 첫 여행에서 인도의 매력에 흠뻑 빠졌다면 두 번째 여행에서는 인도의 본질을 보게 될 것이라고 말한 적이 있는데 구자라트에서의 표류는 그 예고편이었다.

인도와 관련된 일을 하다보면 여러 가지 피부로 느끼게 되는 어려움이 있다. 일상적인 의식주 생활을 비롯해 여러가지 불편을 느끼게 되는데, 그중에는 행정 절차 상의 복잡함도 빠질 수 없는 문제일 것이다. 문화적 차이는 존중해야 할 부분이지만 그렇다고 쉽게 적응할 수 있는 것은 아니다. 가령 비자 발급 절차만 해도 수시로 바뀐다. 관광 비자도 최근 도착비자가 생겼다지만 보완해야할 부분은 있다. 취업 비자 등 사업 관련 체류일 경우 더 까다롭고 복잡한 편이다. 현지에 머물다보면 기막힌 일들을 꽤 많이 경험하게 되는데 문화적인 차이가 있고, 그들의 입장은 이해되지만 도무지 합리적인 못한 부분도 있다.

가령 현지에 회사를 세운다고 하면, 설립 절차를 밟으며 엄청난 서류 작업을 거치게 되는데 필요한 서류를 준비하여 제출하는 것은 마땅히 거쳐야 할 과정이지만, 융통성이 너무 없거나, 각 관계 부처 간에 불필요한 혼선이 생기기도 한다. 당연한 얘기지만 외국 기업이 현지에 진출하는 것은 단순한 기업 자체의 이익 창출을 떠나 인도에 대한 투자이기도 하다. 인도 정부도 바라는 일이다. 하지만 정부 차원의 우호적인 접근과 실제 현장에서 벌어지는 일은 다소 차이가 있다. 어렵사리 찾아간 손님인데 자신들의 편의만 고수하는 것은 안타깝다. 가끔은 서류 한 장 통과시켜주는 것에 감사해야하는 것인지 허탈해지기도 한다.

관공서를 상대하며 겪은 일 중에는 재미있는 일화가 많다. 외국인인데도 서류상에 부모의 신상 정보를 일일이 기입하고 날인까지 해야 하는데 신원을 보장하기 위해 부모님의 여권 사본이 필요하고, 본적까지 적어내야 한다. 모든 일에 집안과 출신을 기재해야 하는 것은 법적으로는 철폐된 신분과 계급이 인도 사회에 뿌리 깊게 남아 있다는 증거이기도 했다. 게다가 현지인들이라면 몰라도 외국인까지 똑같이 적용한다는 것은 문제가 많다.

손님의 신분을 확인하며 집안 정보까지 수집한 것인데 정작 나의 부모님은 인도 현지에서 나의 신분을 보장해줄 수 없다. 왜 필요한지 이해되지 않는 비합리적인 형식 절차의 오류라고 할 수 있다. 공증의 문제도 있다. 진행 과정에서 모든 서류를 영문 서류로 만들어 공증을 받아야 한다. 그런데 문제는 각 증빙 자료를 인도의 요구 조건과 서식에 맞추다보면 애매한 부분이 많더라는 것이다. 공증 서류는 원본과 번역본이 정확히 일치해야 하지만, 때로 약간의 융통성이 필요해진다. 당연하지만 국내의 공증 기관에서는 속사정을 이해하지만 공증을 거부한다. 한편 인도 측은 한 발도 양보하지 않는다. 결국 요령은 일을 진행하는 사람의 몫이다.

인도는 서류 천국이다. 직접 관공서를 찾아가보면 서류 파일이 얼마나 많이 쌓여 있는지 눈으로 확인해볼 수 있다. 전산화가 진행된다고 해도 과연 언제쯤 마무리될지 미지수다. 신기한 점은 환경이 매우 열악한데도 불구하고 오래된 자료들이 매우 잘 보관되어 있다는 것이다. 개인 정보는 물론 오랜 회계 자료도 귀신처럼 서류철에서 찾아내 확인할 수 있다. 이렇듯 인도는 아직 문서 원본이 효력을 발휘하는 곳인데 의외로 상당히 정확하다고 할 수 있지만, 처리 과정이 느릴 수밖에 없고 절차상 융통성이 부족하다. 서류를 다루는 공무원들도 관리자, 심사자, 보관자 등등 그 역할이 분리되어 있기 때문에 각자 자신의 역할에만 충실하고, 역할을 넘어 민원인이나 이용자의 사정이나 편의를 봐주는 법은 없다.

한편, 이런 업무를 진행할 때는 융통성 있는 현지 직원의 도움이 중요하다. 외국인이 모든 과정을 직접 수행하기에는 무리가 따른다. 다만, 현지 직원의 입장에서는 평생 당연하게 여겨온 부분이므로 수동적으로 대처하기

쉽고, 그 결과 일이 곤란해질 때가 있다. 외국 기업의 입장에서 책임감 있고, 능동적이며 순발력 있는 현지 직원을 만나는 것은 축복이다.

차라리 세세한 부분은 현지 직원들에게 맡기고 신경을 쓰지 않는 것도 한 방법이다. 하지만 그럴 경우 그만큼 포기해야 하는 부분도 많다. 오랜 시간 인도에서 사업을 한 경험자들의 의견으로는 쉬운 방법은 없다고 했다. 직원들이 우리가 원하는 방식으로 필요한 역할을 수행할 수 있도록 인내심을 가지고 끊임없이 이야기하고 직원 교육을 반복하는 수밖에 없다고 했다. 물론 그것은 단순한 교육 차원의 문제가 아니다. 먼저 어떻게 문화가 다른지 인지해야 하고, 인도에서 어떠한 기업 문화를 만들어나갈지 고민해봐야 할 것이다.

끝없이 반복되는 서류 작업의 하이라이트는 단연코 '서명'이었다. 법인 설립 업무를 진행하면서도 거의 매 페이지마다 빠짐없이 서명 날인을 해야 했다. 사본도 유효하려면 서명을 해야 한다. 서명까지 복사하지 않았다는 것을 입증하기 위해 파란색 펜으로 서명을 하기도 했고, 인쇄된 부분과 여백 사이를 가로질러 서명하는 경우도 많았다. 물론 페이지와 페이지 사이에 직인을 찍거나 서명을 하는 것은 당연했다.

시작할 때는 마치 유명 연예인이 팬 사인회를 연 것 같지만, 점점 한자(漢字) 연습장을 채워나가는 듯한 기분이 든다. 만약 인도에 간다면 너무 복잡하지 않은 서명을 준비해놓는 것이 좋다. 어쨌든 아직 인도는 내국인의 규칙이 외국인들에게도 어김없이 적용되며, 손님에 대한 편의는 부족한 것이 사실이다. 점차 개선되어 나가길 기대하지만 인도의 입장에서도 쉽지는 않은 부분일 것이다. 간소화도 필요하지만 무엇보다 합리적일 필요가 있다. 이런 부분이 해소되어 효율성이 높아진다면 외국인들은 반길테지만, 또 그러한 절차의 생략은 많은 고용 인구를 감당해야할 인도 행정부에서는 짐이 될 수도 있다. 인도인들의 입장에서는 과연 누구를 위한 일일까 의문이 들 것이다.

인도를 알아가는 '수업료'

많은 사람들이 인도 사회에 만연한 부패문제를 지적한다. 거대한 비리 사건이 세간의 주목을 받지만, 사사롭게는 길거리의 교통 단속에서부터 여러 가지 관공서의 행정 업무까지 의례적으로 그 '수업료'를 지불하게 된다. 이것은 특별하다고 할 수 없는 사회의 관행이다. 부패라는 인식도 부족하다. 때문에 그런 삭막한 얘기들을 나열하여 자칫 인도에 대한 편견을 만들기 보다는 애정을 담아 흥미로웠던 경험담 하나를 털어놓는 편이 나을 것 같다.

인도에 거주하면서 겪었던 일이다. 비자 만료일을 넘겨 귀국해야하는 일이 생겼는데 귀국 항공편은 이미 확정되었고, 급히 임시 비자를 발급받아야 했다. 공식적으로는 신청 후 2~3주면 발급받을 수 있다고 했지만 직접 경험해보니 매우 달랐다. 인도에서 시간은 돈이 아니지만 그 시간에서 돈이 나온다는 것을 깨닫게 되었다. 민원인(民願人)은 다급하고 난처하지만 관공서의 입장은 바쁠 일이 전혀 없다. 비자를 신청하고 2주가 지나도 감감무소식이었다. 회사의 담당 직원이 직접 확인해보지 않는 한 아무런 대응을 하지 않았고, 직원도 막연히 해결될 것이라는 낙관론만 되풀이했다. 당연한 일인데 기다려야지 어쩔 도리가 있냐는 것이다. 사실 그런 일까지 신경을 쓰면 버텨내기 어려운 곳이 인도라 포기하고 느긋하게 기다리는 것이 상책이었다. 하지만 그렇지 못한 상황이기에 문제였다.

직접 찾아가 보니 신원 확인을 위해 이미 경찰서로 넘어가야 할 서류가 여태껏 신청 부서에 계류(繫留)되어 있었다. 한 여름철이라 바깥 기온이 45도를 훌쩍 넘은 상황에서 몸 안팎이 들끓는 순간이었다. 하지만 인도의 관공서에서는 절대 화를 내서는 안 된다. 관료주의에 익숙하고 권위적인 공무원들을 자극하는 행동은 스스로 독이 될 뿐이었다. 상황이 그러하니 직접 서류를 들고 경찰서로 가져가보는 것 외에는 별다른 방법이 없었다. 확인하고 넘겨서 도장을 찍는 단순한 업무였지만 몇 주가 지나도 그대로였던 것이다.

얼핏 서류 보관함을 엿보니 신청 서류들이 산더미처럼 쌓여있었다. 여권을 포함한 두툼한 서류는 처음 제출한 상태 그대로였다. 사정하기를 거듭해 어렵사리 서류를 직접 경찰서로 들고 갈 수 있게 되었다. 얼굴을 보여주고 그 자리에서 신원을 확인할 요량이었다. 하지만 경찰서를 찾아가도 제대로 응대해주는 사람이 아무도 없었다. 경찰 한 명이 우리와 눈을 마주쳐 서류를 건넸지만 이내 별 관심이 없다는 듯 서류를 놔두고 돌아가라고 했다. 하루면 처리될 것이라고 했다. 한 단계 진행시켰으니 다행이었지만 영 불안하기는 마찬가지였다. 경찰의 신분 확인은 하루면 끝난다고 하지만 아직 태반의 절차가 남아 있었다. 그 다음으로는 서류가 비자 발급 관청으로 보내져야 했고, 최종적으로는 이미 제출했던 관공서로 돌아와 수령해야 할 것이었다. 귀국까지는 일주일이 채 남지 않은 시점이었다. 게다가 사이에 주말까지 겹쳤다.

벗어나고 싶어도 벗어날 수 없는 늪

사흘이 지났지만 아무런 연락을 받을 수 없었다. 관공서에 확인을 해도 묵묵부답이었다. 초조함이 극에 달했다. 모두가 만사태평이고 일정 때문에 애가 타는 것은 나 혼자였다. 다시 수소문해 보니 경찰이 신분 확인을 위해 등록된 집 주소로 찾아갔지만 아무도 없더라는 것이었다. 낮동안 출근해 있었으니 당연한 일이었다. 직접 확인이 안 되니 보류라고 했다. 일찌감치 일정을 미루고 포기했어야 했다. 하지만 이제 일정을 변경하면 비자는 또 언제 나온다는 걸까? 주변의 지인들에게 하소연해보니 자신이 신청한 비자도 몇 달 째 소식이 없다며 너털웃음을 지었다. 인도는 벗어나고 싶어도 좀처럼 벗어날 수 없는 늪이란 생각이 들었다. 절망스러웠다.

문득 누군가가 스치듯 머릿속에 떠올랐다. 이웃집에 건설업을 하는 인도인이 살고 있었다. 내가 머무르던 노이다(Noida)는 원래 산업 지구로 개발된 곳이지만 점차 델리 외곽의 주거지로 각광받으며 아파트와 쇼핑몰 등의 건설붐이 한창이었다. 예전에 관공서 앞에서 그 이웃과 마주친 적이 있었는데 확실치는 않아도 무언가 기대를 걸어 볼 만 했다. 관공서에서 만난 그는 나를 알아보더니 줄을 서서 한참을 대기하고 있던 나를 이끌어 바로 업무를 마칠 수 있도록 해주었다. 관공서와 건설업, 줄이 닿아 있는 느낌이었다. 그는 그때 언제든지 도움이 필요하면 연락하라고 했다. 이런 상황은 되도록 피하고 싶었지만 기회가 있다면 지푸라기라도 잡아봐야 했다.

내겐 그의 전화번호도 없었다. 직접 그의 집으로 찾아갔다. 현관에는 매우 현실적인 은덕을 베푸는 것으로 알려진 가네샤의 신상이 모셔져 있었다. 집에 아무도 없어 몇 시간을 서성이며 기다리자 마침내 그의 아내가 아이와 함께 모습을 드러냈다. 평소 가볍게 목례만 하는 사이였다. 하지만 내 사정을 듣자 그녀는 기꺼이 나서주었다. 그냥 부탁하기는 미안해서 한국에서 가져간 몇 가지 물품을 건네주기도 했다. 남편은 건설업 외에도 가족 대대로 정치 당원으로 활동해왔는데 인허가 관련 업무 때문인지 과연 인맥이 있었다. 가끔 그의 집 앞에는 무장 경찰이 지키고 있었는데 그제야 이유가 무엇인지 알게 되었다. 실낱같은 희망이 보였다.

아내의 전화를 받은 남편은 호쾌하게 도움의 손길을 내밀어 주었다. 얼마 후 그와 만나게 된 나는 천군만마(千軍萬馬)라도 얻은 것 같은 반가움에 격렬한 악수를 나눴다. 우리는 다 같이 소파에 둘러앉았다. 이웃은 경찰서와 관공서의 담당자들을 꿰차고 있었다. 내가 상대한 사람들이 누구인지 서로 인상착의를 묘사할 정도였다. 그는 몇 군데 전화를 돌리더니 득의의 표정을 지어보이며 전화를 끊었다. 그는 의자 뒤로 등을 한껏 젖히고 있었고, 나는 조아리듯 등을 구부리고 신중하게 그의 답을 기다렸다. 이웃은 조심스럽게 말을 꺼냈다. "전혀 문제없어, 알 이즈 웰.[5] 내일이면 받을 수 있을 거야!"

나는 표정을 감추려 애썼지만 순간 솟아오르는 광대를 진정시키기가 어려웠다. "그런데…" 다시 심각한 표정을 지어보이며 그의 말이 이어졌다. 이미 짐작하고 있었다. 번외의 급행료 즉 '수업료'가 필요한 것이었다. 그것도 각 과목 별로 아주 많이.

우타르프라데시 주 노이다의 다드리 로드. 주택가 뒤편의 좁은 도로로 길을 따라 서민층이 즐겨 찾는
상점가가 들어서 있다.(사진 위)
노이다 산업단지의 어느 교차로 부근의 모습.(사진 아래)

"수업료는 잘 챙겨왔나"

다음날 오전, 이웃과 함께 평소 자주 지나치던 사거리의 파출소로 향했다. 왕래가 드물었던 우리는 가는 도중 절친한 친구처럼 행동했다. 어깨도 툭 치고 농담도 하면서 말이다. 도와주는 것은 고맙지만 무언가 찜찜했다. 이틀 전 경찰서도 그랬지만 파출소 안으로 들어가 보긴 처음이었다. 바깥에서 봐서는 설마 그곳이 파출소일 줄은 꿈에도 모를 곳이었다. 페인트칠이 벗겨진 살색의 시멘트 건물은 겉으로 보기엔 공중 화장실처럼 보였다.

이제 보니 빨간색과 파란색 바탕 위에 폴리스라는 글귀가 새겨진 파출소 간판이 길가에 세워져 있었다. 바로 이곳이 나에게 인도란 어떤 곳인가를 가르쳐줄 또 하나의 '체험 교실'이었다. 이웃은 나를 잠시 바깥에 세워둔 채 안심하고 기다리라며 건물 안으로 홀연히 사라졌다. 아마 그는 전화상으로 사전 합의했던 내용을 재차 확인하는 듯 했다. 아무리 인도라도 상황에 맞는 격식은 있었다. 다시 밖으로 나온 이웃은 마른 침을 몇 차례 삼키더니 내게 "너는 아무 말도 하지마"라고 했다.

이윽고 파출소에 들어서니 무더운 기운이 감돌고 사무실 건너편 문틈으로 제복 상의를 벗은 채 땀을 식히는 경관들이 눈에 들어왔다. 열 평이 안 되는 사무실 정면에는 긴 탁자와 의자 몇 개가 보이고 출입구 바로 우측에는 허름한 간이침대 겸 소파가 하나 놓여 있었다. 건너편 휴게실에서는 짜이왈라가 차를 나르고 있었다. 사무실 벽을 따라 무전기 몇 대가 눈에 띄었는데 아마 유치장은 휴게실 너머 맨 안쪽에 위치한 모양이었다. 이웃은 사무실 탁자의 좌측에 앉았고, 나는 조금 간격을 두고 소파 귀퉁이에 걸터앉았다. 소파의 풀어진 스프링이 반동하며 달그락거렸다. 조금 긴장되었다. 인도에 와서 이렇게 조신해보긴 처음이었다. 당당해 보이려고 모은 다리를 일부

● 인도에서 건물주나 집주인은 'Landlord'라고 하는데 '인도 농촌의 지주와 소작농'에서 지주를 지칭하는 말도 이와 같다. 결국 땅과 집을 소유한 사람들인데 보통 깐깐한 것이 아니다. 조목조목 따져서 밀고 당기며 임대 계약을 한 뒤 관공서로 함께 공증을 받으러 가는 과정은 괜찮았다. 인도라면 서류와 절차가 항상 중시되는 법이다. 하지만 이후 임대가 끝나고 일어나는 일이 문제였다. 임대 조건에 따라 다를 수는 있겠지만, 대개 인도에서 집을 임대하면 두 달 치의 임대료를 보증금으로 맡기게 된다. 그런데 문제는 임대가 끝난 시점에 그 보증금을 돌려받아야 하는데 인도의 집주인들은 그 보증금을 안돌려주려고 온갖 애를 쓴다. 집주인의 입장에서 세입자를 낮게 보는 측면도 없지 않는데, 자신이 '지주'의 위치에 있다는 의미였다. 결국 한바탕 실랑이가 벌어진다. 집 상태를 점검하면서 심지어 전구 하나하나까지 다 확인하고, 이건 원래 이런 상태가 아니지 않느냐, 청소를 자주 안 해 낡은 것 아니냐 등 온갖 구실을 들어 보증금에서 제하려 든다. 일부는 이해가 되어도 처음부터 문제가 있던 것들이나 임대한 기간 동안 손 한 번 대지 않은 것들까지 맘먹고 들추니 감정이 상한다. 전기가 수시로 끊기고, 물도 제대로 안 나오는 판국에 억한 심정도 든다. 너무 물러서면 손해를 보니 언성이 꽤 높아지기도 하다가 결국 서로 양보하여 합의를 본다. 하지만 세입자가 어느 정도 손해를 보기 마련이고, 돈보다 사람이 지친다.

러 벌리니 되레 어색했다.

얼마 후 담당자가 모습을 드러냈다. 그는 맞은 편 휴게실의 문을 통해 제복 상의를 걸치며 걸어 나왔지만 단추는 그대로 풀어놓았다. 상석(上席)에 앉은 그와 눈이 마주치는 순간 나는 어금니를 깨물었다. 아뿔싸! 어디서 본 사람이다 싶었더니 이틀 전 경찰서에서 마주쳤던 사람이었다. 서류를 몇 번 펼쳐 보더니 마치 자기 일이 아닌 것처럼 두고 가라고 했었던 바로 그 경찰이었다. 그는 탁자 쪽으로 다가오라며 내게 손짓했다. 그리고는 수차례 사진과 나를 번갈아 본 뒤 서류를 천천히 훑어보기 시작했다. 나를 시험이라도 하는 듯 매우 느릿느릿하게 서류를 넘겼다. 수북한 서류 중에는 자신을 증명하는 신분증, 여권, 회사의 보증서 외에도 주거지에 대한 임대 계약서까지 포함되어 있었다. 모든 서류는 완벽하게 구비되어 있었다.

그런데 경찰은 한 장 한 장 넘겨보더니 아주 사소한 문제를 발견, 지적하기 시작했다. 당시 나는 임기를 마치고 곧 영구 귀국할 예정이라 임대 계약을 갱신하지 않고 주인과 협의해 보증금[6]을 돌려받지 않는 대신 연장된 기간 동안 머물고 있었다. 그 경찰은 임대 계약서의 계약 기간이 지났으니 주거 상황에 대한 증빙이 되지 않는다는 것이었다. 인도식으로 이해하면 서류에 문제가 생긴 것은 맞다. 원하는 대로 제출하지 않으면 안 되는 곳이 인도다. 하지만 그렇다고 새로운 집 계약서를 만들 수도 없을 뿐더러 계약 일자를 갱신하는 것 또한 불가능했다. 서류를 고치면 되지 않느냐고 묻겠지만 정상적인 임대 계약서 공증만 해도 하루가 걸렸다. 이럴 경우 트집을 잡으면 해결할 방법이 없다. 그런 사정은 누구보다도 경찰이 잘 알고 있었다. 그렇다면 그가 원하는 것은 무엇이었을까? 바로 추가 수업료, 즉 '보충 수업료'였다.

이웃과 경찰 간에 몇 마디 대화가 이어졌다. 처음에는 딱딱하게 나왔지만 이웃이 구슬리자 점차 방법이 보이는 듯 했다. 애초에 군이 문제 삼을 것도 아니지만 경찰은 완고했다. 사실 그가 문제를 제기하지 않았더라도, 누군가는 반드시 걸고 넘어졌을 일이었다. 차라리 일찍 발견된 것이 다행이란 생각이 들었다.

그날 아침부터 "수업료는 잘 챙겨왔냐"고 거듭 확인했던 이웃은 내게 경찰의 요구사항을 정리해주었다. 임대 계약서 상의 문제를 빌미로 원래 금액의 두 배를 요구했다는 것이었다. 직감 상 이웃도 수업료를 분배받는다는 것을 알 수 있었다. 보통 한국에서 받는 급행(急行) 비자 비용의 몇 배에 달하는 금액이었다. 하지만 나는 어쩔 수 없이 이웃의 의견과 순리에 따랐다.

부패이기 前에 관행

그 후 서류는 순식간에 경찰의 신분 확인을 걸쳐 당일 특송(特送)으로 비

인도 최대 명절, 홀리 축제

● 길을 걷다가 머리 위로 무언가 물줄기가 느껴져 올려다보니 어떤 인도 아이가 자신의 집 발코니에서 물총을 쏘아대고 있었다. 난데없이 물세례를 받았는데 평소 같으면 예민하게 반응할 수도 있겠지만, 그날은 인도의 축제였다. 홀리(Holi)는 인도의 봄 축제다. '색의 축제' 또는 '사랑의 축제'로도 알려져 있는데 고대 힌두교 축제에서 비롯되어 현재는 종교를 초월해 모든 인도인들이 즐기는 최대의 명절 중 하나다. 축제 전날부터 춤추고 노래하며 한껏 들뜬 분위기가 이어지고, 축제 당일에는 온갖 색깔의 가루분과 액체를 서로에게 뿌리고 물이 든 풍선을 터뜨리거나, 물총을 쏜다. 가족, 친지, 동네 주민 등 너나할 것 없이 함께 축제의 분위기를 즐기므로 이날은 좋은 옷을 입고 나가지 않는 것이 상책이다. 홀리 축제일은 힌두력을 기준으로 매년 날짜가 다르다. 춘분을 맞아 겨울이 끝나고 봄이 도래했다는 것과 선이 악에게 승리를 거두었다는 의미를 가지며 모두가 웃고 용서하며 화합하는 날이다.

자 발급 부서에 보내졌다. 그리고 귀국 하루 전, 비자 발급 담당자에게 또 한 차례 예정된 수업료를 지불한 뒤 마침내 비자를 발급받아 여권을 돌려받게 되었다. 이 일에 관여한 모든 사람들에게 지분이 있었을 것이다. 따지고 보면 그 업무는 원래 그들이 마땅히 해야 할 일이었다.

인도는 원만히 해결되는 것은 없지만, 안 되는 것도 없는 나라다. 땡볕 아래서 그런 과정을 겪는다는 게 고달프지만 밀어붙이면 무엇이든 해결할 수 있다. 이 이야기를 꺼낸 이유는 그런 편법을 조장하고, 인도의 치부(恥部)를 고발해 흠집을 내려는 게 아니다. 오히려 하고 싶은 말이 있다면, 애초에 그런 일 자체를 만들지 말고, 그런 상황이 닥쳐도 '인도(印度)의 상식'에 맞춰 순응하며 융통성을 발휘해야 한다는 것이다.

사실 이 정도의 일은 인도인들에게 부패이기 전에 관행일 것이다. 사회적으로 심각한 부패에 대해 이야기하자면 석탄 비리[7] 등 모든 인도 국민들을 공분케 한 사건들도 많다. 하지만 작은 일들이 결국 사회 전반적인 부패와 비리로 이어진다는 점에서 이러한 문제들을 쉽게 생각할 수는 없다. 인도에서 겪은 여러 부조리한 일들은 이 경험과 비교해 크게 다르지 않다. 최근 인도에서도 부정부패의 척결과 개혁에 대한 목소리가 커지고 있는데 과연 사회 전반에 걸쳐 그 결실을 맺을 수 있을지 궁금하다.

인도에서 경찰은 '수업료'를 통한 부수입이 상당해, '꿈의 직장'이라고 한다. 인도가 세계 속에 스며들기 위해서는 반드시 변해야 할 부분이다. 중요한 것은 우리가 아무리 실망하고 비판을 하더라도 그 사회 자체가 변화의 필요성을 느껴야 한다는 것이다. 나 역시 현지에서 이런 일들을 겪다보니 억울하고 화가 났지만 받아들이고 적응하는 것이 낫다는 결론에 이르렀다. '차라리 인도를 배운 과외비를 지불했다고 생각하자'며 스스로를 다독였던 것이다.

변할 일만 남은 인도

"인도가 변하겠어?" 인도를 경험한 사람들의 이야기다. 들어보면 일부는 인도의 변화에 꽤 부정적이다. 그런데 변하지 않으면 어쩔 것인가? 인도도 변할 일만 남았다. 비록 많은 시간이 소요되더라도 말이다.

변화에 대한 갈망이 외부에만 있는 것은 아니다. 인도인들과 대화를 나누며 입장을 들어볼 수 있었다. 그들도 문제가 있다는 점을 인정했다. 다만, 가족이 이해 당사자일 경우가 있는 등 각자 처한 입장이 서로 다르고, 어디서부터 손대야 할지 막막하단 이야기도 했다. 그래도 최근 선거를 통해 드러난 개혁과 부패 척결에 대한 기대는 매우 고무적이다. 변하지 않고서 누가 인도를 기회의 땅으로 보고 찾아올 것인가.

물론 공공기관의 관리자이면서도 양심적이고 청렴한 사람들도 있다. 의례적인 식사 자리도 정중히 거절하며 인도의 명절을 맞이해 보낸 가벼운 화환이나 선물도 마다하는 사람들도 없지 않다. 희망적인 부분이다. 변화는 대승적 차원이지만 인도는 한국이나 중국과는 달리 수렴(收斂)의 과정이 길고 그만큼 급속한 개혁과 변화가 쉽진 않을 것이다. 그것은 인도의 한계다. 하지만 완만하고 느리긴 해도 융통성을 가지고 서서히 변해갈 수 있는 곳이 인도이고, 긍정적인 방향으로 변화할 가능성이 있다는 게 인도의 잠재력이다.

인천에서 홍콩, 다시 홍콩에서 아메다바드를 거쳐 델리에 이르기까지 여행의 시작부터 진을 뺀 것은 험난한 여정에 대한 암시였다. 하지만 인도에서 조바심을 내면 결국 자기 손해다. 인도는 자신을 잠시 내려놓고, 먼 목표를 내다보며 인내심을 가지고 기다리지 않으면 표류하게 된다.

마침내 비행기는 자욱한 안개를 뚫고 델리에 가까워지고 있었다.

머리 좋은 인도인들이 공부도 열심히 한다!

내 이름은 '남자'

까마득한 밤이 되었고, 귀퉁이가 일그러진 달이 그 속에 걸려 있었다. 드럼통을 화덕삼아 갓 구워낸 따끈한 짜파티(Chapati)와 난(Naan·얇은 인도 전통의 빵) 그리고 커리로 저녁을 마친 나는 기숙사 건물 밖으로 나서 주변을 거닐었다.

내가 머물던 기숙사 방은 5인 1실로 거실에는 4개의 싱글 침대가 간격을 두고 나란히 놓여 있었고, 따로 방 하나가 더 붙어 있었다. 천장에 걸린 선풍기는 실내의 공기를 휘저으며 날개를 파닥거렸다. 방의 공간은 넉넉했지만 창문을 열어 환기하기가 어려웠다. 밤이 되면 인도 특유의 웃풍이 벽으로 스며들어 쌀쌀했고, 웽웽거리는 모기 때문이라도 침낭 속에 기어들어가 잠을 청해야 했다. 실내의 공기는 고여 있었고 때때로 답답함이 느껴지기도 했다. 델리 대학교에서의 연수를 위해 이곳에 머무를 기간은 보름 남짓이었지만 인도는 가만히 있기 보다는 자꾸만 움직이는 편이 더 나았다.

델리에 도착해 곧바로 북쪽 모델 타운(Model Town) 근교에 위치한 기숙사(Teacher's Transit Hostel)에 입주했다. 기숙사는 담으로 둘러싸여 5층 높이의 건물들이 여러 채 군집하고 있었는데 꼭 한국의 저층(低層) 아파트 단지 같은 느낌이 들었다. 인도에 있다 보면 밤에는 좀처럼 바깥으로 나서길 꺼리게 되지만 담으로 둘러싸여 있으니 아늑한 느낌이 들어 산책할 기분이 났다.

단지를 나서면 도로 맞은편에 현지 주민들이 자주 오가는 작은 바자르(시장)가 들어서 있었다. 전화를 하거나 군것질거리가 필요할 때는 가끔 그곳을 찾았다. 당시 인도는 전화 방식이 틀려 해외 통화를 하려면 따로 전화방을 찾아야 했다. 입이 심심해지면 연수생들끼리 가벼운 게임이나 내기를 해서 바자르에 갈 당번을 정했고, 바자르에서 사온 과자와 맥주 캔을 앞에 두고 함께 모여앉아 두런두런 이야기를 나누기도 했다. 그럴 때면 주말에는 어디를 가볼지 얘기하거나, 연수가 끝나면 이어질 각자의 여행에 대한 포부를 밝혔다. 연수생들은 총 30명에 가까웠던 것으로 기억한다. 대부분 동기, 선후배 사이라 마치 MT를 온 것 같았지만 대성리도 아니고 인도에서 모인다는 것은 무척 특별한 일이었다.

매우 신나는 일이기는 했지만 조금 다른 생각도 들었다. 애써 먼 곳까지 왔는데 주변은 아직 한국이나 다름없으니 슬슬 조바심이 느껴졌다. 나는 익숙함으로부터 한 걸음 멀어지고 싶었다. 이미 두 번째 여행이기에 어느 정도 자신감도 있었다. 어서 길을 나서 몸으로 부딪혀 보고 싶은 곳이 인도였고, 그것이 새로운 경험으로 인도해 줄 것이라는 믿음도 있었다.

당시 기숙사에서는 함께 어디로 향할 것인가를 두고 의견이 오고갔다. 때문에 일행(一行)들과 다른 내 마음은 누군가에게 섭섭한 일일 수도 있었다.

'함께'라는 것은 좋지만 새로운 모험과 더불어 내가 가야 할 곳은 이미 정해져 있었다. 마치 등반을 앞두고 베이스캠프에 머무는 탐험가 같은 기분이 들었다. 인도는 여행의 선택지가 많아 마음이 맞는다면 함께 가고, 아니면 따로 갈 수밖에 없다. 함께 떠나 갈림길에서 헤어지고, 헤어진 사람도 다시 재회(再會)하는 곳이 인도다. 나는 이미 묵묵히 갈 곳을 가야겠다는 결심을 하고 있었다.

산책을 하며 기숙사 건물 사이를 배회하는데 무언가 펄럭이는 소리에 고개를 돌렸다. 기숙사 뒷마당의 작은 정원을 사이에 두고 건너편 건물 3층 발코니에 익숙한 얼굴이 눈에 들어왔다. 이번 연수 과정을 담당하던 교수였다. 그의 모습이 건조대에 널린 옷들 사이로 나타났다. 이곳에 그가 거주하고 있다는 사실은 처음으로 알았다. 그간 꽤나 소란스러웠을 텐데 말이다. 그는 나와 눈이 마주치더니 반갑게 말을 걸었다. "헤이 아드미, 거기서 뭐해?" 고요함이 자리 잡은 밤 속에 그의 목소리는 유난히 또렷하게 들려왔다. '아드미(Aadmi)'는 나의 인도式 이름이었는데 힌디어로 '남자(man, male)'를 뜻했다.

연수를 시작하며 각자 힌디어 이름을 하나씩 지어야 했다. 대개 '람', '꾸마르', '순다리' 등등 그럴싸한 이름을 정했는데 독창성의 함정에 빠진 나는 '아드미'란 별난 이름으로 정하고 말았다. 처음 출석을 부르는 인도인 교수들은 실소를 금치 못했다. 나름대로 이유는 있었다. 어릴 적부터 이름에 대한 오기(誤記)나 오독(誤讀)이 많아 '인체(人體)의 신비'라는 별명으로도 불렸는데 생각을 더듬던 차에 '남자 사람'을 뜻하는 '아드미'까지 이르렀던 것이다.[8] 이름 속에 드러나는 신분적 특성을 잘 이해했더라면 좀 더 고상한 이름을 지을 걸 그랬다. 아무튼 잘 기억될 만한 이름이었다.

"아드미, 자네 거기서 뭐하나?"

단기 연수 과정 수료를 위해 찾은 델리 대학의 캠퍼스 풍경.(사진 위)
사진을 찍자 멀리서도 즐겁게 포즈를 취해 주는 아이들.(사진 아래)

그때까지만 해도 힌디어 표현이 궁했던 나는 교수의 질문에 짧게 대답했다.

"산책을 하고 있습니다."

"밤에 혼자 왜?"

교수는 매우 온화한 미소와 함께 하늘을 가리켰다. 갈수록 대답이 궁해지는 것은 당연했다. 나는 기억 속에서 그날 배운 단어와 문법을 급히 소환했다.

"생각하고 있습니다."

교수가 물었다.

"오, 그런가? 무슨 생각?"

상대는 길거리에 오가다 마주치는 인도인이 아니었다. 적절한 존칭을 사용해야했고, 격식을 갖춘 대화에서 성(性), 수(數), 격(格)에 따라 현란하게 변하는 단어의 어미(語尾)들이 어긋나지 않기 위해서는 침착해져야 했다. 남자 교수에게 여성형 語尾를 붙일 순 없지 않은가? 나는 조금 뜸을 들이며 답했다.

"아쁘네 압 께 바레 메…(나 자신에 대해서…)"

그는 감탄한 듯 고개를 끄덕였다. 정말 무슨 생각을 했는지를 떠나 그럴싸한 대답이 아닐 수 없었다. 가만 보면 인도는 사고(思考)의 정원(庭園)이었다.

느슨한 일상과 느슨하지 않은 교육

델리에 도착하자마자 이틀째부터 연수가 시작되었다. 월요일부터 토요일 오전까지는 강의실과 기숙사를 오가며 시간을 보냈는데 오전 아홉시 기숙사 1층의 식당에서 아침 식사를 마치면, 곧바로 버스를 타고 학교로 이동해 오전 강의가 진행되었다.

점심시간이 되면 학교에서 마련한 사모사(Samosa)[9]와 같은 간단한 간식을 먹었고, 지루할 만큼 긴 짜이타임(티타임)이 지나면 오후 수업이 재개되어 해질녘에 다시 버스를 타고 숙소로 돌아와 저녁을 먹는 것이었다. 그렇게 며칠이 지나갔다. 하루의 일과가 단조로웠고, 이런 날들이 반복되다보니 권태롭고 나른해지는 경향이 있었다. 인도에서의 일상은 스펙터클한 여행과는 거리가 멀었고, 느슨하게 느껴졌다.

나중에 경험한 일이지만 인도에서는 직원들이 수시로 지각하거나 결근하는 경우가 많았는데 덮어놓고 게으름을 탓하기 전에 그들의 문화와 환경적인 문제를 생각해볼 필요가 있다. 먼저 살인적인 날씨다. 걸핏하면 40도를 넘고 때로는 50도를 육박하는데 한낮의 거리를 보면 마치 슬로비디오를 보는 듯한 느낌이 든다. 겁 없이 대낮의 거리를 활보했던 나는 순간 아찔하니 정신이 혼미해지는 것을 경험했다. 되도록 실내에 머무르며 움직임을 자제하려는 것이 당연하다.

교통의 문제도 있다. 지하철이나 버스 등 대중교통은 아직 부족하고 중간중간 릭샤와 같은 운송수단으로 환승하는데 출퇴근 인파도 많을 뿐더러 한바탕 전쟁을 치러야 한다. 자가용이 있어도 도로는 좁고 정체가 심하다. 출퇴근 시간만 도합 네 시간 이상이 걸리는 경우도 허다하다. 그러고 보면 델리의 경우 화물차의 통행 시간도 통제되는데 통행량이 적은 밤 시간만으로 제한되고, 때문에 물류 이동이 정체(停滯)되는 부작용으로도 이어진다.

내친김에 인도 직장인들의 일상을 더 살펴보면 오전 5시에는 일어나야 9시 출근이 가능하고 오후 6시에 퇴근해도 8~9시는 되어야 귀가한다. 밤 10시는 되어 온가족이 모여 식사를 하게 되는데 음식은 채식(菜食) 위주라지만 대부분이 기름에 튀긴 것이다. 인도 사람들의 체형이 나이가 들수록 비대해지는 것이 이해가 갔다.

따로 하는 식사

● 어느 날은 직원의 생일이라 회식 겸 점심으로 피자를 돌렸다. 한국처럼 저녁에 따로 회식을 하면, 좋아하긴 해도 밤늦게 집으로 돌아가는 일은 조금 부담스러워 했다. 밤은 어두운데 대중 교통이 잘 되어 있진 못하다. 인도에서 피자는 평소 즐기기에는 다소 비싼 '서양 빈대떡'이다. 인기가 좋았다. 단지 채식주의자와 그렇지 않은 사람의 피자를 구분하여 주문하면 되었다. 필자도 직원들과 함께 어울려 피자를 먹는데 가만히 생각해보니 신기했다. 예전에는 계급이 다르면 자리와 음식이 구별되었고, 식당에 따라서는 외국인이 들어갈 수 없는 곳도 있었다. 그런데 지금은 함께 모여 회식을 하니 재미있다는 생각이 들었다. 업체 사람들과 식사를 하거나 잔치에 초대받는 경우도 있었다. 새삼 인도도 참 많이 유연해졌다고 느꼈다. 국적이나 계급, 종교 그리고 성별에 상관없이 어울려 식사를 하는 모습은 그런 의미에서 보기 즐거운 광경이었다. 하지만 자세히 살펴보니 변하지 않는 부분도 많았다. 가령 사무직과 생산직 근로자들은 함께 식사하는 경우가 없었다. 남직원과 여직원 역시 회식이 아닐 때는 같이 식사하는 경우가 절대 없었다. 변했지만 변하지 않는 인도의 모습이다.

느슨한 일상과 달리 연수 과정은 빠듯했다. 고령임에도 불구하고 온몸을 활용해 열정적으로 가르치는 인도인 교수들의 교수법은 매우 인상적이었고, 지루할 틈을 주지 않았다. 그런데 관심을 끈 것은 그들의 빼어난 강의만은 아니었다. 더욱 흥미를 자극했던 것은 젊은 女강사가 담당했던 수업이었다.

사실 그녀는 경력이 일천한 듯 번갈아 대화만 나눌 뿐 딱히 강의라고 할 만한 내용이 없었다. 하지만 외모도 권력이라고 꾸민 것 없이 수수하면서도 또렷한 이목구비가 대번에 눈길을 사로잡았다. 말로만 듣던 인도 미인이었던 것이다. 일행 중 누군가는 거침없이 호감을 표하기도 했다. 물론 이것은 장난스러운 호감일 뿐이었다. 문화적으로 외국인이 인도 여성을 동경하는 일은 부질없다. 동족(同族) 간의 교제도 종교와 신분 등 '조건'에 부합하지 않으면 집안의 반대에 부딪히는 곳이 인도다. 엉뚱한데 정신이 팔릴 것이 아니라 조금이라도 더 강의에 집중할 일이었다. 그도 그럴 것이 일상이 느슨한 인도였지만 강의 시간에서 느슨함이란 전혀 찾아볼 수 없었다.

인도 대학의 높은 수준과 현실

인도의 대학은 어떨까? 문맹률이 높은 인도라고 하지만 지식의 빈부 격차도 만만치 않아 보인다. 인도 출신의 세계적인 석학들과 글로벌 기업에 포진한 다수의 인도인들을 보면 일단 인도의 대학에서는 상당한 인재들이 배출되고 있다. 가령 인도의 MIT인 IIT(Indian Institutes of Technology)는 한 곳이 아니라 델리, 뭄바이, 첸나이 등 전국적으로 18개에 이르고 그 수준이 매우 높다. 그밖에도 유수의 대학들이 상당한 수준과 역량을 갖추고 있음은 물론이다. 학생들의 수준이 높고 서로간의 경쟁도 치열한데 암기력이 뛰어난 학생들은 책 한 권을 통째로 암송할 정도라고 한다.

하지만 나중에 인도에서 일하며 실제로 인도인 직원들을 겪어보니 인도 대학 수준에 대한 이야기는 다소 과장된 면이 있었다. 또한 생각만큼 유능한 인재들이 흔한 것도 아니었다. 높은 수준의 대학을 졸업한 우수한 인재들은 상당수 세계적인 기업으로 스카웃되어 몸값이 비싸고 구인(求人)도 어렵다.

거기에는 허와 실이 있었다. 규모 면에서 인도의 대학은 세계 3위에 해당되지만, 부실한 교과 과정으로 일부 명문대를 제외하면 졸업생의 자질이나 신뢰도가 현저하게 떨어져 기업은 인력이 필요해도 뽑지 않고, 졸업생들은 구직난에 시달린다고 했다. 영어 구사 능력도 기대치를 밑돌았다. 심지어 국공립 대학의 '소외 계층 할당제'[10]도 문제시 되고 있는데 할당제는 학생은 물론 교수진 구성까지 포함되었고, 대학의 전반적인 질적 저하를 초래하는 부작용이 생겼다. 인도 대학에 대한 지나친 미화(美化)는 뛰어난 소수와 그 압도적인 양적 규모가 조합된 환상일지도 모르겠다. 비록 소수라고 해도 다른 나라에 비하면 상당한 숫자일테니까 말이다.

직접 경험해보니 시설 등 환경은 다소 열악했다. 오로지 선풍기만으로 인도의 더위를 견디는 것인데 땀이 비오듯 흐르고 시큼한 공기가 강의실 안을 가득 채웠다. 이 정도는 아무것도 아니다. 풍운의 꿈을 꾸고 인도로 유학을 떠났던 지인들의 이야기를 들어보면 그 어려움은 상상을 초월한다. 유학생들의 경우 현지의 인재들과 겨루는 학업 자체도 고되지만 무엇보다 열악한 환경 속에서 장기간 페이스를 유지하는 일이 쉽지 않다고 한다. 부득이한 사유로 중도 포기하는 이들도 적지 않다. 이는 실력과 태도의 문제가 아니었다. 이런 과정을 견뎌낸 사람들은 하나같이 대단한 의지를 가지고 인도에 모든 것을 던진 사람들이다.

달리는 인도 기차에서
뛰어내리기

음식 망명

느슨해질 수는 없었지만 강의실과 기숙사를 오가는 생활은 차츰 지루해졌다. 여행하는 것과 장기간 한곳에 머문다는 것은 엄연히 달랐다. 인도에 머무르면 단순히 먹고사는 일에 집착하게 된다. 특히 매 끼니를 어떻게 해결할 것인가는 매일 되풀이되는 고민이었다.

나는 점차 밖으로 나서기 시작했다. 숙소의 인도食에 질리면 이따금씩 델리의 심장부라고 할 수 있는 코너트 플레이스(Connaught Place)의 패스트푸드점을 찾아가 끼니를 때웠다. 지하 쇼핑가에서 영화 VCD를 구입하거나 환전을 하기도 했다.

거대한 원을 따라 건물이 둘러싼 코너트 플레이스는 가운데 공원이 조성되어 있고, 그 둘레를 안쪽 원(Connaught Pl), 중간 원(Middle Circle)과 바깥쪽 원(Connaught Circus)이 에워싸고 있다. A부터 N[11]까지의 구역에

수많은 인파가 오가는 델리 시내의 모습.

각종 상점, 레스토랑, 은행 등이 밀집했는데 배낭 여행객들은 주로 이보다 조금 북쪽에 위치한 뉴델리 기차역 주변의 빠하르간지(Paharganji)에 묵지만 때때로 이곳으로 내려와 회포를 풀었다. 기숙사에 머무르고 있던 내 입장도 마찬가지였다. 지금은 시내 곳곳에 들어선 대형몰(Mall)로 가면 되지만 당시에는 먹거리를 찾거나 볼 일을 보기 위해서는 코너트 플레이스로 향했다.

시간이 허락할 때는 올드 델리에 있는 이슬람 사원인 자마 마스지드(Jama Masjid)나 랄 낄라(Red Fort), 뿌라나 낄라(Old Fort), 꾸뚜브 미나르(Qutb Minar) 등 이슬람 유적지들을 방문하기도 했다. 첫 여행에서 가보았던 곳이지만, 다시 찾아가도 좋은 곳들이었다. 뉴델리 기차역에서는 앞으로의 여행을 대비해 열차 일정표가 수록된 타임 테이블(Time Table)를 구했는데 인도에서 기차 여행을 하기 위해서는 먼저 타임 테이블을 탐독해야 했다.

역 주변의 메인 바자르(Main Bazaar)에서는 인도인 코스프레를 위한 의복과 장신구도 골랐다. 일행들은 그때부터 남녀를 불문하고 다들 의상이 조

● 인도 시장통을 가보면 꼭 정육점이 있다. 정육점이라고 하여 소나 돼지고기를 다루는 것이 아니라, 닭을 잡아주는 곳이다. 실내에 있는 곳도 있고 모든 과정을 볼 수 있게 좌판을 벌인 곳도 있다. 닭장에 숨 쉴 틈 없이 채워진 닭들의 살풍경과 피비린내 나는 주위로 파리가 들끓는 것을 보면, 별다른 선택지가 없어 평소 인도에서 즐겨먹던 사람들도 닭요리가 더 이상 당기지 않는다고 말하기도 한다. 필자는 그날 지인과 함께 닭백숙을 해먹기 위해 그곳을 찾았다. 무슬림이 닭을 잡고 있었는데 그 과정을 곁에서 보니 참으로 특이했다. 한 마리를 잡는데 살짝 닭의 목을 베더니 그대로 통 안에 넣었다. 잠시 다소 표현하기 거북한 시간이 지나가자 닭을 통에서 빼내더니 발가락 사이에 칼을 세우고 닭을 움직이기 시작했다. 손으로 칼을 움직이는 것이 아니라 칼은 고정시키고 닭을 움직였다. 부위 별로 잘게 잘라달라고 했는데 닭모래집 같은 일부 부위는 빼지 않고 넣어달라며 챙겨야 했다. 그렇게 인도에서는 부정(不淨)한 살생을 거쳐 불살생(不殺生)에서 열외 된 닭은 한 줌의 식재료가 되어 비닐봉지에 담겼다. 이후 마트 안의 비교적 깨끗한 정육점을 발견한 이후로는 다시 그곳을 찾아가지 않았다.

금씩 바뀌어갔는데 특히 여성들의 경우 아름다움에 대한 본능적인 욕망 때문인지 상점을 수소문해 매우 화사한 사리(Sari)[12]를 맞춰 입기도 했다. 그 모습이 아름답기는 한데 다소 과한 면이 있었다. 너무 화려한 나머지 오히려 현지인들과 명확히 구분되어 불필요한 주목을 받았는데 멀리에서도 누군지 알아볼 수 있을 정도였다. 실크로 만든 숄은 모두의 전리품이었다.

먹거리가 궁하다보니 볼거리보다는 먹거리를 찾아다니기 시작했다. 지금은 문을 닫았지만 당시에는 자장면 가게가 하나 있었는데 그곳을 찾아 헤매기도 했고, 육류와 입맛에 맞는 음식이 그리울 때는 티베티안 콜로니(Tibetian Colony)라고도 불리는 마주누까틸라(Majnu-ka-tilla)를 찾아갔다. 사실 맛집을 찾아 다녔다기 보다는 먹이를 찾아 이곳저곳 어슬렁거렸다는 것이 더 맞는 표현일 것이다. 릭샤를 탄 일행은 입안에 고인 침을 삼키며 길을 달렸다. 듣기로는 그곳의 음식들은 가격도 저렴하고 우리 입맛에 꼭 맞다고 했다. 해가 뉘엿거리며 저물어가는 시간, 마침내 다다른 마주누까틸라의 첫 느낌은 마치 오아시스 같았다.

우리는 마음에 내키는 식당에 들어갔고 오랜만의 포만감으로 만족스러운 밤을 맞이할 수 있었다. 과거의 추억도 있고 최근 마주누까틸라를 다시 찾아가본 적이 있다. 지금이야 한식, 중식, 일식할 것 없이 과거와 비교할 수 없을 정도로 먹거리가 다양해진 델리지만 그래도 여전히 입에 맞는 한 끼는 그리웠다. 대낮에 다시 본 마주누까틸라의 모습은 기억과는 달리 무척 초라해보였다. 하지만 음식의 맛만은 신기루가 아니었고, 그 미각(味覺)의 반가움이란 당시와 비교해 결코 덜하지 않았다. 문득 식량을 찾아온 난민 같은 심정이 되었는데 그도 그럴 것이 실제로도 마주누까틸라는 티베트인들의 망명촌[13]이다.

아그라의 공수부대

첫 여행 이후 오랜만에 다시 델리를 돌아본 것은 나쁘지 않았다. 그만큼 델리는 볼거리가 풍성한 곳이다. 또한 세상 어느 곳이든 한 번으로 충분한 곳은 없다. 이미 가보았던 곳이라도 틈틈이 찾아가보니 더욱 내밀하게 알게 되는 느낌이었다.

첫 주말에는 타지마할이 있는 아그라를 다시 가게 되었다. 토요일 오후, 델리의 니자무딘(Nizamuddin) 역에서 출발해 아그라로 향했다. 열차는 세 시간 연착되어 오후 여섯 시 반에 출발했다. 아무래도 타지마할은 기본 코스이다보니 많은 사람들이 함께 나섰는데 나 역시 첫 여행에서 타지마할과 뒤편의 야무나 강에 대한 아스라한 추억을 남겼기에 기꺼이 동참했다. 하지만 많은 인원이 서로 보조를 맞추어 움직인다는 것은 쉽지 않은 일이었다. 동일한 목적지에 가기 위해 여러 대의 릭샤를 한꺼번에 잡아야 했고, 일렬로 죽 늘어선 릭샤들을 차례로 설득해야 했다. 꼬리 부근으로 다가갈수록 "100루피?", "오케이"하는 대화가 되풀이 되었다.

사건은 아그라에 도착할 즈음 벌어졌다. 점차 아그라에 가까워지고 있었고 열차는 어떤 역에 잠시 정차했다. 우리는 아그라 칸트(Agra Cantt) 역에서 내려야 했는데 이곳이 어느 역인지 혼선이 왔다. 어쩐지 내려야할 것만 같아 주변의 인도인 탑승객에게 확인했는데 그는 여기는 칸트 역이 아니라고 답했다. 하지만 주저하다가 다시 역무원에게 물어보니 이곳이 칸트 역이 맞다는 것이다. 역의 푯말이 잘 보이지 않았다.

내려야 할 타이밍을 놓쳐버렸는데 인원이 많아 한꺼번에 하차하기에는 시간이 부족했다. 열차는 다시 출발할 찰나였다. 우리는 서둘러 내릴 준비를 했다. 실수로 역을 잘못 내리더라도 다 같이 내리는 한 큰 문제는 없었다. 다시 찾아가면 그만이다. 문제는 일부는 내리고 일부는 열차에 남는 것이었다. 좀 더 작은 그룹으로 나누어 행동했어야 했다. 하지만 인원이 많아 전달이 늦었고, 잠깐 사이에 역에서 내려야 하니 모두들 허둥지둥해야만 했다.

"빨리 다들 내리라고 해!" 재빨리 준비한 일행들은 먼저 열차에서 내리기 시작했다. 하지만 방심하고 있다가 준비가 늦어진 일행도 있었다. 칸트 역에 정차(停車)했던 열차는 이미 발차를 알리며 바퀴를 굴리기 시작했다. 열차는 점차 속도를 높였고, 탑승구에는 내리기를 주저하는 일행들이 보였다. 더 늦으면 곤란해질 터였다. 나는 아마 그때의 순간을 영원히 잊지 못할 것이다. 간격을 두고 한 명씩 뛰어내리기 시작했는데 가방을 맨 그들의 모습이 마치 공수부대의 낙하(落下)를 연상하게 했다. 바닥에 닿은 그들은 그대로 바닥을 데굴데굴 굴렀다. 발밑으로는 플랫폼이 세찬 물결처럼 지나가고 있었다. 어쩔 수 없었다. 나도 플랫폼으로 몸을 던졌다. 발이 바닥에 닿는 순간 몸이

두 번째로 찾은 아그라의 타지마할.

크게 휘청하더니 그대로 바닥에 뒹굴었다.

다행히 큰 사고는 없었다. 하지만 마냥 웃을 수만도 없는 일이었다. 놀란 가슴을 쓸어내려야 했다. 인도 여행은 낙법(落法)이라도 배워둬야 하는 걸까? 몸의 균형을 찾고 주변을 돌아보니 그야말로 진풍경이었다. 뒤늦게 뛰어내린 일행들이 마치 모를 심은 듯 일정한 간격을 두고 바닥에 주저앉아 있다가 하나둘씩 몸을 일으키고 있었다. 어쩐지 미안한 마음이 들었다. 많은 인원이 움직이다보면 그만큼 결정도 빨라야 했다. 일찍이 기차를 타고 인도를 일주한 경험이 있으면서도 실수를 했다. 문득 적절한 준비가 되어있지 않다면 이렇게 단체로 돌아다녀서는 안 되겠다는 생각이 들었다.

타지마할은 여전히 아름답고 그 뒤를 도도하게 흐르는 야므나 江도 그대로였다. 다만 기억보다는 강물이 조금 말라 있을 뿐이었다. 사실 두 번째 아그라行에서 가장 기억에 남은 일은 뜻하지 않았던 칸트 역에서의 낙하(落下)였다. 이번 여행에서는 심상찮은 일들이 벌어지고 있었다. 물론 이마저도 내가 간직하게 된 인도 여행에서의 진귀한 추억이기는 하다. 이젠 그럴 일도 없다. 무엇보다도 시간이 많이 흐른 지금은 아그라 고속도로(Agra Expressway)가 개통되었고, 델리에서 아그라까지는 차를 이용하면 세 시간 만에 주파할 수 있게 되었으니까 말이다.

히말라야를 만나는 길, 나이니탈

우여곡절을 겪었던 아그라에서 돌아와 연수 두 번째 주가 지나가고 있었다. 이제 연수도 거의 막바지에 이르고 있었다. 아그라에서 큰 코를 다쳤지만 나는 일행과 함께 또 다른 일을 꾸미기 시작했다. 히말라야가 보이는 나이니탈(Nainital)에 가보고 싶었던 것이다. 델리 이북으로 올라가보는 것은 이번이 처음이었다. 우리는 연수 담당 교수에게 면담을 청했다. 토요일 오전 강의를 양해 받아야 했고 가능하다면 대절할 택시 업체를 소개받기 위함이었다.

나이니탈까지는 차를 이용해야 했다. 주말을 활용할 예정이지만 길이 멀었기 때문에 토요일 이른 새벽부터 출발해야 했다. 사실 이런 부탁은 부적절했다. 교수는 원한다면 그렇게 하라고 했지만 인도인 교수들의 시각에서 결코 올바른 처신이라고 할 수 없었다. 하지만 자꾸만 떠나고 싶은 마음은 어찌할 도리가 없었다. 우리는 계획을 감행했다. 타타(TATA)에서 만든 지프 한 대를 대절하여 함께 가기로 한 일행(一行)들을 차 한가득 실었다. 차는 새벽 6시에 숙소를 출발했다. 사실 사람이 탔다기보다는 실었다는 표현이 맞았다.

운전석 옆의 조수석이 있었고 뒷좌석에는 가운데 공간을 두고 마치 군용 트럭처럼 좌우로 의자가 마주보고 있었다. 일행을 모두 앉히자 남는 공간은 의자가 없는 가운데 공간뿐이었다. 나는 그 공간에 쭈그리고 앉았다. 모두 10명이었다. 우타란찰 州의 나이니탈은 네팔에 근접한 곳이었다. 차로 7시간 가까이 가야하는데 실제로는 더 많은 시간이 걸릴 것이었다. 자세가 다소 불편하기는 했지만 좌석에 앉는다고 그렇게 편하지만은 않을 것이었다. 당시 인도産 지프란 그랬다. 달리는 내내 차량의 틈새로 바람이 들어왔다. 나는 아무렇지 않게 바닥에 엉덩이를 깔고 앉았고 지면의 충격을 고스란히 온몸으로 느꼈다.

앞좌석의 조수석에 앉은 사람은 일행 중 가장 연장자인 선배였다. 그러나 그것이 결코 연장자에 대한 우대는 못되었다. 그는 눈 뜨고 보기 어려운 광경을 두 눈으로 목격해야했다. 델리에서 벗어나 얼마 지나지 않자 1차선의 국도로 접어들었다. 여기서 1차선이라고 하면 중앙선이 보이지 않는 외길을

인도의 전기 부족

● 인도는 전기 공급이 수요에 미치지 못하는 국가다. 세계 3위의 전기 생산국이지만 시골 등 지방의 3억 명에 가까운 인구가 전기 공급을 받지 못하는 것으로 알려져, 비교적 낮은 전기세에도 불구하고 1인당 전기 소비량은 상당히 낮다. 실제 인도인들에게 정전은 매우 일상적인 일이다. 하루에도 수차례 정전이 되는데, 일반 인도인들은 가전 제품과 전자 장비 등에 스테빌라이저(Stabilier)라는 전압 안전 장치와 UPS(무정전 전원장치) 등의 보조 전원을 이용하기도 한다. 공장 설비 중 빼놓을 수 없는 필수적인 시설이 자가 발전기이고, 기본적으로 인도에 납품되는 설비들은 UPS 기능을 기본적인 사양으로 탑재한다. 인도의 전기 공급원으로는 석탄이 59%, 수력 발전이 17%, 태양력, 풍력 등 재생 가능 에너지(Renewable energy)가 12%, 천연 가스가 9%, 원자력 발전이 2%, 석유가 1%를 차지(2013년 기준)하고 있는데 원자력 발전을 25% 수준으로 끌어올리는 것이 정부의 계획이다.

의미한다. 새벽이라 그런지 길은 한치 앞도 볼 수 없는 안개로 뒤덮여 있었다. 가시거리가 불과 몇 미터에 지나지 않았지만 지프의 운전사는 거리낌 없이 속도를 높였고, 눈앞으로 돌진하는 차가 보이면 급히 핸들을 틀어 비껴지나가기를 반복했다. 아슬아슬했다. 선배는 차마 눈뜨고 못 보겠다는 듯 고개를 돌려 뒤를 돌아보며 찡긋 웃어보였다. 나 또한 보다 못해 몸을 숙이고 눈을 감아버렸다. 무섭다고 몸은 그대로 내놓고 머리만 숨기는 게 닭이라고 하지만 이런 광경은 차라리 외면하는 것이 나았다.

첫 번째 여행에서 우연히 알게 된 사람이 있었다. 혼자 여행하는 여성이었는데 매우 멋지고 용감한 사람이었다. 그녀는 그때가 자신의 두 번째 인도 여행이라고 했는데 원래 델리에서 바라나시로 기차를 타고 이동해 다시 네팔로넘어간 뒤 버스를 타고 북쪽의 고지대를 넘어갈 예정이었다. 이후 우연히 다시 소식을 접하게 되었는데 그녀는 끝내 목적지까지 닿지 못했다고 했다. 버스를 타고 고개를 넘어가던 중 버스가 전복되는 사고가 발생했던 것이다.

당황한 그녀는 어둠 속에서 낯선 땅을 헤매야 했다. 재밌는 점은 버스가 전복이 되었는데 현지 사람들은 아랑곳없이 뿔뿔이 흩어지더라는 것이다. 하마터면 큰일을 당할 뻔 했는데 다행스럽게도 누군가의 도움을 받았던 모양이다. 극적으로 위기에서 빠져나온 그녀는 이제 그런 여행이라면 치를 떨게 되었고, 그리움에 다시 찾은 인도였지만 생각보다 일찍 여행을 마감해야 했다.

그런 일에 비하면 안개 속을 돌진하는 것은 아무 일도 아니었다. 벼는 익을수록 고개를 숙이듯 여행도 거듭할수록 두려움을 알게 된다고 하던데 두려움이 무엇인지 알았다면 모를까, 당시의 나로서는 잠에 드는 것 외에는 별다른 방법이 없었다. 나는 한참동안 잠을 청했다. 점차 나이니탈로 근접해가며 다시 눈을 떴는데 일행들은 어떻게 차 바닥에서 그렇게 잠을 청할 수 있냐고 물었다. 나도 모자람 없이 자라 온 사람이다. 다만 인도는 나를 어떤 환경도 개의치 않는 사람으로 만들어주었다.

차량은 산을 오르기 시작하고 고산(高山) 지대로 접어들자 조금씩 두통을 호소하는 사람들이 생겼다. 해발 2084미터 높이의 나이니탈은 쿠마온(Kumaon) 산지에 위치한 인도인들의 여름 별장이자 피서지다. 무더운 여름철에도 최고 27도 밖에 되지 않아 실제로 우타르프라데시 등 여러 개 주의 여름 수도(Summer Capital)로도 활용되어 왔다. 사실 이곳은 향수병에 걸린 영국인들에 의해 조성된 곳인데 지금도 살인적인 여름에 지친 외국인들이 이곳과 같은 북부의 휴양지로 피신[14] 하거나 아예 인도 밖으로 벗어난다. 19세기 후반 대규모 산사태가 발생해 150명이 매몰되기도 했지만 눈앞의 나이니탈은 무척 평화로워 보였다.

늦은 오후 나이니탈에 도착하자 가장 먼저 눈에 들어온 것은 산에 둘러싸인 채 모습을 드러낸 나이니 호수(Naini Lake)의 환상적인 자태였다. 에메랄드빛을 발하는 이 호수는 히말라야를 배경으로 자리 잡고 있어 더욱 돋보였는데 호수 위에는 보트를 띄워 한가롭게 뱃놀이를 할 수도 있었다. 산과 호

히말라야 전망대가 있는 나이니탈로 향하는 길.

수 사이에 형성된 호반 도시는 전형적인 배산임수(背山臨水)의 모습을 띠고 있었다. 도시에는 많은 호텔과 레스토랑이 자리 잡고 있어 더위를 피해 도시를 떠나온 사람들이 여유로운 시간을 만끽하기에 부족함이 없었다. 특히 이곳은 전망대가 유명했다. 호반 뒤편으로 케이블카를 이용하거나 걸어올라가면 해발 2270미터 높이의 스노우 피크(Snow Peak)가 있는데 맑은 날에는 히말라야의 산세가 훤히 내다보였다.

가야 할 길을 가야 하는 운명

피서지에 온 나는 한껏 기분이 부풀어 올랐다. 일행들과 함께 에메랄드 호수에서 뱃놀이를 한 나는 숙소로 향했다. 모든 게 완벽했다. 특히 나와 선배

나이니탈의 에메랄드빛 나이니 호수.

는 고산 지대의 멍한 기분에도 여흥을 이어가기 위해 럼주를 한 병 구했다. 인도의 경우 종교 성지(聖地)를 비롯한 일부 도시에서는 술을 구하기가 어렵지만 그렇지 않을 경우 주류만 따로 판매하는 상점에서 술을 구할 수 있다. 독주는 좀처럼 마시지 못하지만 나도 흥에 겨웠다. 당시 나누어 마신 100루피[15]짜리 바카디는 델리에서 나이니탈까지 300킬로미터의 길을 취한 듯 거슬러 온 숭어들의 축배였다. 밤이 되자 하늘에서는 말 그대로 별이 쏟아져 내렸다.

고향이 어딘지는 잘 모르겠지만 어떤 후배는 자신의 고향이 떠오른다며 새삼 감격스러워했다. 일찍이 인도의 대도시에서는 느껴보지 못한 호사였다. 비수기이기도 했고 당시만 해도 교통비 700루피, 100루피짜리 술 한 병, 세계의 지붕과 맞닿은 140루피짜리 호텔, 그리고 80루피짜리 저녁 식사만으로 원하는 거의 모든 것을 얻을 수 있었다. 인도 여행자들이 누릴 수 있는 저럼한 특권(特權)이었던 셈이다.

마음껏 취한 밤을 보낸 다음날, 간밤에 나눠 마신 럼주 때문인지, 고산병 때문인지 현기증이 느껴졌다. 하지만 이제 나이니탈의 클라이맥스를 만끽해야할 시간이었다. 아침 식사를 마치자마자 나는 스노우 피크로 올라갔다. 날씨는 화창했고, 전망대에서는 기대했던 히말라야의 능선이 보였다. 그 장대한 모습은 마치 손에 닿을 듯 가까워 보이기도 했다. 실제로 이곳에서 히말라야까지는 아직도 꽤나 먼 거리였지만 히말라야를 실제로 볼 수 있는 것만으로도 만족스러웠다. 여태껏 인도에서 가보았던 곳 중 가장 북단에 위치한 곳이었다. 나이니탈은 고된 여정의 보상으로는 충분한 곳이었다.

이제 델리에 돌아가면 연수가 끝나고 본격적인 인도 여행이 시작될 것이었다. 대부분의 일행들은 가야할 길이 서로 다를 것이었다. 처음 인도에 온 사람들이라면 북부의 풍부한 유적지는 놓치기엔 아깝다. 인도와의 재회를 기약하기가 어려운데 바라나시(Varanasi)와 같은 도시를 방문하지 않는다면 큰 손해일 것이다. 반면 이미 인도를 경험했던 사람들은 또 다른 모습을 보고 싶기 마련이다. 때문에 여행 루트를 두고 서로 약간의 갈등도 있겠지만, 삶이 그렇듯 섭섭하더라도 후회를 남기지 않으려면 결국 각자의 길을 떠나야 한다. 나는 늘 영화의 속편에는 흥미가 없었다. 여행 또한 마찬가지였다. 되도록 새로운 길을 가보고 싶었고, 그것은 델리나 아그라를 다시 보며 굳어진 생각이기도 했다.

새롭게 경험한 나이니탈은 무척 흥미로웠다. 히말라야를 보며 조금 망설여졌다. 언제 다시 여기까지 와볼 것인가? 그렇다면 이보다 더 북쪽으로 가봐야 하는 것은 아닐까? 혹시 예전에 만났던 사람처럼 버스 여행에 도전해봐야 하는 것은 아닐까? 하지만 그건 아니었다. 일에는 순서가 있다. 그토록 숙원해 왔던 길이고, 나는 먼저 남쪽에 묻어 둔 한(恨)부터 풀어내기로 했다.

마드라스에서 돌아서야 했던 나였다. 아드미, '남자'는 가야할 길을 가야했다.

델리에서 나이니탈을 간 것은 활을 쏘기 전 힘껏 활시위를 당기는 과정일 뿐이었다. 전망대에서 내려온 나는 현기증으로 몇 시간 잠을 청했다가 다시 차에 올랐다. 그리고 온 길만큼 거슬러 내려가 델리로 되돌아갔다. 이후 두통으로 꼬박 이틀을 고생했다.

라자스탄과 인도인의 자부심,
라지푸트族

사막으로 가는 길

"그럼 행운을 빈다."

사람들로 북적이던 기숙사는 어느새 썰물이 빠지듯 텅 비었다. 나이니탈 (Nainital)을 다녀온 뒤 얼마 지나지 않아 델리에서의 연수도 끝이 났다. 나는 책과 노트 대신 큰 여행용 배낭을 어깨에 짊어졌다. 기숙사의 일행들은 마치 무운(武運)을 빌 듯 서로에게 작별을 고한 뒤 각기 그룹을 이뤄 길을 나섰다.

현관을 나서는 모습이 마치 골인 지점이 다른 마라톤 대회의 참가자들이 시차를 두고 차례대로 출발선을 떠나는 것만 같았다. 마침내 내 차례가 되었다. 밖으로 나선 나는 멀찍이 앞서나간 무리들을 눈으로 뒤쫓았다. 시장통의 인도인들 사이로 사라지는 그들의 뒷모습이 퍽 인상 깊었다. 젊음이란 하루 종일 책상머리에 앉아 있는 것보다 배낭을 메고 어딘가를 향해 성큼성큼 나서는 것이 더 잘 어울렸다.

목적지는 인도 북서부 라자스탄 주의 푸쉬카르(Pushkar)였다. 델리에서 밤 11시 아지메르(Ajmer)행 기차를 타자 다음날 아침 7시를 넘겨 아지메르 역(驛)에 도착할 수 있었다. 곧장 버스로 갈아타고 황량한 모랫길을 11킬로미터 남짓 더 달리자 푸쉬카르가 눈에 들어왔다.

라자스탄 州에 들어온 것은 지난번 첫 여행에서 자이푸르(Jaipur)를 방문한 이후 처음이었다. 자이푸르는 라자스탄 주의 주도(州都)로 라지푸트의 화려한 흔적과 조우한다는 점에서 결코 가벼이 여길 수 없을 인상적인 도시였다. (나는 여행 이후로도 수차례 그곳을 방문하게 되었다.) 하지만 자이푸르만으로 라자스탄을 경험했다고 하기에 망설여지는 면이 있었다. 아무래도 그 이유는 '사막(沙漠)'일 것이다. 라자스탄하면 떠오르는 것은 광활한 사막과 그 가운데 오아시스처럼 자리 잡은 금(金)빛, 청(青)빛 도시들의 황홀경이다. 자이푸르는 델리에서 가깝고, 사막으로부터는 아직 멀었다.

첫눈에 푸쉬카르는 평온한 소도시로 보였다. 푸쉬카르 호(Pushkar Lake)를 둘러싸고 낮은 건물들과 사원들이 옹기종기 모여 있는 풍경은 무척 한산해 보였는데 상상했던 것보다도 더 아담했다. 한걸음만 나가면 사막이라고 했는데 아직 실감이 나지 않았고, 대신 구름 한 점 없이 가깝게 내리쬐는 햇살만이 살갗을 뜨겁게 달구며 이곳이 사막의 서막(序幕)임을 암시했다.

웅장한 사막 풍경이 바로 눈앞에 펼쳐질 것이라고 기대했기에 실망스러울 수 있었으나 델리를 떠난 지 채 하루도 지나지 않아 이토록 다른 풍경에 발을 디딘 것은 반색할만한 일이었다. 델리와 같은 혼잡한 도시에 오래 머문다는 것이 좋은 일만은 아니었다. 푸쉬카르에 이르자 은근히 마음이 놓였다. 거기에는 다른 이유도 있었다.

본격적인 여행이 시작된 것은 흥분되는 일이었지만 사실 이곳에 도착하

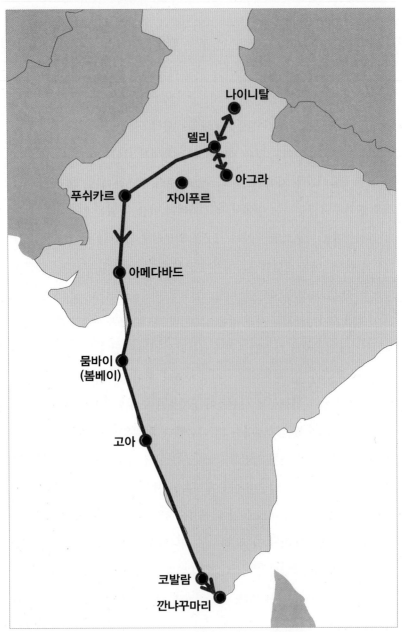

두 번째 여행 경로. 델리(→ 아그라 → 나이니탈, 델리 체류시 여행) → 푸쉬카르 → 아메다바드 → 뭄바이
→ 고아 → 코발람 → 깐냐꾸마리

기까지 계속 불안했다. 일행 중 대부분이 기숙사에서 헤어져 각자 여행길에 올랐는데 막상 델리의 기차역에 가보니 연수생의 절반에 가까운 인원이 같은 목적지인 푸쉬카르로 향하는 것이었다. 어쩌면 대부분 델리에서 동쪽으로 가든 서쪽으로 가든 둘 중의 하나인 셈이니 당연한 일이었다. 초반 이동 경로가 겹쳤을 뿐이고 푸쉬카르 이후부터는 뿔뿔이 흩어질 것이지만, 괜한 생각일 수는 있어도 일단 가는 길이 같으니 서로 책임감이 느껴지는 법이었다. 나는 일찍이 아그라에서 겪었던 일도 있고 해서 꽤 긴장할 수밖에 없었다. 그러다보니 푸쉬카르에 무사히 도착하자 비로소 안심이 되고 긴장이 풀어졌다.

四色 도시의 향연

북인도를 여행하는 많은 사람들이 라자스탄에 깊은 애착을 가진다. 라자스탄[16]하면 가장 먼저 바다와 같이 광활한 타르(Thar) 사막[17]과 그 위를 떠다니듯 오가는 낙타가 떠오른다. 사막이란 메마르고 척박하지만 동시에 신비로운 상상을 자극하는 곳이다. 사막을 가만히 바라보면, 하늘과 바다가 길이 아니었던 시절 누군가 낙타의 발자국을 남기며 하염없이 가로질렀을 것만 같다. 세월이라는 발자국은 모래바람에 씻겨 사라지지만 그 잔상만은 오롯이 남는 듯 했다. 그러한 사막을 배경으로 훌쩍 낙타를 타고 사파리를 떠나는 것은 인도에서는 라자스탄에서만 누릴 수 있는 호사(豪奢)다.

라자스탄에 끌리는 이유는 그뿐만이 아니다. 이곳의 이색(異色)적인 도시들은 도전적으로 느껴질 만큼 독특한 매력을 발산한다. 깊이 들어갈수록 마치 사막의 신기류에 거듭 현혹되는 듯한 기분이 들 것이다. 푸쉬카르

> ### 노는 날이 너무 많은 나라
>
> ● 회사의 지정 휴일을 정해야 하는데 인도의 공휴일 목록을 보니 웃음과 동시에 한숨이 나왔다. 지역에 따라 쉬는 날과 날수가 각기 다르고, 힌두교와 무슬림 등 종교에 따라서도 다르며, 같은 힌두교라도 각종 기념일에 따라 다양한 휴일이 있었다. 어떤 목록은 세어보니 60일이 넘었고, 경우에 따라서는 100일에 달했다. 어떤 기준이 있는 것도 아니고, 주변 업체에 물어보니 그 또한 다 기준이 달랐다. 대개 관공서나 은행의 공휴일에 따르면 되는 법이지만, 그럴 경우 휴일이 꽤 많아, 그렇게 정하는 것은 도저히 불가능했다. 놀자면 노는 날이 너무 많았다. 업종에 따라 다를 수 있으나, 논의 끝에 결국 나름의 기준에 근거 임의로 회사 휴일을 정하게 되었다. 건국 기념일, 독립 기념일, 간디 생일 기념일(Gandhi Jayanthi)의 3대 국경일과 홀리, 디왈리와 같은 힌두교 축제, 무슬림의 명절인 이드(Eid), 그리고 노동절 등 보편적인 휴일을 포함시켰다. 한편 인도 직원들의 경우 월차와 연차는 반드시 보장했고, 미처 소진하지 못할 경우도 보상해주므로 휴일이 충분히 보장되는 편이었다. 한 가지 재미있는 사실은 최근 인도인들도 크리스마스를 즐기는 것이었다. 물론, 홀리와 디왈리 같은 전통적인 축제의 분위기는 아니지만, 대형몰에는 크리스마스트리가 장식되어 있기도 했다.

에서 서쪽으로 향하면 블루 시티(Blue City)[18]와 언덕 위에 솟은 메흐랑가르 성(Mehrangarh Fort)이 보이는 조드푸르(Jodhpur)가 있고, 더 깊은 서쪽으로 들어가 인도의 끄트머리에 이르면 황금빛 사막과 골드 시티(Gold City)[19]로 매혹의 손짓을 보내는 자이살메르(Jaisalmer)가 나타난다. 남쪽으로 향하면 화이트 시티(White City)[20]로 대변되는 중세풍의 도시 우다이푸르(Udaipur)를 만나게 되는데 자이푸르의 핑크 시티(Pink City)[21]까지 더하면 그야말로 四色 도시의 향연이다.

라자스탄이 왜 인도에서 가장 다채로운 색채를 발하는 '사막의 보석'인지 깨닫게 된다. 이러한 아름다움을 상기해보면, 이곳이 영화 촬영지로 각광받는다는 사실이 전혀 놀랍지 않다. 특히 라자스탄의 모습을 만끽해볼 수 있는 대표적인 영화로 타셈 심 감독의 2006년作〈더 폴(The Fall)〉을 들 수 있는데 자이푸르, 조드푸르, 우다이푸르 등 라자스탄 도시들의 환상적인 풍경은 물론 아그라와 그 밖의 세계적인 유적지들이 한꺼번에 배경으로 등장해 관객들의 눈을 휘어잡는다.

몽환적인 사막 도시들과 함께 눈여겨봐야 할 것은 이곳의 문화다. 라자스탄은 라지푸트(Rajput)의 땅으로 알려져 있다. 자이푸르를 여행하면서도 라지푸트 족에 대해 언급한 적이 있듯 라지푸트는 라자스탄의 문화와 전통을 대변한다. 라자스탄의 이국적 풍광(風光)과 더불어 전사의 후예로 상징되는 라지푸트 족의 강렬한 문화의 흔적은 흡사 사막 속 결투의 한 장면을 연상시키며 호기심을 자극한다.

戰士들의 땅

이곳의 역사를 살펴보면, 라자스탄 지역은 인더스 문명으로 거슬러 올라갈 만큼 유구한 역사를 지녔지만, 굽타시대(4~6세기)에 이르러 역사 속에 두각을 나타내기 시작했다. 이어 8~12세기에는 라지푸트 왕국들이 등장하면서 오늘날 이 지역을 대표하는 문화와 전통을 갖추게 되었다. 인도의 독립 이후 라지푸트를 중심으로 구획된 곳이 바로 라자스탄[22]주인데 라자스탄이라는 명칭은 바로 라지푸트라(Rajputra)[23]에서 비롯된 것이다.

라지푸트族은 인종적으로 중앙아시아에서 유입된 아리안계 정착민과 토속민 등으로 복잡하지만 종교적으로는 대부분 힌두교를 믿어왔다. 라지푸트라는 명칭 자체는 왕의 자손이란 뜻을 가졌지만 그들이 실제로 왕족의 후예였던 것은 아니다. 척박한 환경에서 생존해온 전사(戰士)의 후예들로 무척 용맹했고, 이들이 점차 세력을 규합해 여러 힌두 왕국을 세웠다.

라지푸트族은 임전무퇴(臨戰無退)의 전통을 가지고 있었다. 조하르(Johar)의 전통에 따라 전사들은 죽음을 불사하고 적진에 돌진했고, 패배에 직면한 부녀자와 아이들은 스스로 불구덩이에 몸을 던졌다. 외교적 수완이나 지혜로움은 몰라도 결코 굴복하지 않는 용맹함을 자긍심으로 삼아왔던 것이다. 사티(Sati)[24]의 전통에 따라 남편이 죽으면 아내도 따라서 불구덩이에 몸을 던졌다고 하니 절개와 지조 이전에 일단 전쟁이라는 운명의 주사위가 던져지면 일족의 운명을 걸어야 했던 절박함이 느껴진다.

어쩐지 이들에게도 필사즉생 필생즉사(必死則生 必生則死)라는 말이 썩 잘 어울린다. 특히 라자스탄 메와르 왕조의 수도 치토르가르(Chittorgarh)에서 행해진 조하르는 전설처럼 회자된다. 1534년 구자라트의 술탄 바하두르 샤(Bahadur Shah)가 치토르가르를 침공했을 때의 일인데 1만 3000명에 가까운 라지푸트 여성들이 스스로 죽음을 택했고, 3200명의 라지푸트 전사들이 마치 영화 〈내일을 향해 쏴라〉의 부치와 선댄스처럼 전장(戰場)을 향해 돌격했다고 한다. 1567년 무굴 제국의 아크바르(Akbar, 1542~1605)가 이곳을 침공했을 때를 포함해 치토르가르에서는 이러한 일이 무려 세 차례에 걸쳐 일어났다.

이정도 지독한 저항이라면 정복이 무의미했다. 인도 전역을 발아래에 두었던 위대한 아크바르도 끝내 무력(武力)에 의한 정복을 포기하고 혼인[25] 등 화평책(和平策)을 통해 라지푸트와의 공존을 꾀했다는 것은 매우 인상 깊다. 이는 힌두교도들에게 크나큰 긍지와 자부심이 되어왔다. 그렇다고 라지푸트族이 궁극적인 승리를 거둔 것은 아니었다. 각각의 세력이 하나로 뭉치지 못하고 분산되어 있었던 라지푸트族은 이슬람 시대와 식민지 시대에 이르기까지 제국의 변두리에서 응전(應戰)과 타협을 통해 생존했을 뿐이다.

모든 라지푸트들이 격렬한 투쟁의 아이콘인 것만은 아니다. 가즈니(Ghazni) 왕조의 마흐무드(Mahmud, 962~1186)가 수시로 침략과 약탈을 일삼을 당시 수수방관한 것도 라지푸트 왕국들이었고, 힘을 규합하지 못하고 분열되어 끝내 구르(Ghur) 왕조의 무하마드(Muhammad)의 침입[28]을 막지 못했던 것도 라지푸트 왕국들이다. 이로써 인도는 이슬람의 침입을 막을 기회를 잃었다.

결국 델리 술탄 시대(Delhi Sultanate)가 열리고, 이어 무굴 제국의 시대가 도래하며 인도는 이슬람의 시대로 접어들었다. 무굴 제국은 당근과 채찍을 병행하며 라지푸트 왕국들을 다루었다. 또한 식민지 시대에 이르러서도 영국은 라지푸트 왕국들과 적절한 관계를 유지함으로써 효율적인 식민 통치를 이어나갔다. 신화적인 용맹함과 상반된 타협 또한 라지푸트의 또 다른 모습이다.

험난한 旅程 속에서
내 의지를 시험해보다!

실패는 '여행'의 어머니

다시 여행에 대한 이야기로 돌아와 푸쉬카르에 당도한 나는 화이트 하우스(White House)라는 이름의 게스트하우스에 짐을 풀었다. 처음에는 모든 일이 순조롭게 풀리는 듯 했다. 생각보다는 수월하게 숙소를 찾았고, 숙소에서 문의하니 낙타 사파리 예약까지 일사천리로 진행되었다. 많은 일행이 한꺼번에 이동하면 모든 일이 수월하지 않을 것이라고 예상했으니 의외였다.

사파리를 떠나기까지 아직 시간이 있었으므로 그 사이 간단히 요기를 하고 푸쉬카르 호의 가트(Ghat)로 향했다. 가트의 사제들이 이끄는 대로 무작정 푸자(Puja) 꽃접시를 받아들고, 소원을 이뤄줄 실팔찌를 손목에 찬 뒤 푸자를 행하기 위해 가트의 계단을 내려갔다. 이마에도 틸락카(Tilaka)를 묻혀 전사를 상징하는 빨간 눈을 하나 더 달았다. 푸자란, 힌두교의 숭배의식

푸자를 경험하기 위해 찾은 푸쉬카르 호의 가트.

으로 불교로 말하자면 일종의 공양(供養)을 의미한다. 직접 푸자를 해보는 것은 처음이었다. 눈으로 보는 것보다 직접 행동해보는 것이 더 의미 있는 여행일 것이란 생각에서였다.

하지만 인도에서는 꼭 마음을 놓으면 일이 생긴다. 푸자가 끝나자 수도승들이 돈을 요구했다. 문제는 한꺼번에 세 명씩이나 달라붙은 것인데 처음에는 돈을 요구하지 않다가 푸자의 전과정을 체험하게 만든 뒤 마지막에 폭리(暴利)를 취하려 들었다. 이러한 수법은 이제껏 겪어보지 못했던 것이라 적잖이 당황했다. 이마에 눈을 하나 더 달고서도 까막눈이 되어 속수무책으로 당해버렸다.

돈으로 사서 종교를 체험하는 게 무슨 의미가 있다고 나는 이미 가트에 서서 앞날의 여정(旅程)이 무사하길 기원했던 참이었다. 적당히 대가를 지불하고 조용히 나오긴 했지만 뒷맛은 개운치 않았다.

그보다 큰 문제는 낙타 사파리를 떠나기 위해 호텔로 돌아온 뒤에 터졌다. 시간에 맞춰 낙타를 끌고 오기로 한 숙소의 주인이 말을 바꾼 것이었다. 시간이 지나도 기다리라고 할 뿐 낙타는 나타나지 않았다. 뒤늦게야 모든 일행들이 사파리를 떠나기에는 낙타가 부족하다는 핑계를 대기 시작했다. 경우에 따라서는 내일까지 기다려야 한다고 했다. 자신의 게스트 하우스에서 하루 더 기다리며 숙박비를 추가로 지불하란 의미였다.

우리는 낙타 사파리를 체험하기 위해 이곳에 들렀고 푸쉬카르에서는 기껏해야 하루 정도 머무를 예정이었다. 문제는 커졌다. 게스트 하우스 주인에게 말이 왜 바뀌느냐고 따지는 사이 일행들은 지쳐갔고, 서로 의견이 엇갈리기 시작했다. 나는 엄포를 놓기 위해 일부러 더 크게 언성을 높여 주인을 다그치기 시작했다.

하지만 그는 전사의 후예(?)다웠다. 내가 뭐라고 해도 거드름을 피울 뿐 미안해할 줄도 몰랐다. 분위기는 이내 험악해졌다. 그렇다고 여기까지 온 여행자들이 쉽사리 자리를 박차고 떠날 리가 만무하다는 사실을 그는 잘 알고 있었다. 그대로 당할 수는 없고 최후의 수단은 하나였다. 미련 없이 이곳을 나가버리는 것이었다. 다른 곳을 알아보거나 푸쉬카르를 떠나는 것 말고는 방법이 없었다.

푸쉬카르까지 동행한 일행들과의 이별이 조금 일찍 찾아왔다. 사막의 모래바람이 불어왔고, 우리는 사막의 모래알처럼 급속히 흩어지기 시작했다. 누군가는 그대로 숙소에 남고 싶어 했고, 누군가는 대안을 찾기 위해 숙소를 나섰다. 일찌감치 푸쉬카르를 떠나는 사람들도 있었다. 모두가 어차피 각자의 길을 가겠지만 끝이 좋진 못했다. 내게도 책임이 있어 두고두고 아쉬운 기억으로 남을 순간이었다. 모두가 각자 좋은 여행을 경험하기를 바랄 뿐이었다.

타고난 '싸움의 구경꾼'들

라자스탄이 여행자들의 감각을 자극하는 곳이긴 했지만 내게는 다른 목표가 있었다. 푸쉬카르는 북서부에서 남으로 방향을 바꾸기 위한 경유지였다. 그렇더라도 짧게나마 사막과 낙타 사파리는 경험해야 했다. 나는 숙소에서 짐을 챙겨 나와 다른 곳에서 낙타를 찾았다. 일행은 평소 절친하게 지낸 동기들로 그들은 일찍이 내가 가는 길에 동참하기로 했었다.

낙타의 등에 올라타 사막으로 향하는 사이 낙타를 끌던 인부가 말을 걸어왔다. 조심스럽게 물어오는 것은 왜 숙소의 주인과 언성을 높이며 싸웠냐는 것이었다. 인도인들은 싸움꾼이 아니지만 타고난 싸움의 구경꾼이다. 소란스러운 일에 불필요할 정도로 오지랖이 넓었다. 좁은 동네에서 시비가 붙었으니 그사이 온 동네에 소문이 났던 모양이었다. 이미 다 지난 이야기를 또 다시 꺼내니 그 오지랖도 참으로 집요했다. 알고 보니 그는 숙소 주인과 친척 관계라고 했다. 끌어올 낙타가 없다고 했는데 이 낙타들은 대체 어디서 난 것인지 헛웃음이 나왔다.

어쩌면 손바닥 만한 사막의 도시에 일어난 담합(談合)이었을지도 모른다. 많은 여행자들이 한꺼번에 들어 크게 한 건 잡았다고 생각했겠지만 대뜸 상당수의 사람들이 떠나버리니 숙소의 주인도 황망스러웠을 것이다. 문득 라지푸트 족의 무기(武器)인 자마다르[28]를 상상하니 뒤끝이 있을까봐 조금 찜찜하긴 했는데 몇 마디 이야기를 나누다보니 낙타몰이는 친절했고, 자신의 친척과 싸웠던 적(敵)에게도 좋은 감정으로 대했다. 짧지만 유쾌한 시간이었다.

내게 푸쉬카르는 여기까지였다. 사실 푸쉬카르는 거대한 사막의 초입일 뿐이었다. 일이 제대로 풀리지 않았고, 사막의 밤을 경험해 보지 못했으니 만족스럽진 않았다. 못내 아쉬움이 남았다. 하지만 인도에서의 진귀한 경험이라면 미리 아쉬워할 필요가 없었다. 바로 사상 최악의 지독한 여정이 내 앞을 기다리고 있었기 때문이다. 푸쉬카르를 떠난 나는 엉뚱한 곳에서 길고 긴 밤을 지새워야 했다.

그날 저녁, 남행(南行) 열차에 오르기 위해 버스를 타고 아지메르로 나왔지만 기차 시간이 애매했다. 결국 그날 하루를 아지메르 역 주변의 허름한 숙소에서 보내게 되었다. 마치 옛날 서부 영화에서나 나올 법한 곳이었는데 1층에는 왁자지껄한 현지인들의 식당이 있고 계단을 올라가면 2층에 방이 있었다. 어느새 어둠이 깊어와 머물 만한 곳을 찾고 고를 여유가 없었다. 인도의 숙소라면 꽤 많은 곳을 가보았다고 생각했지만, 그곳은 이제껏 겪어 본 곳 중에 최악의 숙소였다. 욕실에서 넘쳐난 물이 찰랑찰랑 침실 바닥까지 차올랐고, 지린내에 침낭을 깔고 누웠음에도 침대는 눅눅했다. 그래도 예정보다 빨리 남쪽으로 향할 수 있게 되었다는 것을 위안으로 삼았고, 지친 하루였던 탓에 곧 잠에 들 수 있었다. 다음날부터 아메다바드, 뭄바이를 거쳐 곧장 고아로 내려갈 예정이었다. 여행자들이 흔하게 택하는 길은 아니었다. 지도 밖으로 행군하며 꼬이기 시작한 것은 이때부터였다. 셔츠의 단추가 하나씩 밀린 것이다.

잘못 끼워진 단추

이른 아침부터 서둘러 아지메르 역으로 가보았지만 바라던 침대칸은 구할 수가 없었다. 결국 두 시간 뒤 출발하는 2등석의 보통 좌석표를 구해 아메다바드까지 11시간이 걸리는 열차에 올라탔다. 다소 불편한 여행은 되겠지만 차라리 거기까진 괜찮았다. 아메다바드에서 다시 뭄바이 센트럴 역까지 가는 열차를 탔는데 그만 엉뚱한 기차에 오른 것이다. 불안감이 커졌고 대체 어디로 가고 있는지조차 알 수 없게 되었다. 역에 도착하는 기차들이 하나같이 연착을 거듭하는 사이 시간표는 이미 뒤죽박죽이 되어 감이 잡히지 않았고, 깊은 밤중에 물어볼 사람도 마땅치 않았다. 탐독(耽讀)해두었던 타임 테이블(Time Table)도 무용지물이었다.

연이어 역을 지나치는 완행열차 중에 어떤 것을 타야할지 난감하던 차에 마침 정차했던 기차가 출발을 알리자 맞겠다 싶어 급히 올라타 버린 것이었다. 게다가 좌석표가 여의치 않아 3등석 티켓을 구했는데 급히 올라탄 칸은 1등석이었다. 첫 여행에서도 경험한 일이지만, 인도의 기차는 다른 등급의 차량 간 이동이 어려웠다. 좌석은 텅 비었지만 차마 앉을 엄두는 내지 못하고 좌불안석할 수밖에 없었다.

나와 일행 말고도 독일인 부부 한 쌍이 열차에 올라 있었다. 우리는 피차 같은 처지였는데 그들도 뭄바이로 향하고 있다고 했다. 낯선 사람들이지만 서로 동지애를 느꼈고, 우리는 표정만으로도 서로의 심정을 이해할 수 있었다. 곧 검표원이 들어왔다. 그는 단호했다. 거금(巨金)을 들여 현장 티켓을 구입하거나, 다음 정차역에서 내려 바로 옮겨 타라는 것이었다.

더 큰 문제가 있었다. 행선지를 확인해보니 역시 이 열차가 아니라는 것이었다. 입에서는 절로 신음소리가 새어져 나왔다. 덩치가 산만 한 독일인들도 얼굴을 찌푸리며 좌절하기는 마찬가지였다. 가만 돌이켜보니 우리는 아메다바드 역에서 서로의 행선지를 물었는데 내가 이 열차에 오르니 그들도 따라 탔던 것 같다. 사실 나 역시 그들이 타니 안심을 했었다.

흔히 여행할 때는 사람들이 가는 곳을 따라가면 된다지만 인도의 경우는 예외다. 우린 결국 어딘지 모를 역에서 무조건 내려야 하는 신세가 되었다. 어디서 정차할지 모르니 출구 앞에 쪼그리고 앉아 불안한 마음을 애써 감추며 기다렸다. "커플이냐"고 그들에게 물으니 결혼했고 신혼여행이라고 했다. 아이고 맙소사!

새로운 모험은 실패를 담보로 한다

우리는 어떤 역에서 내렸다. 거기서 또 다시 언제 올지 모를 기차를 무한정 기다려야 했던 것이다. 이름조차 기억하기 어려운 아주 조그만 역이었다. 까마득한 밤이라 주변이 너무 어두웠고, 안내판도 없어 어디가 어딘지 분간하기 어려웠다. 아메다바드와 뭄바이 사이 어딘가라는 것만이 우리가 아는 전부였다. 기차를 놓치지 않기 위해 잠을 쫓아야 했다. 이 마당에 잠이 쏟아진다니 우스웠다. 언제 기차가 올지도 모르지만 오더라도 먼저 뭄바이行인지 확인해야 했다. 독일인 신혼부부는 포기한 듯 어딘가로 나섰지만 이내 별 다른 수가 없는 듯 플랫폼으로 되돌아왔다. 아마 숙소를 찾아보았던 것 같다.

하지만 주변은 황량했고, 너무 깊은 밤이었다. 그들은 하얀 얼굴이 더욱 하얗게 질려 있었다. 특히 새신부의 표정은 족히 결혼 10년차는 되어 보였다. 자고로 신혼여행은 절대 배낭여행을 가서는 안 된다고 했다. 얼마를 기다렸을까… 마침내 어디서 온지 모를, 하지만 뭄바이가 행선지인 것만은 분명한 열차가 역으로 들어왔다. 나는 이미 시간관념이 없었다. 3등칸에는 이미 빈자리가 없었고, 승객들은 눈을 감고 잠들어 있었다. 우린 뭄바이까지 거의 서 있다시피 했다.

뭄바이에 도착하니 새벽 5시였다. 푸쉬카르에서 뭄바이까지 왔던 길이 까마득하게만 느껴졌다. 지난 하루 동안의 일들이 마치 오랜 시간에 걸쳐 일어났던 일 같았다. 뭄바이 센트럴 역에 내리며 나는 독일인 부부와 눈이 마주쳤다. 다행히도 그들의 사랑은 여전히 굳건해 보였다. 미소를 되찾은 우리는 모진 경험을 공유한 사람들끼리만 나눌 수 있는 눈인사를 서로에게 건네고 헤어졌다.

라자스탄, 구자라트에 이어 마하라슈트라 주를 관통하며 겪었던 모험은 이제껏 가장 고달픈 시간이었고, 또 다른 차원의 인도 여행이었다. 결국 목적지에 다다르기는 했지만 그 과정을 보면 매 순간이 실패의 연속이었다. 왜 그때는 그런 것을 주의하지 못했을까란 생각도 든다. 좀 더 여유를 가지고 현명하게 판단했다면 그런 고생도 하지 않았을 것이다.

하지만 순탄한 여행길에서 이탈해 이제껏 가보지 못한 곳을 헤매며 새로운 모험을 했다는 것은 그 어떤 피로감도 날려버릴 만큼 짜릿했다. 또한 그 무모함 덕분에 남은 여행에서 충분한 여유와 시간을 확보할 수 있기도 했다. 그런 면에서는 지난 첫 번째 여행에서의 아쉬움을 통쾌하게 되갚은 순간이었다. 여행이 계획대로 된다면 좋지만 혹시 도중에 실패를 경험하더라도 반드시 나쁜 일만은 아니었다. 길은 어차피 어디로든 이어지기 마련이고, 새로운 모험은 실패를 담보로 한다.

내 의지를 시험했던 旅程

라지푸트는 내게 호의적이지 않았고, 그들을 떠나 남부로 내려오는 일은 더욱 순탄치 않았다. 인도 여행을 이야기할 때 가장 극적인 순간이기도 했다. 가장 고통스러웠던 여정이 가장 인상 깊은 기억으로 남고, 여전히 그 여정을 함께 했던 일행들과 떠올리게 되는 추억이다. 하지만 고통을 겪는 순간에는 힘들 뿐이었다. 무거워진 발걸음을 멈추지 않기 위해서는 의지가 필요했다. 아메다바드와 뭄바이 사이, 어딘지 모를 곳에 발이 묶인 사이 힘든 마음을 추스르며 이런 생각을 했다. 과거 누군가도 이렇게 발이 묶여 인도 한복판을 헤맸을 것이고, 그들은 이보다 훨씬 험난한 여정을 거쳐야 했을 것이라고.

인도를 찾은 역사적 인물들은 모두 뚜렷한 목적의식과 강렬한 의지를 지 녔던 것만은 사실이다. 모두가 환영받을만한 사람들은 아니었지만 또 한 사 람의 여행자로서 인도를 향한 그들의 갈망만큼은 마음에 와닿았다. 그러자 두려움과 의구심이 잦아들고 다시금 힘을 낼 수 있었다. 대단한 업적을 남길 여행은 아니지만 최소한 내 의지를 시험해볼 수 있는 기회였다. 결국 자신의 목적을 달성하기 위해 가는 길이었다. 뭄바이에서 하루 동안 휴식을 취한 뒤 고아로 향하는 기차 위에 다시 몸을 실었다.

되찾은 영토
고아(Goa)에서의
여유

디우 海戰

1509년 2월, 아라비아해(海)를 마주한 디우(Diu) 앞바다에서는 인도의 명운(命運)을 건 전투가 벌어지고 있었다. 포르투갈의 함대는 겨우 18척,[29] 이에 맞선 反포르투갈 연합군 함대는 250척에 달했다. 인도 항로를 발견한 이후 동아프리카와 인도에서 세(勢)를 넓혀가던 포르투갈은, 일대의 해상 무역을 장악하려는 움직임을 보였고, 당시 지리적으로 교역의 중요 거점을 차지하며 중개자 역할을 하던 구자라트의 술탄국을 압박했다.

이에 구자라트의 술탄 마흐무드 베가다는 캘리컷의 자모린 및 교역 상대국이었던 이집트의 맘루크 술탄과 손을 잡고 포르투갈에 대항했다. 인도-아랍의 연합 전선(戰線)이 형성된 것이다. 3일간의 치열한 해전(海戰)이 펼쳐졌다. 물량 면에서는 포르투갈이 열세(劣勢)였지만, 전투의 승패를 가른 것은 양보다는 질이었다. 결국 수적 열세를 극복한 포르투갈이 승리를 쟁취했다.

연합군은 해전에 능숙치 않았다. 숙련된 선원(船員)들과 대포로 무장한 포르투갈의 함대는 활이 주무기인 연합군을 압도하며 군사 기술상의 우위를 점했다. 또한 이 전투에는 개인적 복수도 얽혀 있었다.

이보다 1년 전, 차울 해전(Battle of Chaul)[29]에서 아들을 잃었던 포르투갈의 총독 프란시스코 데 알메이다(Francisco de Almeida, 1450~1510년)는 본국에서 자신을 대신해 파견한 후임 총독마저 감금한 채 출정하는 강수를 두었다. 그는 디우 해전을 복수의 기회로 삼았다. 뻔뻔하게 남의 땅을 넘보면서 복수라니 적반하장(賊反荷杖)인 면도 있지만 복수심에 불타며 비장하게 달려드는 적만큼 위협적인 상대도 없었다. 연합군은 기세에서도 눌렸던 것이다.

피의 복수는 결국 피로 마무리되기 마련이다. 디우 해전이 있은 이듬해, 총독직을 내려놓고 본국으로 귀환하던 알메이다는 희망봉에서 아프리카의 부족에게 살해당하고 만다. 디우 해전의 승리를 통해 승장(勝將)의 영광과 복수라는 두 마리 토끼를 잡았던 그였지만 자신의 목숨이 그 대가였던 셈이다. 알메이다의 최후는 스스로 개척한 인도땅에서 말라리아로 사망한 바스코 다 가마의 운명과도 묘하게 닮았다. 그러나 그들의 허무한 최후도 유럽인의 입장에서는 지불할 만한 대가였다.

디우 해전이 있을 당시 아직 인도 내륙은 바베르(Baber 또는 Babur, 1483~1530년)가 무굴 제국를 세우기 이전이었다. 카불의 족장(族長)이었던 바베르는 육지에서 정복의 서사시를 써내려 가며 제국 건설의 기반을 닦아 나가고 있었다. 그는 이보다 뒤인 1526년 파니파트(Panipat) 전투[30]에서 승리하며 자신의 꿈에 다가갈 것이었다.

하지만 과거 인도의 정복자들처럼 바베르 역시 인도의 드넓은 대륙만 응시했을 뿐 미처 해상(海上)의 가치를 이해하지는 못했다. 그는 포르투갈의 존재조차 몰랐다. 바베르에 이어 훗날 무굴 제국의 전성기를 이끈 아크바르도 마찬가지였는데 아크바르는 유럽인들을 접하며 종교에 대한 호기심을 보였을 뿐 도래하는 해양 시대와 그들의 엄청난 힘을 간파하지 못했다.

특히 유럽 국가들의 인도 진출과 더불어 이어진 아시아 지역의 식민지 시대를 되새겨 보면 허를 찔린 느낌마저 든다. 열심히 물을 모았는데 둑이 터진 것 같은 느낌말이다. 흔히 무굴 제국 시대를 연 파니파트 전투를 일컬어 북인도 역사에서 큰 의미를 지니는 전투였다고 평한다. 하지만 그와 동시대에 보다 작은 규모의 전투였던 디우 해전은 향후 인도의 운명을 결정해 버린 전투였고, 아시아로 통하는 문(門)의 빗장이 풀리는 계기가 되었다. 디우 해전이 역사적 상징성을 가지게 되는 이유다. 해상 무역에 대한 이권(利權)을 둔 기독교와 이슬람 세력 간의 충돌이 유럽과 중동을 넘어 인도 앞바다까지 미치게 된 것이다.

후추 무역계의 큰손 '바스코 다 가마'

모든 일은 바스코 다 가마(Vasco da Gama, 1460년 또는 1469년~1524년)의 인도 항로 발견으로부터 시작되었다. 그가 인도 서해안의 캘리컷(現 코지코드)에 정박(1498년)한 것을 계기로 포르투갈은 의욕적으로 인도 내 거점(據點) 확보에 나서기 시작했다. 당시 캘리컷은 후추 무역으로 번영하고 있었다. 이미 아랍과의 무역이 성행하고 있었던 만큼 처음 바스코 다 가마와 접촉했을 때만 해도 캘리컷은 그를 호의적으로 맞이했다. 바스코 다 가마의 목적은 후추를 비롯한 향신료였다.

후추나무 종자(種子)를 얻어갈 수도 있었겠지만 현지의 몬순 기후까지 가져갈 수는 없는 노릇이었다.[31] 결국 독점적인 무역 창구를 확보하는 것이 중요했다. 이 같은 상황에서 당시 무역을 선점하고 있던 아랍 상인과 갈등[32]을 빚게 된 것은 당연했다. 십자군 전쟁을 통해 이미 오래전부터 기독교와 무슬림의 반목은 지속되어왔고 결코 그 관계가 원만할 수 없었다.

한편 캘리컷의 입장에서는 기존 거래처이자 막대한 부(富)를 바탕으로 해상 무역을 주도하던 아랍 상인을 보호하는 것이 당연했다. (반면 포르투갈에서 보내온 물품들은 보잘 것 없었다.) 이에 바스코 다 가마는 캘리컷과 경쟁 관계였던 코친(Cochin) 왕국을 이용해 캘리컷을 압박, 아랍 상인들을 밀어내며 후추 무역의 주도권을 거머쥐는데 성공했다. 후추를 신고 리스본으로 귀환한 바스코 다 가마는 엄청난 이익[33]을 남기게 되고, 포르투갈의 리스본은 유럽 내 후추 무역의 중심지로 떠올랐다.

이후 디우 해전에서 反포르투갈 연합군을 패퇴시킨 포르투갈은 영국이 주도권을 빼앗기 전까지 인도의 서해안을 완전히 장악했다. 고아(1510년)를 거점으로 하여 디우(Diu, 1535년)와 다만(Daman, 1558년) 등 핵심 지역들을 차례로 확보해 나갔다. 물론 꽃으로 날아든 벌은 포르투갈만이 아니었다. 포르투갈의 잭팟을 목격한 유럽 국가들은 너도나도 바스코 다 가마의 길을 따르기 시작했다. 탐욕의 어두운 그림자가 덮친 것이다.

아라비아해와 인도양 그리고 벵갈만으로 열린 드넓은 해안선을 따라 네덜란드, 영국, 프랑스에서 온 범선들이 차례로 닻을 내렸다. 16~18세기에 걸쳐 경쟁적으로 진출한 그들은 앞다투어 거점을 확보하는 데 열을 올렸다. 바야흐로 식민지 시대가 열린 것이다. 그리고 역사가 말해주듯 '최후의 여왕벌'은 영국이었다.

비자이 작전

영국에 의해 밀려난 포르투갈이었지만 1947년 인도가 영국으로부터 독립할 당시 포르투갈은 여전히 5개 지역(고아, 다만, 디우, 다드라, 나가르 하벨리)을 점령하고 있었다. 고아는 이중에서도 가장 면적이 크고 상징적인 곳이었다. 포르투갈은 자신들이 정당하게 취득한 땅이라며 반환을 거부했고, 오히려 병력을 증파(增派)해 1만 2000명을 주둔시켰다. 1961년, 해묵은 恨을 청산하기 위한 전운(戰雲)이 고아 주위를 감돌고 있었다. 인도軍은 고아를 향해 육해공 세 방향에서 동시에 진격했다. 비자이 작전(Vijay Operation)[34]이 개시된 것이었다. 비자이(Vijay)는 힌디어로 승리를 뜻한다.

36시간의 걸친 작전 끝에 451년간 지속되었던 포르투갈의 점령 시대는 막을 내렸다. 이번에 독을 품은 쪽은 인도였고, 현대戰에서 디우 해전과 같은 결말을 기대하기란 어려웠다. 작전 개시와 함께 인도군은 삐라를 뿌려 고아 內 인도인들의 지지와 협력을 얻어냈다. 고국의 품으로 돌아가기 위해 이미 수차례에 걸쳐 봉기해왔던 고아인들이었다. 포르투갈軍의 사망자는 30명, 인도 측은 22명이 희생되었다. 다만과 디우[35]에서도 격렬한 저항이 있었지만 작전은 성공적이었다. 이로써 인도는 잃어버린 땅을 모두 되찾았다.

인도의 역사를 보면 승전보는 드문데, 이 경우는 인도가 자존심을 회복한 순간이었다. 식민지 시대의 망령(亡靈)에서 완전히 벗어난 것이었다. 잃어버린 고아(孤兒)를 되찾은 것과 진배없었다. 인도인들에게 고아의 반환이란 (홍콩인들의 불안을 야기한) 홍콩의 중국 반환과는 또 달랐다. 힘으로 뺏긴 것을 힘으로 되찾았다.

인도의 낙원

오랜 시간 포르투갈에 속했던 고아는 인도의 모습이 많이 지워져 있었다. 다시 모국의 품에 안긴 고아는 인도에서 가장 이국적인 휴양지가 되었다. 혹자는 이곳을 일컬어 '인도 안의 또 다른 인도'라고도 하지만 엄밀히 말하자면 인도답지는 않다.

고아의 느낌을 말하자면 이렇다. 순진하고 착한 아들인 줄 알았는데 알고 보니 모르는 게 없는 아들인 것이다. 그만큼 고아는 휘황찬란하고, (돈이 있어도 쓸 수 없어) 고되고 가난할 수밖에 없었던 인도에서의 여정(旅程)을 잊게 해주는 유흥 공간이자 휴식처였다.

이제껏 모험에 가까웠던 여행은 고아에 이르며 갑자기 휴양으로 바뀌었다. 인도인들에게는 아픔이 있은 곳이지만 외국인의 입장에서 고아의 지금 모습이 반가울 수밖에 없다. 고아에서 지내는 동안 먼지처럼 달라붙어 있던 몸의 피로가 씻은 듯 사라져갔다. 만족스러운 것은 바다를 따라 끝없이 이어진 시원하고 아름다운 해변만이 아니었다. 다양한 해산물과 더불어 내륙에서는 억눌러야 했던 육식에 대한 욕구를 충족시킬 수도 있었다. 맘껏 먹고 마시며 쉴 수 있었다.

과거 포르투갈의 식민지였던 고아의 아름다운 해변 풍경.

　고아에서 보낸 하루 일과는 이랬다. 느지막이 아침에 일어나면 산책하듯 슬슬 해변으로 걸어 나가 모래사장 위에 줄줄이 들어선 오두막 식당 중 한 곳에 들어갔다. 잉글리쉬 블랙퍼스트(English Breakfast)를 주문하면 베이컨, 소시지, 달걀, 베이크드 빈 등이 접시에 담겨 나오고 홍차 한 잔이 따라 나온다. 솔직히 처음 고아에서 아침 식사를 하며 감격의 눈물이 나올 뻔했다. '그렇다. 잊고 있었지만 나는 이런 음식도 먹을 줄 아는 사람이었다'는 느낌이었다. 인도는 당연한 것을 다시금 되새겨 보게 만들곤 했다.

　해변을 느긋하게 바라보며 식사를 마치고 나면 다시 해변의 끝에서 끝까지 산책하거나 비치 파라솔 아래 앉아 책을 읽는 것이다. 점심이 되면 근처의 식당을 찾아가 느긋하게 해산물을 맛보고, 오후가 되면 보트를 타고 물놀이를 하며 다른 해변으로 가보거나 시장 구경을 나갔다. 기분이 나면 엽서를 몇 장 써서 우체국을 찾아갔다. 물론 고아에서 보낸 엽서들은 내가 한국에 돌아간 뒤 한참 후에야 목적지에 도착했다. 자신이 보낸 엽서를 자신이 받으면 재미있다.

저녁이 되면 근처의 음식점을 찾아 불이 활활 타오르는 접시에 담겨온 스테이크를 맛보고, 인근의 바에 들러 다양한 국적의 여행객들 틈에 섞여 킹피셔[36)를 한 잔 했다. 해변을 따라 시원한 밤바람을 맞으며 숙소로 돌아왔다. 숙소에서는 가끔 천장 위를 기어 다니는 도마뱀을 보았는데 고아에 있다 보니 도마뱀마저 한 식구처럼 편해졌다. 사실 제 아무리 고아라도 흠이 있다면 시도 때도 없이 달려드는 모기떼인데 모기의 천적인 도마뱀과의 동거(同居)는 차라리 반가운 일이었다.

만약 여행에서의 고난이 없었다면 고아에서의 감동도 그만큼 크지는 않았을지 모른다. 불과 얼마 전까지 낯선 곳에서 헤매고 있었던 나였고, 고아에서의 시간은 특별한 보상처럼 느껴졌다. 부지런히 인도를 돌아다닌 여행자들 중에는 마지막에 고아를 방문하는 사람이 많았다. 그동안의 고생을 보상받고 억눌렸던 욕망을 해갈한 뒤 떠나는 것이었다. 고아에서 있다 보면 그 고생을 해놓고도 인도를 떠나기가 못내 아쉬워진다. 그리고 보면 적어도 고아에서는 항상 표정이 밝아졌다.

고아에 온 것은 이번이 두 번째였다. 첫 번째 여행에서 고아는 길고 험난했던 여행을 갈무리하는 장소였다. 지친 나머지 더 남쪽으로 내려가기를 포기하고 고아로 향했을 만큼 휴식이 절실했던 때였다. 반면 두 번째 여행에서 고아는 남인도를 공략하기 위한 교두보였다. 지난번에는 동해안을 따라 내려가 마드라스(現 첸나이)에서 그 꿈을 접어야 했는데 이번 여행에서는 반대로 서해안을 따라 내려오니 고아와 일찍 마주치게 되었던 것이다. 마침 라자스탄에서 출발해 꽤 험난한 여정을 거쳤기 때문에 재충전할 수 있는 기회로 삼았다.

과거 유럽의 야욕이 서린 땅에서 그들이 남긴 흔적을 누리고 만끽한다니 기분이 묘했다. 이는 비단 외국인 여행자들에게만 해당되는 얘기가 아니었다. 부유한 인도인들도 고아에서의 휴양을 즐긴다. 인도의 어느 지인(知人)의 경우 고아로 휴가를 다녀왔는데 아들의 신혼 여행지도 고아로 정했다. 그는 내륙에 살아 평소 해산물은 먹을 수 없었는데 고아에서 해산물을 먹다가 배탈이 났다는 무용담도 들려주었다. 동해안에서 방문했던 푸리(Puri)와는 또 다른 느낌인데 고아는 문화적으로도 무척 개방된 느낌을 받게 된다.

고아 즐기기

고아는 긴 해안선을 따라 다채로운 면모의 해변들이 줄줄이 들어서 있다. 첫 여행에서는 고아의 다양한 해변들을 경험했다. 처음에는 고아의 해변 중

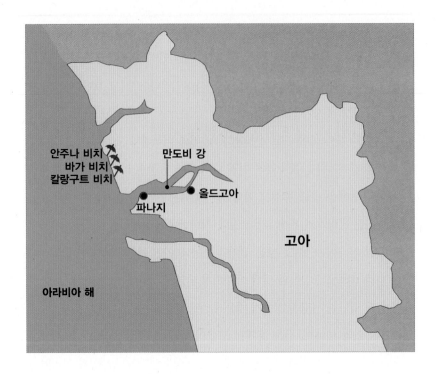

에 가장 비용이 저렴하고, 세계 곳곳의 젊은이들이 모여든다는 안주나 비치(Anjuna Beach)에서 머물 생각이었다. 캠프파이어도 하고 젊음의 열기를 느끼고 싶었다. 그런데 히피들이 많은 탓인지 생각보다 분위기가 이상했다. 표현하자면 건전한 것과는 정반대의 느낌이었다.

늦은 밤에 도착했는데 술에 취해 거리를 서성이거나 괴성을 지르는 젊은이들이 보였고, 누군가는 대형 오토바이를 몰고 요란한 소음을 내며 지나쳐 갔다. 힌디로 "하시시(대마초)?"라며 지나가는 사람을 붙잡고 은밀한 거래를 권하는 사람들도 있었다. 무엇이든 지나치면 좋지 않은 법이고, 인도 여행의 의미를 퇴색시킬 뿐이었다.

마약이 없어도 인도 자체가 환상적이었다. 게다가 여행을 통해 깨닫고 성숙하는 것은 인도 여행의 또 다른 가치이기도 했다. 낯선 경험에 목말라도 그런 경험은 사절이었다. 안주나 비치에 머무는 모두가 그런 것은 아니었다. 젊고 자유로운 분위기는 좋았지만 일부 불편한 모습이 보였고, 일찍 안주나 비치를 떠나게 되었다.

장소를 옮겨 이동한 곳은 칼랑구트 비치(Calangute Beach)였다. 대개 유럽에서 온 중산층 가족이 많이 찾는 이곳은 지내기에 더없이 평온한 곳이 었다. 칼랑구트에서 대부분의 시간을 보내게 되었다. 가족 단위의 휴양객들 이 많아 무척 붐볐지만 그만큼 안전했다. 느긋한 해변에서의 일상은 거의 대 부분 칼랑구트에서 남긴 추억이었다.

다음으로 고아에서의 마지막을 불태우기 위해 찾은 곳은 안주나와 칼랑 구트 사이에 위치한 바가 비치(Baga Beach)였다. 바가 강(Baga River)이 바다로 합류하는 지점으로 사방이 바위와 언덕으로 둘러싸인 절경(絶景)이 돋보였다. 물론 체류 비용은 칼랑구트와 비교해 곱절 이상 비쌌다. 그간 쓰 고 싶어도 쓸 수 없어 절약된 경비가 빛을 발하는 순간이었다. 해변마저 재 력(財力)에 따라 계급이 나뉜 듯 했다.

인도의 다른 곳은 몰라도 고아에 오면 갑자기 지갑이 얇아질 수도 있다. 고아의 바자르(시장)나 식당을 오가다보면 마치 전당포처럼 중고 사진기와 비디오카메라를 맡겨 놓은 경우를 흔치않게 목격할 수 있다. 돈이 궁한 여 행객들이 여행 내내 제 몸 다루듯 지니고 다녔던 물품까지 내놓으며 고아에 머무르는 것이었다. 과연 그럴만하다는 느낌을 받았다. 고아에서의 마지막 밤, 아라비아海를 향한 숙소 이층의 난간에 기대어 지그시 바다를 바라봤던 기분은 더없이 황홀하고 낭만적이었다. 떠나기 싫은 아쉬움이 느껴진 것은 당연했다.

고아에서는 스쿠터를 빌렸다. 해변의 일상이 지겨워지면 스쿠터를 타고 해안가 뒤편으로 난 길을 달렸다. 스쿠터를 타고 안주나 바자르와 같은 시장 통을 구경하러 가기도 했다. 휴양지로 유명한 곳이지만 고아도 시간을 내서 찾아가 볼 만한 곳이 있다. 특히 北고아에 위치한 고아[37)]의 주도(州都) 파나지(또는 판짐)인데 칼랑구트에서 내려가 만도비 강(Mandovi River) 건너 맞은편에 있는 곳으로 그 중심에는 파나지 교회(Church of Our Lady of the immacurate Conception)가 있다. 다시 만도비 강을 따라 파나지의 동쪽으로 9킬로미터를 이동하면 과거 포르투갈 점령 시대의 수도 올드 고아(Old Goa)가 모습을 드러낸다. 고아 관광의 핵심이라고 할 수 있는데 이곳에는 산타 카타리나 교회(Se Cathedral), 성 프란시스 교회(Convent & Church of St Francis of Assisi), 봄 지저스 교회(Basilica of Bom Jesus) 등 16~17세기 세워져 포르투갈이 남기고 간 로만-가톨릭교회의 흔적들이 가득하다. 보는 관점에 따라서는 인도産 유적지가 아니기에 흥미가 없을 수도 있지만 이 또한 인도의 한 모습이다. 또한 박해를 받았음에도 그 자체를 포용하는 가장 인도다운 모습이기도 하다.

고아에는 엉터리 횟집도 있었다. 포장마차처럼 생긴 음식점이었는데 '사시미(Sashimi)'라는 푯말을 발견하고 설마 하는 생각으로 들어갔다. 정말 회(膾)를 파냐고 물었더니 그렇다는 것이었다. 인도에서 회라니 거부할 수 없는 유혹이었다. 밑져야 본전, 시도해보기로 했다. 음식을 기다리는 사이 부엌에서는 탕탕거리며 거칠게 도마를 못살게 구는 칼소리가 났다. 조금 불길했지만 이미 주문한 뒤였다. 뼈를 발라내는데 지나치게 요란스러웠다. 요리가 준비되고 눈앞에 놓인 접시에는 한가득 토막 난 생선이 담겨 있었다. 뼈는 그대로였다. 아마 살을 발라먹는 것은 셀프 서비스였던 모양이다. 이름을 알 수 없는 물고기의 뼈를 삼키지 않으려 애썼다. 그래도 그 싱싱한 회의 식감만은 지금도 생생하게 기억난다. 기분 탓일까? 이후 그 어디에서 맛본 회보다도 비교되지 않을 정도의 꿀맛이었다.

　고아는 인도 여행에서 오아시스와 같은 곳이다. 매번 제대로 쉬어가며 여독을 풀 수 있는 장소였고, 지난한 역사를 지녔음에도 언제나 후덕하니 멋진 곳이 아닐 수 없다. 이제 준비가 되었으니 더 남쪽으로 내려가 깨랄라(Karala) 주로 갈 차례였다.

다시 찾은
南인도

코발람

인도에 들어온 지 한 달, 고아에서 내려온 나는 트리반드룸(Trivandrum)[38]
을 거쳐 코발람(Kovalam)에 이르렀다. 깨랄라 주의 주도(州都) 트리반드룸
에서 16킬로미터 떨어진 코발람은 하와 비치(Hawah Beach)와 라이트하
우스 비치(Lighthouse Beach),[39] 두 개의 작은 만으로 이어진 곳으로 남
인도에서 가장 아름다운 해변의 도시다. 해변으로 나서자 보사노바 名曲
〈이파네마에서 온 소녀(The Girl from Ipanema)〉[40]가 귓전에 들리는 듯
했다.

인도에서 보사노바를 떠올리느냐고 하겠지만 이 곡에 포르투갈語 가사
도 있다는 점을 떠올리면 무리는 아니다. 코발람에서 온 소녀, 금방이라도
구릿빛 미녀가 해변으로 뛰쳐나올 듯 설레는 풍경이었다. 인도에 대한 낭만
적인 시각은 때로 독(毒)이 될 수 있다고 했지만, 코발람 만큼은 예외로 두

고 싶다. 흐드러진 야자수를 뒤로 하고 초승달 모양으로 주위를 감싸듯 이어진 해안선을 따라 고즈넉한 백사장을 거닐다보니 이보다 넓고 풍족했던 고아라고 할지라도 비할 바는 아니었다. 적어도 우열(優劣)을 가리기란 어려웠다.

코발람이 위치한 깨랄라 州는 풍요로운 곳이다. 포르투갈과 후추 무역에 대해 이야기하며 언급된 도시들 -캘리컷(現 코지코드), 코친 등- 이 모두 깨랄라의 해안선을 따라 위치한다는 점을 상기할 필요가 있다. 무역에 관한 역사라면 유럽의 식민지 시대보다 훨씬 이전에 페니키아인, 로마인, 아랍인, 중국인에게 알려진 곳이었다. 이곳을 통한 중계(中繼) 무역도 발달했는데 깨랄라의 해안은 무역로를 잇는 중요 허브였다. 무역이 융성한 이 지역은 중세에 이르기까지 대부분의 기간 동안 남인도의 3대 고대 왕국[41] 중 하나인 체라 왕국(Chera Dynasty, 기원전 3세기~기원후 12세기)의 지배를 받았다. 그러나 이 지역을 두고 일찍이 체라와 경쟁국 간의 분쟁이 끊임없는 이어져 온 것은 당연한 일이었다.

지금의 깨랄라는 휴양지로 유명하다. 코발람은 물론, 알레피(Alleppy)와 퀼론(Quilon) 등은 백 워터 크루즈(Back water Cruise)를 즐길 수 있는 곳으로 각광받는데 이젠 全세계의 무역상들이 아닌 全세계의 여행객들이 모여드는 곳이다. 그러고 보니 고아하고 별반 다른 점이 없다. 사실 인도에서 휴양지를 간다면 고아나 깨랄라의 코발람 둘 중 한 곳을 택할 것이지 두 군데를 모두 가볼 필요는 없었다.

역사 이야기도 그렇다. 후추 무역과 유럽의 식민지항(港)에 얽힌 얘기들도 비슷하니 새로운 게 없을 것 같다. 하지만 자세히 들여다보니 그렇지는 않았다. 깨랄라는 그 이외에도 상당히 흥미로운 면을 많이 가지고 있는 곳이었다.

백 워터 크루즈를 즐기며 목격한 코발람의 어부들.

인도 교육의 시험장, 깨랄라

먼저 깨랄라는 인도의 어느 주와 비교해도 높은 식자율(識字率)을 자랑한다. 인도의 평균 식자율은 세계 평균(84%)보다 훨씬 낮은 74%이지만 깨랄라는 94% 수준으로 인도에서 가장 높다.[42] 인도의 교육 제도를 잠깐 살펴보면, 식민지 시대 이전 인도의 교육 방식은 소위 구르쿨라(Gurukula)[43]라고 하여 상위 카스트를 대상으로 한 제한된 교육이었다. 이를테면, 가르침을 받고 싶은 구루(Guru)를 찾아가 그 가까이 살거나 함께 동거하며 배움을 얻는 것인데, 당시 교육과 학문의 主는 베다(Veda)[44]였다. 교육에 대한 금전적인 대가는 없었지만 문하생(門下生)들은 함께 숙식을 하며 스승의 살림을 거들었다. 구르쿨라의 구르(Guru)가 스승을 뜻하고, 쿨라(Kula)가 대가족을 의미하는데 대강 어떠한 방식의 교육이었는지 미루어 짐작해

● 인도에 대한 오해는 이렇게 시작된다. 다큐멘터리 프로그램의 카메라가 다가가고 하층민과 아이들의 얼굴을 클로즈업하며 물어보는 것이다. "행복합니까?" 그들은 거기에 고개를 끄덕인다. 그러면 내레이션은 인도는 없어도 행복하고, 가난해도 만족하며 살아가는 곳이라고 한다. 그 이유는 인도인은 매우 순수하고 종교에 대한 믿음을 바탕으로 내생을 기약하는 사람들이기 때문이라고 한다. 물론 인도인들은 대부분 순수하고 착하다. 많은 사람들이 살아가기에 일부 타락하고 악한 사람들도 있을 뿐이다. 인간이 사는 사회인 것이다. 종교와 계급이 인도 사회를 지탱하고 질서 유지의 역할을 해온 것은 사실이다. 하지만 가난해도 행복하다? 인도에 대한 이야기를 풀어내며 하고 싶은 말은 인도인들도 살만하면 행복하지만 가난하면 불행하다는 것이다. 하층민의 경우 내생에 대한 희망을 가져도 현재는 절망스럽다. 종교적이고 영적이며 신비로운 인도의 매력을 느끼는 것은 누구나 같다. 하지만 너무 그러한 측면에 기울어져 바라보지는 말아야 할 것이다. 카메라 앞에서 해맑게 웃는 하층민과 아이들은 누구일까? 때 묻지 않은 순수한 사람들이다. 카메라를 보는 일도 드물고, 자신에게 질문을 하니 마냥 수줍게 웃는다. 그 순간이 행복할 뿐이다. 카메라를 보면 아직도 대부분의 사람들이 친근한 표정을 지어주는 곳이 인도다. 하지만 가난해서 행복한 사람은 어디에도 없다.

볼 수 있다.

이러한 교육 방식은 식민지 시대를 거치며 쇠퇴했고, 점차 서구화된 시스템이 모습을 갖추게 되었다. 현재 인도의 교육 제도는 클래스(Class) 1에서 12까지 크게 세 단계인 초등학교(6~11세), 중등학교(11~15세), 고등학교(16~17세)으로 나뉘는데 6세부터 14세까지가 의무교육으로 정해져 있다. 아무래도 영국의 제도와 유사한 측면이 있다.

제도적인 정비에도 불구하고 인도는 여전히 문맹률이 높은 국가다. 그 원인은 많은 인구 대비 부족한 교육 인프라, 그리고 교육 기회의 박탈과 낙오에서 찾을 수 있다. 특히 교육 기회의 문제는 좀 다르다. 빈곤층의 자손일수록 학업보다는 일찌감치 가족의 생계를 도와 생활 전선에 뛰어들게 마련이고, 임금 노동을 대물림하거나 비슷한 처지에 머문다. 교육이 그 탈출구가 될 수 있겠지만, 당장의 생계가 급한 상황에서 그 필요성을 못 느끼고 기회를 박탈

당하거나 언감생심(焉敢生心) 자포자기하기에 이른다. 결국 교육의 양극화가 심해지고 사회적 불평등은 고착화되는 것이다.

피라미드형 계급 사회에서 하층 계급으로 내려갈수록 인구가 많아지고, 임금 노동에 의지하는 빈곤층은 많은 자식을 낳아 이러한 현상은 더욱 심해진다. 인도에서 빈곤층의 비율은 전체인구의 40%에 달한다. 태생적인 신분의 한계는 현생(現生)에 대한 기대치를 낮추고, 내생(來生)을 기약하며 정신적 버팀목이 되어주는 종교도 당장의 현실에 대한 개선과 극복에 초점을 맞추고 있진 않다.

이러한 상황을 개선할 수 있는 방법은 결국 의식 개혁과 교육 밖에 없다. 점진적인 의식의 변화를 가져올 수 있는 기본적인 교육 수준의 향상은 現인도 사회가 해결하고자 하는 중요한 과제이기도 하다. 의무교육의 확대와 질적 향상인데 일터에 나간 아이들을 학교로 데려와 최소한의 기회를 제공하는 것이다. 1990년부터 낙후 지역의 교육 활성화와 여성 교육의 증진으로 취학율을 높였고, 2009년에는 〈의무교육법〉을 발표해 의무교육(6~14세)을 무상 제공하기 시작했다. 그밖에도 여러 가지 교육 장려 정책을 시행해 국가 차원의 노력을 기울이고 있다.

아직 정부 정책이 큰 성공을 거두지 못한 것은 사실이다. 무상 교육 지원에도 불구하고 진학을 거듭할수록 중퇴자들이 늘어나는 것인데, 앞서 언급했듯이 임금 노동에 종사하는 빈곤층의 자녀들이 이탈하는 문제가 심각하다. 2009년 무상 교육의 실시도 이미 2008년 금융 위기의 여파로 실효를 거두긴 어려웠다. 무료 교육이 아니라 당장 생계가 문제였다.

현재 정상적으로 의무교육(6~14세) 기간을 마치는 비율은 절반에 그치는데, 기본적으로 의무교육을 이수해야 고등교육이나 직업학교로 진학할 수 있다. 전체 과정을 졸업하는 학생은 10%에도 못 미친다. 그밖에 초중고 국공립학교 교원의 25%가 공석일 만큼 교사난이 심하고, 열악한 처우와 교육 기관의 부패로 우수한 인력이 교직을 기피하는 등 교육 인프라의 문제는 또 다른 숙제다.

최근 빈곤층 출신이라는 핸디캡을 극복하고 출세한 입지전적인 인물들도 보이는데 그들은 희망과 가능성을 보여준다. 하지만 그런 사례가 보편적인 것은 아니다. 인도의 상황에서 너무 극적인 변화를 쫓는 것은 무리다. 인도의 미래를 위해 앞으로도 모든 인도인들이 안고 가야할 문제다. 나는 오히려 작은 변화에서 희망을 찾고 싶었다. 가령, 출신 집안과 계급이 낮은 인도인 임금 노동자들 중에도 누가 시키지 않아도 끊임없이 자격증을 획득해 자신의 가치를 향상시키며 한 단계씩 나아가려는 사람들도 있었다. 주어진 것은 어쩔 수 없어도 자신의 노력과 교육을 통해 최대한 현생(現生)의 기회를 움켜쥐려는 모습이었다.

인도의 식자율은 독립 당시 12%에 불과했다. 현재 식자율은 74%이다. 여전히 세계 평균에는 밑돌지만, 인도의 여건상 독립 이후 60여 년 만에 이룩한 성과라는 점은 감안해야 한다. 그 가운데 깨랄라는 가장 돋보이는 곳이다. 州정부 차원의 교육 개혁을 통해 여성과 빈곤층 아동에 대한 교육 지원을 확대한 결과 이뤄낸 성과였다. 그런 면에서 깨랄라는 주목받는 곳이었고, 인도 교육의 시험장[45]이라고 할 수 있었다.

인도의 공산당

깨랄라에 대해 이야기할 때 또 한 가지 눈여겨봐야 할 게 있다. 바로 이 지역의 정치다. 독특하게도 인도에서 공산주의가 영향을 끼친 곳이 바로 깨랄라였기 때문이다. 인도의 일부 지역에서는 공산당이 득세했고, 그들은 INC(Indian National Congress)와 BJP(Bharatiya Janata Party)로 대표되는 인도 정치의 양대 산맥 사이에서 영향력을 행사하며 캐스팅 보트를 쥐기도 했다. 인도의 총선이 INC와 BJP을 중심으로 한 두 연합 간의 대결로 이뤄지고, 선거 이후에도 막후 협상을 통해 정치적 이합집산이 이뤄지기 때문이다.

깨랄라는 1957년 처음으로 인도 공산당(The Communist Party of India)[46]이 주정부를 장악한 이래, 2011년 주의회 선거에서 연합민주전선(United Democratic Front)이 좌파민주전선(Left Democratic Front)을 꺾고 지방정권을 교체하기까지 공산당의 영향권에 있었다.[47] 60년 이상 장기간 집권했던 셈이다. 구소련이 몰락하고 중국이 변화를 도모하는 사이 어떻게 인도 공산당은 벤자민 버튼의 시간처럼 거꾸로 갔을까?

여기에는 여러 가지 요인이 있다. 먼저 영국으로부터의 독립 이후 불거진 엄청난 빈부의 격차였다. 당시 깨랄라 주민들은 대부분 농민이었는데 지주(地主)들이 엄청난 부를 독식하고 있는 데 반해 소작농들의 가난은 극심했다. 깨랄라는 경제 불균형이 극심했고, 이런 상황에서 인도 공산당은 토지개혁을 비롯해 비교적 균등한 부(富)의 재분배를 약속했던 것이다.

다음은 빈곤층에 대한 교육 장려였다. 깨랄라의 교육에 대한 뒷얘기는 여기서 나온다. 앞서 언급한 깨랄라의 높은 교육 수준은 인도 공산당이 주장하는 평등 교육, 양성 평등의 연장선 상에 있었는데 이러한 교육 수준의 향상과 더불어 저소득층에 대한 복지와 권리 증진은 곧 농민과 노동자의 정치 참여 및 공산당에 대한 지지로 되돌아왔다. 최고의 식자율에는 이러한 이면이 숨어 있었던 것이다.

종교와 인종 계파 간의 갈등 종식(終熄)도 중요한 영향을 끼쳤다. 당시 인도의 다른 지역에서는 힌두와 무슬림 간의 충돌 사태가 빈번히 발생했고, 특히 힌두 빈곤층과 무슬림 빈곤층 간의 갈등은 사회 약자의 이익을 대변하는 집단의 규합을 저해하는 요인이 되었다. 반면 깨랄라는 빈곤층의 이익을 우선시하는 反계급적인 정책으로 사회 분열과 갈등 대신 평화 시대를 가져왔던 것이다. 카스트 차별과 다우리(결혼 지참금)로 인한 갈등과 범죄 등 당시 만연해 있던 사회 문제들도 깨랄라에서 만큼은 그 사례가 드물었다.

공산당이 깨랄라 사람들의 지지를 얻은 것은 독립 이후 최저 임금과 노동자의 권익(權益)에 대한 시위를 공산주의자들이 주도했던 것이 결정적이었다. 경찰이 시위를 진압하는 과정에 사상자가 발생했는데 좌절감을 느낀 깨랄라人들은 공산당을 동정하고 지지하게 되었다. 사실 인도인들의 입장에서는 사상과 이념보다 당장 먹고 사는 일, 그리고 종교·인종·계급 간의 폭력적 갈등의 해소가 더 큰 문제였다.

깨랄라의 허와 실

깨랄라의 성공을 두고 흔히 '깨랄라 현상(Kerala Phenomenon)', '깨랄라 모델(Kerala Model)' 등으로 표현하는데 다른 지역과는 그 출발점이 다르다고 해야 할 것이다. 예전부터 깨랄라가 풍요롭다는 얘기는 많이 들어왔다. 인도의 상당수 지역들과 비교해 상대적으로 잘 사는 것은 사실이지만 깨랄라의 부(富)에 대한 소문은 다소 과장된 부분도 없지 않다.

흔히 '깨랄라 현상'과 같은 표현도 객관적인 수치보다는 토지와 교육 등 성공적인 개혁에 빗댄 표현이다. 깨랄라의 이미지는 좋다. 문맹률이 낮고, 타밀나두, 카르나타카, 안드라프라데시 주와 더불어 인도에서 가장 비옥한 남인도 4개 주의 하나라는 점은 이곳을 더욱 호의적인 시선으로 바라보게 만든다. 또한 인도의 산업 분야 중 농업의 비중이 여전히 높다는 점에서 '농업=깨랄라'에 이어 '깨랄라=부유함'이라는 등식도 머릿속에 쉽게 그려진다. 아직도 인도는 전체 인구의 50% 이상이 농업에 종사하므로 그 얘기가 아주 틀린 것은 아니다.

그러나 엄밀히 살펴보면 인도의 산업 형태도 이미 변화되었음을 알 수 있다. 1970년대만 해도 인도 전체 GDP의 40% 수준을 차지하던 농업은 이제 그 비중이 14%로 줄어들었다. 그리고 제조업이 27%로 완만한 성장세를 이어간 한편, (질적으로 훌륭한 수준이라고 할 수는 없어도) 성장을 거듭한 서비스업이 59%를 차지하며 과거 농업의 자리를 꿰찼다. 아직 대다수의 인구가 농업에 종사한다는 점에서 농업의 쇠퇴라기보다는 새로운 산업의 성장에 따른 자연스러운 변화다.

이러한 추세는 깨랄라도 예외가 아니다.[48] 다만 세부적으로는 타 지역에 비해 기업과 제조업체의 진출이 상대적으로 적은 게 사실이고, 제조업도 최

● IT 소프트웨어 강국 인도의 숙제는 제조업이다. 인도의 제조업은 아직 취약하고, 현지 파트너의 옥석을 가리기도 쉽지 않다. 선택의 폭이 좁다. 파트너를 통한 시장 진입을 기대해도 업체의 수준이 함량 미달인 경우가 많고, 기대와 달리 진척도 더디다. 하지만 인도는 향후 제조업 육성에 초점을 맞추고 있다. 결국 시장의 흐름을 아는 그들이 대표 기업으로 성장할 가능성이 높다. 중국의 사례를 되새길 필요가 있다.

중국의 제조업이 걸음마일 때 그들은 한국 업체에 러브콜을 보냈다. 이때 더 좋은 기회를 노리고 소극적으로 대응했더니 결국 경쟁사와 협력했고, 이후 시장이 열리자 그 분야의 대표 기업으로 급부상했다. 경쟁사는 시장 표준을 주도하며 진입 장벽을 높였다. 인도도 유사하다. 최근, 수년 전 협력을 제안했던 업체를 다시 찾아갔다. 이미 경쟁사와 긴밀한 관계였고, 예전과 달리 미온적이었다. 원래 그들의 요구 사항은 쉽지 않았는데 경쟁사는 이를 받아들이고 밀착 지원했다. 판세를 뒤집기 어렵게 된 것이다. 인도 시장에서 당장의 성과를 기대한다면 정부 사업 분야다. 그 밖의 시장은 만들어가야 한다. 인도 제조업의 개국공신이 되어야 하는 것이다. 세계적인 업체들은 이미 시행착오를 겪으며 노하우를 쌓아나가고 있다. 지금 시작해도 사실 이르다고 볼 수는 없다.

첨단과는 거리가 있다. 현재 깨랄라는 인력(人力) 수출을 통한 해외 진출 노동자[49]들의 송금과 관광 수익 등 서비스업이 산업의 主를 이룬다. 州정부가 주류 공급을 독점하고 상당한 세금을 거둬들인다는 점도 흥미로운 부분이다.

영광은 이어질 것인가?

깨랄라는 GDP 기준으로 인도 내 9위를 차지하고 있다. 일인당 GDP는 1473 달러(2012년)로 인도 평균[50] 수준이다. 명성과는 다른 모습이다. 직접 가본 깨랄라는 풍요로운 곳이었다. 하지만 성장을 거듭하는 인도에서 깨랄라는 아직 추수(秋收)만 거듭하는 느낌도 들었다. 이대로 멈춘다면 과거의 영광을 이어나갈 수 있을까? 富의 분배와 복지도 좋지만 미래에 대한 고민이 필요했을 것이다. 실제 깨랄라는 점차 자유 시장 정책을 혼용하기 시작했고, 반세기 동안 굳건히 유지되어왔던 공산당 정권도 교체되었다. 새로운 민의(民意)가 반영된 결과였다. 내가 여행하던 시절 깨랄라는 아직 공산당이 정권을 잡고 있을 무렵이었다.

코발람의 바닷바람에 실려 온 보사노바는 무척 감미로웠지만 어쩐지 낯선 기분도 들었다. 만 하루, 해변의 유혹에 또 다시 여행자의 본분을 잊을 뻔했지만 마음을 다잡고 길을 나섰다. 신화에 의하면, 깨랄라는 비슈누의 여섯 번째 화신 파라수라마(Parasurama)의 땅으로 불린다. 파라수라마가 자신의 도끼를 바다에 던지자 도끼를 던진 거리만큼 바닷물이 물러가고 그 땅이 지금의 깨랄라가 되었다는 것이다. 실제 고대(古代)에는 이 땅이 바다 속에 잠겨 있었던 게 사실이다. 과연 이곳에 걸맞는 전설이 아닌가. 그 미래는 또 어떠할지 궁금한 곳이다.

트리반드룸, 땅콩

그날 오후, 코발람에서 릭샤로 이동해 트리반드룸 역에서 깐냐꾸마리 행 기차에 몸을 실었다. 트리반드룸에서 코발람 다시 코발람에서 트리반드룸, 꼭 악보의 도돌이표를 따라 머릿속에 보사노바의 리듬이 반복되는 듯 했다. 잠시 역행하듯 밀리던 열차가 서서히 움직이기 시작했다. 이제 트리반드룸에서 깐냐꾸마리까지의 클라이맥스가 시작되고 있었다. 얼마나 고대해왔던 순간인가. 첫 여행 이후 수년간 꼭 한 번 깐냐꾸마리에 가보겠다는 소망을 품어왔다.

열차 안을 휘 둘러보았지만 탑승객은 드물었다. 짧은 거리라 준비한 표는 2등석의 일반 좌석칸이었지만, 객기를 부려 슬그머니 푹신한 침대칸에 앉았다. 열차는 텅 비어 있었고, 어쩐 일인지 검표원도 모습을 드러내지 않았다. 내게는 여행에서 가장 중요한 순간이었다. 창밖을 내다보니 착각일지 몰라도 어디서 본 듯한 풍경이 펼쳐졌다. 왕가위 감독의 홍콩 영화 〈아비정전(阿飛正傳)〉에서 아비가 친모(親母)를 찾아 기차를 타고 갈 때도 차창 밖으로 비슷한 풍경을 보았었다. 영화 속 장소가 필리핀이니 울창하게 수풀이 우거진 남인도의 풍경과 닮은 것도 무리는 아니었다. 영화의 장면은 중국 반환을 앞둔 홍콩의 불안함을 상징한다고도 했는데 오랜 기다림 끝에 깐냐꾸마리로 향하는 내 마음도 몹시 떨렸다. 수첩을 펴고 펜을 굴리기 시작했다.

당시 나는 처음에서 두 번째 여행에 이르기까지 매일 모든 여정(旅程)을 기록하고 있었다. 그것은 언젠가 보잘 것 없는 나의 인도 여행을 재구성할 단서가 되어 줄 것이었다. 장소에 대한 사실적인 기록은 물론, 지금도 부끄러워 얼굴이 달아오를 만큼 달달한 글귀와 스케치들도 수첩 속에 깨알 같이

메워져 갔다.

훗날 시간을 복원하기 위해서는 기록해야 했다. 물론 당시에는 미처 그런 생각까지 하지는 못했다. 다만 인도의 온갖 풍경이 그렇게 하도록 나를 자극하고 부추겼다. 마음 한편으로는 궁극의 목적지에 다가갈수록 허탈함이 느껴졌다. 누군가 이런 질문도 했다. "대체 깐냐꾸마리가 너한테 뭐 길래?" 혹시 여자라도 숨겨둔 거 아니냐는 놀림도 받았다. 남인도의 애인이라… 꼭 누군가의 이마에 붉은 빈디(Bindi)라도 찍어놓은 것 같은 소리다. 그러고 보면 깐냐꾸마리에 가서 특별히 해야 할 일이 있었던 것은 아니다. 마음속에 둔 목적지였을 뿐이다. 무엇을 하겠다는 구체적인 계획은 아무것도 없었다. 일행들도 모두 코발람에 남겨 두었다. 숫타니파타에서 말했다. 무소의 뿔처럼 혼자서 가라. 수첩을 덮고 창밖을 바라보았다. 차창 위에서 흔들리는 열대의 수목들이 마치 아비가 추던 맘보(Maria Elena)처럼 보였다.

잠시 한눈을 판 사이 어느새 인도인 한 명이 내 맞은 편 자리에 앉아있었다. 나이는 어려보였지만 마치 분장을 한 것처럼 콧수염을 한껏 길렀고, 까무잡잡한 얼굴에 작은 체구는 남부의 분위기가 물씬 풍겼다. 찬찬히 그를 관찰하는 사이 눈이 마주쳤고 나는 어색함을 피하고자 눈웃음을 지어보였다. 소심한 듯 잠시 내 눈치를 살피더니 곧 그도 나처럼 눈인사를 건넸다. 그리고 그 청년은 호기심이 생겼는지 내게 이것저것 물어보기 시작했다. 우리는 잠시 이야기를 주고받았다.

하지만 곧 할 말이 떨어졌고, 나는 다시 창밖으로 고개를 돌렸다. 비스듬히 차창에 비친 그는 자신이 가져온 서류가방을 소중한 듯 매만지고 있었다. 그렇게 시간이 흘렀고 우리는 묵묵히 깐냐꾸마리에 도착하길 기다렸다. 그러다가 또다시 말을 꺼낸 것은 그였다. 손짓하며 날 부르더니 다급히 자신의 서류가방을 열기 시작했다. 묘한 것이 나올까봐 약간 두렵기도 했고, 조금 의

아했다. 아까 무슨 일을 하냐고 물었을 때 그는 직장에 다닌다고 했었다.

가방 안에는 땅콩이 들어 있었다. 어디서나 흔히 볼 수 있는, 하지만 정성스럽게 껍질을 벗기고 비닐봉지에 포장한 것이었다. '땅콩 장수였구나.' 경계심이 한순간에 무너져 내렸다. 한번 맛보라며 손 한가득 땅콩 봉지를 내밀었지만 그의 얼굴 표정은 다만 한 봉지라도 사줬으면 하는 기대가 서려있었다. 서로 이런저런 대화를 나눴던 터라 단칼에 거절하기가 어려웠지만, 그 역시 나를 집요하게 괴롭히긴 미안했던 모양이다. 내가 약간 몸을 뒤로 빼자 그는 내밀었던 땅콩을 도로 집어넣었다. 그까짓 땅콩 한 봉진데, 스스로 매정하다고 느꼈다.

그는 가방 안의 소중한 땅콩을 차곡차곡 정리했다. 어쩐지 내 귓가엔 그의 한숨이 들리는 것만 같았다. 깐냐꾸마리까지 함께 갈 줄 알았던 그는 앞서 근교의 정거장에서 내렸다. 기차 안에는 승객도 별로 없었고, 아마 이 기차에서 땅콩을 팔기엔 글렀다고 생각했을 것이다.

우리는 처음 만났을 때와는 달리 아무 말 없이 헤어졌다. 겉으론 냉정했지만 마음이 조금 씁쓸했다. 아마 그는 일부러 건너편 자리에 앉았을 것이다. 빈 좌석은 많았다. 땅콩 한 봉지를 팔기 위해 길동무가 되었던 것이다. 나는 기차에선 음식을 덥석 받아먹지 않는다는 철칙이 있었지만, 사실 몇 푼 되지 않는 땅콩 한 봉지, 먹지 않더라도 사주면 그만이었다. '나는 인색한 사람이 되어가는 걸까?' 어쩌면 그럴지도 모른다고 생각했다. 여행을 하며 항상 경계하고 조심했을 뿐 인정(人情)과 여유는 부족했다. 만약 다음을 기약할 수 있다면 그때는 몇 봉지 사줘야겠다고 다짐했다. 그런 와중에 기차는 마침내 깐냐꾸마리에 다다르고 있었다.

깐냐꾸마리

海國

가와바타 야스나리의《설국》속 첫 문장이 떠올랐다.

'국경의 긴 터널을 빠져나오자, 눈의 고장이었다. 밤의 밑바닥이 하얘졌다. 신호소에 기차가 멈춰 섰다.'

눈[雪]이 아닌 바다[海]의 고장이란 점을 빼면 내 심정도 다를 바 없었다. 터널을 지나자 바다의 고장이었다. 끝을 보고 싶었고, 끝을 보게 된 것이다. 깐냐꾸마리에 이르자 절제되어 온 감정이 높은 파도처럼 범람했다. 인도 대륙을 거미줄처럼 엮은 긴 철로의 끝이었다. 대개 목적지에 도착하면 다음 행선지의 기차표부터 알아보고 움직였지만 이번에는 기차가 멈추자 곧장 해변으로 향했다. 세 개의 바다가 만나는 곳이었다. 오후의 햇살이 기울고 있었고, 멀리 수평선까지 연홍색 바다가 차분하게 출렁이고 있었다. 기어이 오고야 말았다.

깐냐꾸마리는 코모린 곶(Cape Comorin)[51]으로도 불린다. 코발람에서 남인도의 낭만을 만끽했다면 타밀나두 주의 깐냐꾸마리는 남인도의 정취를 제대로 느낄 수 있는 곳이었다. 좀처럼 가보기 힘든 힌두교의 성지(聖地)이기도 했다. 첫인상에 그 어떤 곳보다 정갈하다고 느꼈고, 화려하진 않지만 그 차분한 모습 속에 멋내지 않은 고귀함이 묻어났다. 성지다운 모습이었다.

시간과 거리의 문제도 있지만, 깐냐꾸마리는 가볼 곳이 너무 많은 인도에서 단단히 각오하지 않는 한 가보기 어렵다. 순례객들은 꽤 많았지만 모두 인도인들이었고, 외국인은 나 혼자뿐이었다. 지나가는 인도 아낙네들이 나를 향해 힐끔거렸다. 마치 청일점(靑一點)이 된 기분이었다. 어딜 가나 외국인 여행객은 몇 명 있기 마련인데 우연의 일치인지 내가 찾아갔을 무렵에는 유독 그랬다. 때문에 내 행동거지 하나하나가 두드러져 보였다. 하지만 문제가 될 것은 없었다. 나도 최대한 경건하게 행동하면 될 일이었다. 때 묻지 않은 곳이었다. 여행을 하며 줄곧 호객꾼들에게 시달려왔는데 이곳은 달랐다. 미처 예상치 못한 매력이었다.

가트 우측으로 마하트마 간디의 또 다른 기념관이 세워져 있었다. 그의 유해(遺骸) 중 일부가 바로 이곳에서 바다로 흘러간 만큼 의미 있는 곳이었다. 멀리 전망대가 보이고 앞바다에는 비베카난다의 바위(Vivekananda Rock)가 눈에 들어왔다. 바로 19세기 종교 지도자이자 힌두교 개혁가인 스와미 비베카난다(Vivekananda, 1863~1902)가 명상에 잠긴 장소를 기념한 깐냐꾸마리의 상징물이었다.

비베카난다와 플라토닉 러브

비베카난다는 인도인들은 나약하다는 이미지와 편견을 바꿔 인도인

깐냐꾸마리의 해변에서 바라본 비베카난다의 바위.(사진 위)
깐냐꾸마리를 찾은 힌두교 순례객들이 입수(入水)하는 모습.(사진 아래)

과 힌두교의 강인함을 설파하고자 했던 인물이다. 법조인 집안에서 태어난 그는 대학에서 철학을 전공하던 중 스승 라마크리슈나(Ramakrishna, 1836~1886)[52]를 만나게 되고, 그의 영향을 받아 출가하여 구도자의 길을 택하게 된다. 그는 1897년 라마크리슈나 선교회를 창설했다.

비베카난다의 업적은 크게 두 가지로 꼽힌다. 하나는 적극적인 해외 강연과 선교 활동을 통해 힌두교 철학과 요가를 전파하고, 국제사회의 관심을 이끌어내 '힌두교의 세계화'에 중요한 영향을 끼쳤다는 것이고, 다른 하나는 뛰어난 설교 능력을 바탕으로 강한 인도인, 강한 힌두교를 설파하여 식민지 시대 인도인들의 자립심과 독립 의식을 고취시켰다는 것이다.

수많은 인도 젊은이들이 그로부터 감화를 받았다. 그는 각종 사회봉사 등 복지 활동에도 관심을 기울였던 인물이다. 어릴 적부터 리더십이 강했고, 당당한 체구에서 뿜어내는 묵직한 목소리는 상당한 설득력을 지녔었다고 하니 선천적인 지도자였던 셈이다. 이처럼 매력적인 인물에 반하지 않는 사람은 드물었다. 마가렛 노블도 그랬다.

마가렛 노블은 훗날 '니베디타(헌신하는 사람)'라고 불리게 되는 인물로 원래 아일랜드 여성이다. 목사의 딸이자 교사로 신교육 운동에 관심을 가졌던 그녀는 비베카난다에 크게 감화되어 그를 만난 지 3년 만인 1898년 인도 캘커타(現 콜카타)로 향했다. 당시 캘커타는 영국 식민지 시대 인도의 수도이자 비베카난다의 고향이었고, 그녀는 선교회의 일원으로 여성교육과 사회봉사에 헌신했다. 비베카난다와 애틋한 관계였다고 하는데, 구도자에 대한 존경에서 비롯된 사랑은 결국 이루어질 수 없는 정신적 사랑과 흠모(欽慕)에 그치고 말았다. 무엇보다 안타깝게도 비베카난다는 병으로 일찍 생을 마감해야 했는데 불과 서른아홉의 나이였다. 마가렛 노블은 그의 열반(涅槃)을 지켰고 자신의 생이 다할 때까지 인도에 머무르며 봉사 활동을 지속했다.

이런 일화는 오랜 시간 인도와 가까이 해온 이방인인 내게도 어떤 영감을 주는 이야기다.

꾸마리의 도시

해변을 따라 걷다가 멈춰 서서 바다를 바라보았다. 아라비아해와 인도양 그리고 벵갈만의 바다가 한 곳에 모이고 있었다. 하지만 그 경계는 보이지 않았다. 그런 게 바로 인도가 아닐까 생각해 보았다.

이곳은 '꾸마리(Kumari)의 도시'였다. 꾸마리는 '처녀'란 뜻이기도 한데 파르바티(Parvati) 여신의 환생 '데비 깐야 꾸마리(Devi Kanya Kumari)'를 기린 것이 깐냐꾸마리라는 지명의 기원이다. 추종자에 따라 여러 가지 해석이 있지만, 파르바티는 시바(Shiva)의 부인이자 여러 남신들의 어머니로 다른 많은 여신들을 포괄하며 부드러움을 상징하는 여신이다. 종교를 떠나 포근함이 느껴졌다. 강렬했던 북인도의 성지(聖地) 바라나시는 파괴의 신 시바의 도시였다. 이곳은 내가 찾아온 인도의 반쪽이었다.

시간은 천천히 흘렀다. 느긋한 마음으로 바닷물에 목욕재계하는 순례객들을 바라보았다. 그들은 지금 자신의 몸이 아라비아해와 인도양 그리고 벵갈만 중 어디에 있는지 모른다. 다만 갠지스 강의 강물과 달리 이곳의 바닷물은 비교도 할 수 없을 만큼 깨끗했다. 나 또한 슬리퍼를 벗고 슬쩍 바다로 다가갔다. 멀고 어려운 길을 가는 것만이 의미 있는 여행이라고 주장할 생각은 없다. 그러나 길고 멀며 어려운 길 끝에 펼쳐진 그 모습은 그럴만한 가치가 있음을 증명해 주었다. 홀로 몇 번이고 중얼거렸다. "끝내 오길 잘했다."

홍색 바다가 물러나고 어둠이 내리자 나는 주변에서 제일 좋은 호텔에 들어갔다. 평소 누리지 않던 호사(豪奢)였다. 룸서비스로 맥주를 주문하고, 자쿠지에 물을 받아 오랜만에 뜨거운 물에 몸을 담갔다. 거의 한 달만의 목욕재계였으니 여행을 시작한 이후 제대로 씻어본 기억이 없었던 것이다. 대부분은 바구니에 뜨거운 물을 담아와 몸을 잔뜩 웅크린 채 쪼개어 써야 했다. 그런 시간들을 추억하니 입가에 미소가 번졌다. 이제 깐냐꾸마리의 일출만 보면 완벽한 여행이 될 것이었다. 되돌아갈 일은 남았지만 두 번째 여행이 끝나가는 순간이었다. 그날 밤 나는 득의감에 넘쳤고 여행의 완벽하고 멋진 피날레를 기대하며 잠들었다.

그리고, 너무 행복감에 젖은 나머지 다음날 늦잠을 자고 말았다. 일어나보니 일출은 이미 지나가 있었다. 괜찮았다. 미련을 남기면 언젠가 다시 올 수 있다는 믿음을 확인했으니까.

---

1. 현재 구자라트의 주도는 간디나가르(Gandhinagar)다.

2. 간디의 자서전은 구자라트어로 쓰였다.

3. 인도의 정치가 및 독립 운동가로 INC(Indian National Congress)를 이끌었으며 부수상을 지낸 인물이다. 독립 과정에서 500여 개의 토후국을 인도로 통합하는 데 기여했다. 사르다르(Sardar)는 우두머리(chief)를 뜻한다.

4. 파텔의 생일과 전 수상 인디라 간디가 암살된 날짜(10월 31일)는 같다. 통상적으로 인디라 간디의 추모식에 참석한 뒤, 파텔의 생일을 기념했지만, 모디 수상은 관례를 깨고 인디라 간디의 30주년 추모식(2014년) 대신 파텔의 생일을 기념하는 행사(통합 행진)에 참여하기도 했다.

5. 'All is well'의 인도식 발음이다. 영화 〈세 얼간이〉에서 등장한 대사다.

6. 인도에서는 보증금으로 2~3개월의 임대료를 예치해 놓는다.

7. 석탄 채굴권 분배를 두고 일어난 비리로, IMF 사태의 극복을 주도한 인물로 존경받아 온 맘모한 싱 前 수상이 2005년 오리사 주의 채굴권을 애초 배정 결정을 뒤집어 '힌달코社'에 배정한 일로 국민들의

공분을 샀으며 맘모한 싱을 포함한 정재계 인사들이 기소되었다.

8. 사람이나 인간(Human being)이란 의미를 표현하고 싶었다면 마누샤(Manusya)로 정했어야 했다.

9. 밀가루 반죽에 으깬 감자 등 야채와 각종 소스를 넣어 삼각 김밥 모양으로 튀겨낸 간식거리

10. 입학생의 최고 50%까지 지정 카스트나 지정 부족 등 소외 계층을 대상으로 특별 전형을 통해 선발하도록 되어 있다.

11. I와 J는 제외

12. 인도 여성들의 전통 의상

13. 마주누까틸라는 1960년부터 티베트 난민들이 정착한 곳으로 지금은 난민 2세대들이 거주하고 있다.

14. 피서철은 대개 5~6월 또는 9~10월 사이다.

15. 당시 환율은 1루피에 한화로 30원이었고 지금은 1루피에 17원 정도로 루피의 가치가 반토막 났지만 루피 시세만으로는 물가가 약 10배 정도 올랐다.

16. 인도에서 가장 면적이 넓은 주이며, 우리나라의 세 배 크기에 달한다.

17. 인도 북서부에서 파키스탄 남서부에 이르는 25만9000제곱킬로미터에 달하는 사막이다.

18. 브라만의 집성촌이 형성되어 브라만의 색인 파란색으로 건물 외벽을 칠했다.

19. 황금빛 사막과 자이살메르 성 등 정교하고 화려한 건축물로 유명하다.

20. 호수의 도시(동양의 베니스)로 불릴 만큼 인공호를 배경으로 지어진 아름다운 건축물들로 유명하다.

21. 1876년 웨일즈 왕세자(훗날 킹 에드워드 7세)가 자이푸르를 방문할 당시 이곳의 마하라자 람 싱은 환영의 의미로 도시를 분홍색으로 단장했다.

22. 라지푸트의 일부는 구자라트와 마디아프라데시 주에 편입되었다.

23. 왕의 아들을 의미한다.

24. 사티 여신은 원래 시바 신의 첫 아내로 균형, 자기 희생 등을 상징하며 힌두교에서 가장 이상적인 아내상으로 여겨져 왔다. 하지만 이를 왜곡한 사티의 풍습은 남편의 죽음에 따라 미망인의 자살을 종용하는 악습으로 변질되었다. 사티의 풍습은 금지되었으나 최근에도 자발적인 사티를 가장한 사건이 발생하는 등 악습의 폐해가 이어지고 있다. 사티를 행하면 성지가 되어 순례자들이 찾으므로 생계에 도움이 된다고도 한다.

25. 아크바르는 라지푸트 족의 여인을 아내로 맞아들였고, 바로 둘 사이에서 왕위를 이어받은 자한기르(Jahangir, 1605~1627년)가 태어났다.

26. 라지푸트 왕국들은 구르 왕조가 최초 침공할 당시 프리티지 라지를 사령관으로 한 연합군을 조직하여 물리쳤으나 재침입 시에는 라지푸트 왕국 사이의 분열로 연합군이 와해되고 고립된 프리티지 라지의 군대는 무하마드의 군대에 패퇴하고 만다.

27. 단검의 일종으로 알렉산더의 인도 원정 시 전파되었다고 한다.

28. 이 중 12척만이 전투 함선이었다. 포르투갈 병사 1500명과 코친에서 지원한 400명의 병사가 있었다.

29. 연합군이 디우 해안에 결집하자 프란시스코 데 알메이다는 정찰을 목적으로 자신의 아들 로렌초를 보냈으나 연합군의 공격을 받은 로렌초는 사망하고 만다.

30. 북인도 역사에서 매우 중요하게 언급되는 3차례의 전투다. 1526년 전투는 수적 열세에도 불구하고 바베르가 델리의 술탄 이브라힘 로디를 격파하는 데 성공했고, 이는 무굴 제국이 건립되는 결정적 계기

가 되었다. 1556년의 두 번째 전투는 후마윤 시대로 한때 아프가니스탄에 의해 점령(1540년)되었던 지역을 무굴 제국이 수복하는 데 성공했다. 1761년의 마지막 전투는 마라타 동맹이 아프가니스탄과 벌인 전투로 마라타 동맹이 패배하며 인도 제패에 실패했다. 여기서는 첫 번째인 1526의 전투를 일컫는다.

31. 실제 바스코 다 가마는 당시 캘리컷의 지배자였던 자모린에게 후추나무를 불하해줄 것을 요청했는데 이에 대한 답으로 자모린은 후추나무는 몰라도 '비'까지 가져갈 수 있겠느냐고 말했다.

32. 포르투갈의 기록으로는 바스코 다 가마와 캘리컷의 관계를 이간질한 것은 아랍 상인들이었다고 주장한다.

33. 탐험 비용의 60배에 달했다.

34. 고아 해방작전(Liberation of Goa), 고아 침공(Invasion of Goa)으로도 불린다. 1999년 잠무 앤 카슈미르에서 일어난 인도와 파키스탄 간의 무력 충돌에도 같은 작전명이 사용되었다.

35. 다드라, 나가르 하벨리는 이에 앞선 1954년에 무력으로 수복되었다.

36. 인도의 맥주 브랜드

37. 고아는 행정 구역 상 도시가 아닌 주(州)이다.

38. 깨랄라(Kerala) 주의 주도로 정식 명칭으로는 티루바난타푸람(Thiruvananthapuram)이라고 하고, 트리반드룸으로도 불린다.

39. 하와(Hawah)는 힌디어로 바람, 라이트하우스(Lighthouse)는 등대를 의미한다.

40. 브라질의 안토니오 카를로스 조빔이 1962년 작곡한 보사노바 곡(포르투갈어로 Garota de Ipanema)이다. 주앙 지우베르투와 스탄 겟츠가 함께 한 앨범 〈Getz/Gilberto〉에 수록되었으며 아스투르드 질베르토가 불렀다.

41. 상감 시대(Sangam Period, 기원전 300~기원후 200년)의 남인도 3대 타밀(Tamil) 왕국으로 촐라(Chola Dynasty, 기원전 3세기~기원후 11세기), 체라(Chera Dynasty, 기원전 3세기~기원후 12세기), 판드야(Pandya Dynasty, 기원전 6세기~기원후 14세기)를 의미한다.

42. 2011년 기준

43. 또는 구르쿨(Gurukul)이라고도 한다.

44. 고대 인도의 문헌으로 신화, 종교, 철학을 아우른 힌두교의 오랜 성전(聖典)이다.

45. 인적자원 개발지수(Human Development Index)에서 인도 최고 수준이다.

46. 세계 최초로 민주 선거로 인한 공산당의 집권이었다.

47. 인도 공산당(CPI)이 주축이 된 좌파민주전선(LDF)과 인도 국민회의(INC)가 주축이 된 연합민주전선(UDF)은 깨랄라 주의 양대 진영이다.

48. 산업구성은 서비스업 63.8%, 농업 17.2%, 제조업 19%이고, 주요 농산물은 쌀, 코코넛, 커피, 차, 고무이며, 공산품은 주로 수공예품이다.

49. 300만 명의 깨랄라 출신 인도인들이 걸프만 등 중동 지역에 진출했으며 이들이 송금하는 금액이 깨랄라 주 GDP의 1/5 이상을 차지한다.

50. 1503달러(2012년)

51. 그리스 로마 시대에도 성스러운 코모리로 묘사했다.

52. 종교가이자 수도승으로 성인(聖人)으로 추앙받는 인물이다.

넥 찬드 락 가든(찬디가르)의 독특한 조형물

chapter 04

인도로 향한 사람들

정복자, 구도자, 탐험가 등 그들에 대한 평가를 떠나
참 다양한 사람들이 인도를 다녀갔다는 생각을 새삼 해보았다.
이름을 남긴 사람들 외에도 얼마나 많은 사람들이 인도를 찾았을까?
그 수많은 무명(無名)의 사람들 사이에 나도 있었다.

찬디가르 여행

정복자, 구도자, 탐험가

다양한 사람들이 인도를 다녀갔다. 기원전 326년 히다스페스江을 건너온 마케도니아의 알렉산더는 정복자였고, 아프가니스탄 가즈니(Ghazni)의 마흐무드(Mahmud, 962~1186)는 27년의 재임기간 동안 17차례에 걸쳐 인도를 침입한 약탈자였다. 마흐무드의 뒤를 이은 또 다른 무슬림 지배자 티무르와 페르시아 왕 나디르 샤 역시 성전의 깃발 아래 인도의 황금과 보석을 탐했다. 그들은 파괴와 약탈을 일삼았지만 새로운 문물을 전파하기도 했다.

정복자와 약탈자가 있는 한편 구도자들도 있었다. 불교 발상지를 찾아 순례를 온 스님들이었다. 중국 동진의 법현(法顯, 334~420)은 실크로드를 건넌 최초의 승려였고, 당나라의 현장(玄奘, 602~664)과 의정(義淨, 635~713)이 그 뒤를 이었다. 신라의 혜초(慧超, 704~787) 스님이 인도를 찾은 것은 8

세기 경이었다. 그들 모두 육로나 해로를 통해 인도에 이르기까지 고된 여정을 거쳤다. 특히 육로의 경우 중국 장안(現 서안)이 출발지였는데 둔황(敦煌)을 거쳐 위먼관(玉門關) 또는 양관(陽關)으로 나아갔다.

위먼관은 투르판을 거쳐 톈산(天山) 산맥을 따라 타클라마칸 사막 북쪽의 중앙아시아를 우회하는 길이었고, 양관은 쿤룬(昆侖) 산맥을 따라 타클라마칸 사막 남쪽을 우회하는 길이었다. 타클라마칸[1]은 위구르어로 '죽음의 땅'을 의미하는데 순례자들은 그 끝을 알 수 없는 사막을 피해 지난한 구법의 길에 나섰다. 법현과 현장 그리고 혜초 스님이 육로를 통해 인도로 들어갔다.

탐험가들도 있었다. 모로코 출신의 무슬림으로 인도의 델리 술탄 시대에 장관을 지낸 이븐 바투타(1304~1368년)의 여행기에서 영감을 받은 유럽인들이 인도 항로 개척을 시도했다.

1492년 서쪽으로 떠난 크리스토퍼 콜럼버스(1450~1506년)는 아메리카 대륙을 발견했고, 1497년 동쪽으로 떠난 바스코 다 가마는 희망봉을 거쳐 인도 항로를 개척했다. 사실 놀라운 일은 아니었다.

일찍이 지중해 및 아랍과 인도의 무역은 성행하고 있었고, 탐험가라면 이미 마르코 폴로(1254~1324년)의 기록이 남아 있었다. 일찍이 명나라의 정화(鄭和, 1371~1434년)도 대규모 원정대를 이끌고 수차례 인도를 방문했었다. 특히 바스코 다 가마를 보는 인도인의 입장은 다르다.[2] 정복자, 구도자, 탐험가 등 그들에 대한 평가를 떠나 참 다양한 사람들이 인도를 다녀갔다는 생각을 새삼 해보았다. 이름을 남긴 사람들 외에도 얼마나 많은 사람들이 인도를 찾았을까? 그 수많은 무명의 사람들 사이에 나도 있었다. 시간이 흘러 나는 주재원으로 인도에 파견되었다. 풍운의 꿈을 안고 인도에서의 생활을 시작했고, 이제 그 임기도 거의 끝나가고 있었다.

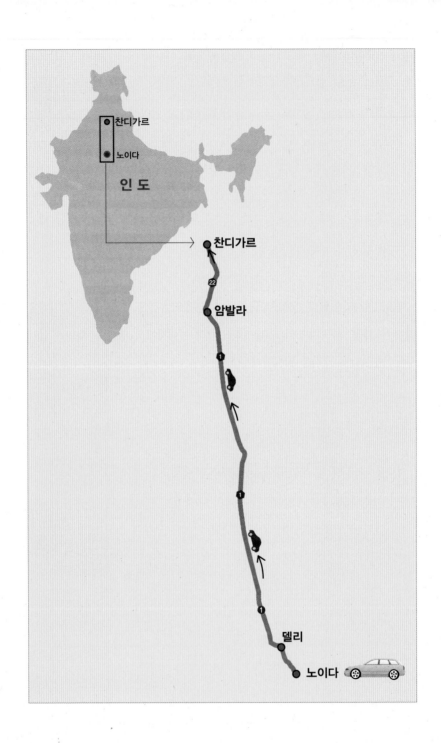

찬디가르

노이다

인 도

찬디가르

22

암발라

1

1

1

델리

노이다

인도엔 인도가 없다

내셔널 하이웨이

주말, 홀로 찬디가르(Chandigarh)에 가보기로 했다. 우타르프라데시 주 노이다의 숙소를 출발해 곧장 노이다-그레이터 노이다 고속도로(Noida-Greater Noida Expressway)로 들어섰다. 강 건너 델리를 바라보며 야므나 강 상류를 향해 거슬러 올라가는 길이었다. 인도에 머물며 출장 외에도 중간 중간 틈이 날 때마다 아그라나 자이푸르는 물론 마투라(Mathura), 아바네리의 찬드 바오리(Chand Baori), 하리드와르와 리시케시 등 가보지 못했던 새로운 곳들을 여행했다. 하지만 직접 차를 몰고 가보는 것은 이번이 처음이었다.

새벽 다섯 시 반, 아직 밖은 어두웠지만 마음은 조급했다. 최대한 속도를 높였다. 이렇게 죽 직진만 하면 좋으련만 NH(National Highway) 1번 도로를 타기 위해선 강 건너 올드 델리 부근을 지나쳐야 했다. 초행길이라 내비게이션에 의지해야 했는데, 내비게이션은 집요하게 한 방향만 알려주고 있었다. 날이 밝으면 올드 델리 시내는 혼잡해질 것이다. 가능하다면 그 전에 도시를 벗어나고 싶었다. 도로 왼쪽으로 최근에 세워진 거대 힌두교 사원인 악샤르담(Akshardham)이 눈에 들어왔다. 수동기어를 조작할 때마다 신경이 곤두섰다. 브레이크와 액셀러레이터에 둔 양 발과 기어를 쥔 왼손에 잔뜩 부자연스러운 힘이 들어갔다. 인도는 통행 방향이 한국과 반대고, 운전석도 우측인데 좀처럼 익숙해지지 않았다. 특히 직접 차를 몰고 시내의 도로로 들어서면 고역(苦役)이 따로 없었다.

새롭게 뚫린 고속도로는 편했다. 하지만 더 조심해야 했다. 도로 한 가운데 장애물이 있거나 동물은 물론 고장 난 차량이 정차한 경우도 있어 방심하지 말아야 했다. 게다가 답답한 시내를 다니던 차량들이 갑자기 뻥 뚫린 길로 나오자 주체할 수 없을 만큼 과속해 사고가 자주 났다. 최대한 주의를 기울여 운전하다보니 예상보다 시간이 지체되었다.

기타 콜로니 브릿지(Geeta Colony Bridge)에서 야므나 강을 건너자 올드 델리의 다리아 간즈(Dariya Ganj)가 나왔다. 벌써 아침 여섯시가 넘었다. 길은 이미 조금씩 정체 기미를 보였다. 화물차와 버스 그리고 인부들을 실어 나르는 템포(Tempo)와 오토 릭샤가 시내 차선을 갈지자[之]로 오갔다. 무척 부지런한 아침 풍경이었다. 잠이 덜 깬 소와 양떼도 드문드문 눈에 띄었다.

올드 델리로 차를 몰고 간 것은 그때가 처음이었다. 접촉 사고도 당해보았고, 노이다의 비포장도로도 만만치 않지만 올드 델리에 비하면 아무것도 아니었다. 비좁고 혼잡한 길 위에서 수동 기어를 조작하는 것은 낭만이 아니었다. 인도에서 차를 살 때 자동 기어가 달린 차량은 인도받기까지 시간이 걸려 용감하게 수동을 선택했었다. 면허를 따고 수동 차량을 몰게 된 것은 처음이었다. 그런데 가다 서다를 반복하며 기어를 자주 바꾸다보니 시동도 수시로 꺼뜨리고 아주 불편했다. 곤혹스럽고 꽤 성가신 일이었다.

올드 델리를 통과하면서도 또 다시 시동이 꺼졌고, 사방에서 난리가 났다. 등에 땀이 흥건해졌다. 완전 초보나 다름없었다. 출발할 때 틀었던 카오디오는 꺼버린 지 오래였다. 문득 집에서 쉴 걸 괜히 나왔다 싶었다. 포기하고 싶을 정도였다. '이거 이렇게 갈 수 있는 것일까?'

인도로 향한다는 것

두 번의 여행 이후 인도는 더욱 가깝게 느껴졌었다. 여전히 인도의 모든 것을 경험한 것은 아니지만, 겪은 일들은 하나같이 생생했고 무게감이 있었다. 깐냐꾸마리를 등지고 두 번째 여행을 마칠 때만 해도 곧 다시 올 수 있을 것이라고 확신했다. 이토록 넓은 땅에서 할 일이 없을까 싶었다. 하지만 호락호락한 일은 아니었다. 막상 직장에 들어가 일을 시작해보니 몸담았던 분야에서는 기회를 탐색할 뿐 '두고 보자, 다음을 기약하자'며 기회가 현실로 이어지지는 않았었다. 그런데 인도에서 일할 기회가 생겼으니 감개무량하기도 했다. 길고 긴 인내의 시간이었다. 정신없이 돌아가던 나침반의 화살이 이제 겨우 인도 쪽으로 맞춰진 기분이었다.

　주재원으로 생활하는 동안 짧다면 짧은 기간이었지만 정말 많은 일들이 숨 가쁘게 지나갔다. 환희도 있었고 좌절도 있었다. 알지 못했던 인도의 모습을 보았고, 이제껏 알아왔던 인도의 모습에 반가움을 느끼기도 했다. 아쉬움도 많았지만 한번 마음껏 해봤다는 만족감도 있었다. 무엇보다 또 한 번 인도를 경험한 것은 더없이 기쁜 일이었다. 임기가 끝나기 전, 특별한 여행을 해보고 싶었다. 멀리 가진 못하고 하르야나(Haryana)와 펀잡(Punjab) 州 사이에 걸쳐있는 찬디가르로 가보는 게 좋을 듯 했다. 시간이 허락한다면 히마찰프라데시(Himachal Pradesh)州의 심라(Shimla)[3]까지 가보고 싶었지만 그건 상황에 맡기기로 했다. 혼자 차를 몰고 여행을 해볼 절호의 기회였고, 그 자체로 의미가 있었다.

두 개의 땅 하나의 심장

　간신히 올드 델리를 벗어나 로이니(Rohini) 부근에서 내셔날 하이웨이 1번 도로에 합류했다. 출발부터 지쳤지만 막상 부딪혀 보면 길이 보인다고 올드 델리를 지나니 운전에 자신감이 붙었다. 안개가 조금 꼈지만 날이 밝았고, 이젠 고속도로를 따라 암발라(Ambala)까지 계속 직진하면 그만이었다. 주로 기차나 택시를 대절해 여행을 다녔었는데 인도땅을 직접 운전해보니 색다른 기분이 들었다. 다시 카오디오의 볼륨을 높였다. 고속도로는 일부 구간이 완공되어 있지 않았다.

델리 북쪽으로 올라가본 것은 오랜만이었는데 그사이 고속도로가 꽤 많이 확장되어 있었다. 하지만 탁 트인 길을 신나게 달리다가도 중간 중간 합류 지점이나 공사 구간이 있어 속도를 줄여야 했다. 그래도 이 정도 도로가 있다니 감격스러웠다. 가슴이 뻥 뚫렸다. 언젠가 드넓은 대륙을 잇는 고속도로가 갖춰지는 날이 온다면, 기차는 더 이상 인도 여행의 전부가 아닐 것이다. 하르야나 州의 파니파트(Panipat), 카르널(Karnal)과 쿠룩쉐트라(Kurukshetra)를 차례로 지나쳐 암발라(Ambala)에서 22번 도로로 갈아탔다. 아침부터 아무것도 먹지 못했지만 내친 김에 찬디가르(Chandigarh)까지 곧장 가기로 마음먹었다.

찬디가르에 도착하니 정오가 넘어 있었다. 노이다에서 찬디가르까지는 276킬로미터였다. 지도상으로는 다섯 시간 남짓한 거리였지만 결국 일곱 시간을 내달린 셈이었다. 사실 찬디가르는 지인이 가볼 것을 추천했던 곳이다. 지인의 표현을 빌리면, 델리와 노이다의 번잡함으로부터 잠시 벗어나고 싶거든 이곳에 가면 좋다고 했다. 인구 2100만의 하르야나와 인구 2400만의 펀잡은 원래 하나였지만 1966년 사용 언어에 따라 두 개의 州로 분리되었다. 시크교의 황금 사원(Golden Temple)이 있는 암리싸르(Amritsar)가 위치한 곳으로 알려진 펀잡은 펀잡어(Punjabi)를 써왔는데 이곳으로부터 힌디를 쓰는 남부 지역이 분리되어 하르야나로 명명된 것이다. 두 주의 경계에 위치한 찬디가르는 펀잡과 하르야나 두 곳 모두의 주도(州都) 즉, 하나의 심장이다.

넥 찬드 락 가든에 있는 사람 모양의 섬세한 조형물들. 비슷한 듯 하나하나의 조각들이 모두 다른 표정
과 포즈를 취하고 있다.(사진 위)

넥 찬드 락 가든 내부의 인공 폭포. 공원은 여전히 조성 중이다. 넥 찬드 사이니가 만들었던 원래의 모습
을 중심으로 점차 확장하여 많은 사람들이 즐길 수 있는 공간으로 만들어가고 있다.(사진 아래)

알아도 한 번 더

도시로 들어가는 입구에 길을 헤맸다. 이리저리 헤매다가 길을 잘못 들어섰는데 가보니 막다른 길이었다. 차를 돌려 빠져나오는데 뒤늦게 일방통행 표지판을 봤다. 차선도 없는 도로였다. '아뿔싸!' 순발력을 발휘하려 했지만 이미 때는 늦었다. 길목을 지키고 있던 경관이 손짓을 하며 차를 세웠다.

그는 이내 조수석에 들어와 앉더니 구석으로 차를 빼 정차하라고 했다. 국제 면허증, 자동차 등록증 그리고 보험증 등 서류를 차례로 요구했다. 다 구비되어 있었다. 그런데 오염 증명서(Pollution Certificate)가 문제였다. 주기적으로 갱신했어야 할 서류였다. 대기 오염이 심하다보니 생긴 것인데 다소 형식적인 면이 있었다. 사실 오염이라면 일반 승용차가 아니라 트럭이나 오토 릭샤를 관리해야할 것이다. 특히 외국인에겐 낯설다보니 미처 서류를 갱신하지 못한 경우도 있고, 과태료를 부과하기엔 좋은 구실이었다. 규칙은 규칙이므로 내 잘못이었다.

우리는 화기애애하게 대화를 이어나갔다. 예상한대로 그는 터무니없는 벌금을 요구했고, 규정집을 가져와 근거를 보여 달라고 하니 그제야 금액이 내려갔다. 다시 한 번 너스레를 떨었더니 300루피에서 서로 악수를 나눴다. 비슷한 상황에서 한 푼도 내지 않는 지인도 보았는데 내가 흉내는 낼 수 있어도 청출어람(靑出於藍)은 아니었다.

우여곡절 끝에 숙소에 도착했다. 짐을 풀자마자 곧바로 밖으로 나섰는데 우측으로 수크나(Sukna) 인공호를 따라 달리자 낯선 풍경이 눈에 들어왔다. 찬디가르는 인도 최초의 기획도시였다. 바둑판으로 자른 듯 깔끔하게 구획 정리가 되어 있고, 거리마다 녹지와 건물이 잘 어우러진 풍경은 여느 인도 도시들과 달랐다. 놀랍게도 이런 모습이 1950년대에 갖춰졌다. 당시로는 매우 혁신적인 도시의 건설이었던 셈인데 프랑스의 유명 건축가 르 코르뷔지에(Le Corbuser)가 이 도시를 설계했다고 한다. 특히 정부청사 등 관공서와 법원 건물은 현대의 건축물과 비교해도 손색이 없는 세련미를 과시했다.

정부청사 부근의 주차장에 차를 세우고, 걸어서 안으로 들어가 보았다. 사람들이 분주한 발걸음으로 드나들고 있었다. 다들 바쁜 용무가 있는 듯했는데 그런 곳을 홀로 여행하니 어색한 기분도 들었다. 하지만 제대로 보기 위해서는 가까이 다가가 보아야 했다. 유명한 종군 사진작가 로버트 카파(Robert Capa, 1913~1954년)는 "만약 당신의 사진이 마음에 들지 않는다면, 그것은 당신이 충분히 다가가지 않았기 때문이다(If your pictures aren't good enough, you're not close enough)"라는 말을 남겼다.

보통 인도의 관공서가 친근한 분위기와는 거리가 있어 조금 망설이긴 했지만, 곧 가까운 건물의 입구 안으로 들어갔다. 입장권이라도 사서 들어가야 하는 것인지 물어보니 건물을 지키던 군인이 신분증만 맡기고 구경하고 오라며 들여보내 주었다. 의외의 환대였다. 다만 사진 촬영은 금지되어 사진기와 핸드폰은 가지고 들어갈 수 없었다. 한 층 한 층 올라가며 돌아보았는데 평소 보았던 인도 관청과는 전혀 달랐다. 직원들의 옷매무새도 단정했고, 분위기가 사뭇 다르게 느껴졌다. 옥상으로 올라가자 주변 풍경을 내려다볼 수 있었다. 여태껏 경험해온 인도와 또 다른 모습이었다.

다음 목적지는 넥 찬드 락 가든(Nek Chand Rock Garden)이었다. 정부 청사에서 매우 가까운 거리였지만 진입구를 찾지 못해 조금 헤맸다. 유럽의 광장처럼 길이 합쳐질 때마다 원형 교차로가 있어 조금 낯설었다. 넥 찬드 락 가든은 매우 특이한 이력을 가진 공원이다. 특히 이곳은 동화 속 세계 같은 모습으로 유명한데 공원으로 만들어지기까지 그 배경도 상당히 흥미롭다.

도시 건설이 한창이던 때였다. 넥 찬드 사이니(Nek Chand Saini)라는 이름의 공무원이 깨진 그릇 등 폐자재를 모아 동물과 사람의 형상 등 다양한 조형물을 만들며 이 주변을 꾸미기 시작했다. 사실 그의 이러한 행동은 불법이었다. 이 일대는 수크나 호수 주변의 숲속에 감춰져 있었고, 사이니는 자신만의 작품을 18년 동안이나 비밀로 숨겨올 수 있었다. 1975년이 되어서야 당국에 의해 이곳이 발견되었는데 처벌은커녕 오히려 그 신비로움과 아름다움을 인정받아 공원으로 공식 지정되었던 것이다. 이곳의 모습에 걸맞는 동화적인 이야기가 아닐 수 없다. 매일 5000명가량이 공원을 이용해왔고, 사이니는 공로를 인정받아 국가로부터 훈장을 수여받았다.

나는 공을 들여 천천히 공원 구석구석을 돌아보았다. 조형물들은 하나같이 기발하고 재미있었다. 무릎을 끌어안고 앉은 자세 등 다양한 포즈를 취한 사람, 기괴한 모양의 허수아비와 동물 등 하나하나 정성들여 만든 색다른 느낌의 조형물들이었는데 재치가 넘쳤고, 마치 각기 표정이 있어 감정을 표현하고 있는 듯 했다. 인도인 관광객들 틈에 섞여 좁은 계단을 올라가자 넓은 공간이 나왔다. 폭포가 있어 물이 시원하게 쏟아지고 있었다. 바라보고 있자니 수줍은 듯 인도 청년이 다가왔다. 함께 사진을 찍자는 것이었다. 인도 여행을 다니다보면 외국인이 낯선지 간혹 그런 부탁을 하는 사람들이 있었다.

　찬디가르에서 가장 인상적인 장소는 넥 찬드 락 가든이었다. 만약 이 공원이 없었다면 아쉬웠을 뻔했다. 자칫 인위적으로 보일 수 있는 도시에 자연스러운 생명력을 불어 넣은 것 같았다. 펀잡과 하르야나… 과연 찬디가르는 둘 중 어느 하나가 독점할 수 없을 곳이란 생각이 들었다.

이별은
되돌아오기 위한
준비

작별

공원을 떠나 수크나 호수로 갔다. 호수는 높은 둑으로 둘러싸여 있었다. 차를 세우고, 가파른 계단을 올라갔다. 눈앞에 넓은 호수가 펼쳐졌다. 그곳에 서서 당분간 인도 여행은 이게 마지막인데 이것으로 족할지 나 자신에게 물어보았다.

여행을 마치고 돌아가면 이제 인도에서의 생활도 슬슬 마무리될 것이었다. 현지에서의 프로젝트가 끝났고, 법인도 철수할 예정이었다. 그 이상 법인이 유지될 필요성은 없게 되었다. 동시에 나의 임기도 종료될 것이었다. 좋은 기억들이 많았다. 현지에서 조립된 제품이 처음으로 출하되던 순간의 감동은 앞으로도 잊을 수 없을 것이다. 프로젝트도 성공적이었다. 어려운 점도 있었다. 고객과 현지 협력 업체 사이, 한국과 인도 사이에서 끊임없이 갈등했다. 여러 가지 현실적인 여건 속에 힘겨워하기도 했다. 배우고 깨달은 점은 더 많았다. 그것은 평생 내 마음 속에 품고 갈 경험들이었다. 다시 한 번 미완의 꿈을 남기는 것 같아 시원섭섭했다. 하지만 얻은 게 더 많았다. 실로 맹렬했던 시간이었다.

수크나 호수는 인공호라고는 믿기지 않을 만큼 거대했다. 평소 걷기를 좋아했지만 이번에는 도저히 엄두가 나지 않았다. 조금 걷다가 되돌아와 둑의 계단으로 내려갔다. 언젠가 중국의 서호에서도 다리를 절반쯤 건너다 되돌아갔던 적이 있다. 반도이페(半途而廢)였다. 일을 중도에 그만둔다는 뜻인데, 그 말이 떠오르자 순간 비수(匕首)가 되어 내 마음을 찔렀다. 무엇보다 안타까웠던 것은 사람이었다. 인도인 직원들, 함께 했던 많은 사람들. 때로는 서로 힘든 시간을 보내기도 했지만 동고동락하며 온갖 정(情)이 쌓였다. 다시 만날 날을 기약하며 그들을 보내는 일은 내게 무척 쓰라린 일이 될 것이었다.

인도를 향한 끈질긴 외침

다음날 오후, 차를 몰고 어제 왔던 길을 거꾸로 거슬러 내려갔다. 노이다로 돌아가는 길이었다. 찬디가르에서 떠나 고속도로로 접어드는 입구에 심라를 가리키는 표지판이 보였다. 그러나 나는 그대로 지나쳐 더욱 속도를 높였다. 다시 올 기회가 있기를 바랐다. 항상 여지를 남기는 것이 나의 인도 여행법이었다. 다시 돌아올 수 있도록. 어쩌면 기획 도시 찬디가르가 인도 생활을 마무리하기에 더없이 좋은 곳이라고 느꼈을지도 모른다. 만약 그랬다면, 바로 이곳처럼 언젠간 나도 빛이 바라지 않을 무언가를 인도에 남기고 싶다는 의미였을 것이다.

인도에 대해 언급할 때 자주 등장하는 이야기가 있다. 특히 삼국유사(三

인도 속의 한류(韓流)와 문화 시장

● 인도에도 한류가 분다. 동북부 마니푸르 주의 임팔에서는 한국 영화와 드라마가 인기다. 없어서 못 보고 해적판이 나도는데, 흡사 중국과 동남아권에 불었던 한류의 조풍(條風)과 닮았다. 온 가족이 모여 앉아 한국 드라마를 보는 것도 일상적인 풍경이다. 그런데 왜 하필 마니푸르일까? 해외 문화의 유행이라면 델리나 뭄바이 같은 도시가 시발점이 되어야 맞다.

사실 마니푸르는 인도의 변경(邊境)에 위치해 있다. 거주민은 주로 몽골계로 주류 문화권에서 떨어져 소외감을 느껴왔고, 크고 작은 분쟁과 갈등도 끊이지 않았다. 그런데 이곳의 무장 세력이 미디어를 장악하고 본토의 방송을 차단하자 한류가 그 대안(代案)으로 자리 잡았다. 지리적으로 동남아에 더 가깝고, 취향도 맞아떨어졌다. 자막 없이도 한국어를 배워서 즐길 정도라니 동북부의 한류는 무척 반갑다. 그러나 한계는 있다. 인도 문화 시장의 중심은 주류인 힌두 문화권이다. 그 중심에 다가가기 위해 기회를 모색하고 있지만 쉽진 않다. 할리우드도 고전하기는 마찬가지다. 인도 박스오피스는 유난히 따로 움직이고, 인도인들의 마음을 훔치기도 쉽지 않다. 넓은 시장이니 부분을 먼저 보자는 생각도 재고(再考)가 필요하다. 기본적으로 힌두 문화권에 근접하지 않으면 인도 진출은 요원하기 때문이다.

國遺事)에 기록된 아유타국의 공주 허황옥의 이야기, 시인 라빈드라나트 타고르의 〈동방의 등불〉은 자주 언급되는 레퍼토리다. 그밖에도 한글과 인도어의 언어학적 유사성을 연구해 훈민정음의 뿌리가 산스크리트어에 있다는 학설, 인도 임팔 지역에서 영국군의 대일(對日)작전에 광복군이 투입되었으며, 한국전쟁 당시에도 인도군이 파견되었던 역사도 자주 회자된다. 역사로부터 관계의 실마리를 찾는 것은 매우 의미 깊은 일이고, 양국의 관계를 이어줄 중요한 연결고리다.

다만 조금은 오래된 이야기들이다. 지금도 앞으로도 그러한 이야기를 만들어 나가야 하지 않을까? 계속하여 서로의 관계를 갱신(更新)하기 위해서는 인도와 한국 사이에 지금보다 훨씬 더 많은 이야기들이 필요하다고 생각했다. 서로 간에 새로운 이야기들이 끊임없이 잉태되고 있을 때 우리는 인도에 더욱 가까이 다가설 것이다.

새로운 이야기는 의문에서 출발할 것이다. 이 글을 통해 인도에 대한 더 많은 의문들이 생겨나길 기대했다. 인도를 향한 끊임없는 의문, 그 끈질긴 외침은 메아리가 되어 다시 돌아올 것이라고 믿는다.

인도는 광활하다. 어떠한 결론을 내리더라도 여지가 많은 곳이다. '인도는 이런 곳이다, 저런 곳이다' 곧바로 정답을 내리려 하지 않는 것이 중요하다. 항상 여지를 남긴 채 바라봐야 한다. 스펀지처럼 흡수하는 다양성을 가진 나라가 인도라면 우리도 그러한 시선으로 인도를 봐야할 것이다.

무릎 터진 청바지에 배낭 하나 매고 다니던 시절부터 시작해 지금까지 이어져 온 나의 인도 여정은 일단 여기서 마친다. 잠시 멈추었을 뿐이다. 나는 또 다른 인도의 모습을 보기 위해 언젠가 다시 이어질 인도에서의 새로운 여정을 기약한다.

1. 면적 27만 제곱킬로미터, 길이 1000킬로미터, 폭 400킬로미터에 이르는, 現 중국 신장 위구르자치구에 위치한 사막이다.
2. 1998년 바스코 다 가마의 캘리컷 도착 500주년을 기념하는 행사가 포르투갈에서 열릴 당시 인도에서는 격렬한 시위가 열렸다.
3. 심라는 영국 식민지 시대의 여름 수도였다.

인도엔 인도가 없다

저　자 | 鄭仁采
펴낸이 | 趙甲濟
펴낸곳 | 조갑제닷컴
초판 1쇄 | 2016년 4월 15일

주소 | 서울 종로구 내수동 75 용비어천가 1423호
전화 | 02-722-9411~3
팩스 | 02-722-9414
이메일 | webmaster@chogabje.com
홈페이지 | chogabje.com

등록번호 | 2005년 12월2일(제300-2005-202호)

ISBN 979-11-85701-36-3-03910

값 16,000원